物流系统规划模型与算法

杜　剑　张　然　于绍政　著

东北大学出版社

·沈　阳·

U0677800

Ⓒ 杜 剑 张 然 于绍政 2024

图书在版编目（CIP）数据

物流系统规划模型与算法 / 杜剑，张然，于绍政著.

沈阳：东北大学出版社，2024. 12. -- ISBN 978-7
-5517-3702-9

Ⅰ. F252-39

中国国家版本馆 CIP 数据核字第 20250RH504 号

出 版 者：东北大学出版社
　　　　　地址：沈阳市和平区文化路三号巷 11 号
　　　　　邮编：110819
　　　　　电话：024-83683655（总编室）
　　　　　　　　024-83687331（营销部）
　　　　　网址：http://press.neu.edu.cn
印 刷 者：辽宁虎驰科技传媒有限公司
发 行 者：东北大学出版社
幅面尺寸：185 mm×260 mm
印　　张：22.25
字　　数：471 千字
出版时间：2024 年 12 月第 1 版
印刷时间：2025 年 1 月第 1 次印刷
策划编辑：汪子珺
责任编辑：周　朦
责任校对：王　佳
封面设计：潘正一
责任出版：初　茗

ISBN 978-7-5517-3702-9　　　　　　　　　　　定　价：88.00 元

作者简介

杜剑，辽宁朝阳人，现任大连交通大学交通运输系副主任。大连海事大学交通运输规划与管理博士，主要从事交通运输规划与管理、物流优化模型与算法研究。主持省市级科研项目 5 项，以第一作者或通讯作者发表 SCI、SSCI、EI-JA 等检索论文 8 篇，在交通领域顶刊 Transportation Research Part E 合作发表论文 2 篇。

张然，辽宁朝阳人，现任大连交通大学交通运输专业教师。大连海事大学管理科学与工程博士，在交通运输和物流领域具有良好的科研与教学经验。主持国家自然科学基金青年科学基金项目 1 项、省市级科研项目 3 项，主要研究领域为交通经济分析及物流规划等，已发表多篇 SCI、SSCI、CSSCI 检索论文。

于绍政，河北唐山人，曾任京东、苏宁人工智能资深算法工程师。大连海事大学物流工程与管理硕士，主要从事物流系统仿真与算法等相关研究和工程实践工作，科研成果包括专著 1 部、专利 2 项、软件著作权 3 项、学术论文 10 余篇。

前　言

在现代物流系统中，优化问题和智能优化算法的应用已成为提升物流效率和降低成本的重要手段。随着全球化进程的加快和电子商务的迅猛发展，物流系统的复杂性和不确定性不断增加，如何有效地规划和管理物流活动成为企业和研究者面临的重要挑战。

本书旨在为读者提供一套系统而全面的知识体系，涵盖物流优化问题、智能优化算法和 FlexSim 物流仿真，帮助读者理解并应用这些工具与技术，以解决实际物流管理中的各种复杂问题。本书分为以下三篇。

第 1 篇，物流优化问题。这一部分详细介绍了物流优化的经典问题，包括旅行商问题、车辆路径优化问题、物流中心选址问题和物流网络优化问题。每个问题都配有具体的数学模型、符号定义和应用实例，以帮助读者全面理解与掌握这些优化问题。

第 2 篇，智能优化算法。该算法是解决复杂优化问题的有效工具。这一部分介绍了禁忌搜索算法、模拟退火算法、遗传算法和粒子群算法等经典智能优化算法。通过对算法原理、实现流程和应用示例的详细讲解，读者可以深入了解这些算法并学会如何在实际问题中应用它们。

第 3 篇，FlexSim 物流仿真。仿真技术在现代物流系统的设计和优化中发挥着重要作用。这一部分以 FlexSim 软件为例，介绍了仿真数据输入、仿真数据输出、仿真数据分析和仿真应用实例。通过对具体案例的讲解，读者可以学会如何利用 FlexSim 对物流系统进行仿真建模和优化分析。

本书既适用于物流管理、交通运输规划与管理等相关专业的本科生和研究生，也可供从事物流优化和智能优化算法研究与应用的工程技术人员和研究人员参考使用。我们希望本书能够为读者提供有价值的知识及工具，帮助他们在学术研究和实际应用中取得成功。

本书由大连交通大学的杜剑、张然，以及资深物流算法工程师于绍政撰写。撰写分工如下：第 1 篇由张然负责撰写，第 2 篇由杜剑负责撰写，第 3 篇由于绍政负责撰写。

本书的出版得益于著者主持的辽宁省教育厅基本科研项目（编号 JYTQN2023008 和 LJ212410150057）与国家自然科学基金青年科学基金项目（编号 72404046）。

最后，感谢大连交通大学交通运输专业学生林姗、李洋、任逸卓、陈奕璇、林祯、杨忠杰、周杰，以及所有为本书撰写和出版提供支持和帮助的同人。希望本书能够成为读者学习和研究物流优化及智能优化算法的有力工具。

著 者

2024 年 9 月

目 录

第 1 篇 物流优化问题

第 2 篇　智能优化算法

第 3 篇　FlexSim 物流仿真

第 1 篇

--- --- --- --- --- ---

物流优化问题

物流系统是在一定的时间和空间里，由运输、仓储、包装、搬运、流通加工、信息处理等若干相互制约的动态要素所构成的具有特定功能的有机整体。物流系统的目的是实现物资的空间效益和时间效益。传统的物流是流通与制造过程的附属品，其基本任务仅是完成商品流通或制造过程中物料的物理位置的转移，以确保流通或生产过程的正常进行。因此，物流的各个功能环节长期以来是相互分散和孤立的。

现代物流系统在保证社会再生产顺利进行的前提条件下，实现各种物流环节的合理衔接，并提高物流系统整体的经济效益。现代物流强调系统整合，通过信息技术和管理创新，使各个物流环节高效协同运作，从而实现物流全过程的效率最大化。其核心在于通过系统化的管理和优化，实现从供应商到最终客户的高效物资流动及信息传递，降低物流成本，提高服务水平和客户满意度。物流系统优化是当前企业降低成本、实现物流目标的有效手段。通过对物流系统中的各个环节进行优化，可以大幅度提升物流效率，减少资源浪费，增强企业竞争力。本篇主要对物流系统中的旅行商问题、车辆路径优化问题、物流中心选址问题、物流网络优化问题等开展描述与建模。

在当今全球化和竞争激烈的商业环境中，物流优化成为企业必须面对的重要挑战之一。有效的物流优化可以显著降低运营成本、提高服务质量、优化资源利用率，从而增强企业的竞争力和市场响应能力。

（1）基础知识。

①目标函数（objective function）。物流优化的首要任务是确定清晰与可衡量的目标函数。常见的目标包括最小化总成本、最大化运输效率，或在成本与服务水平之间寻找平衡。选择合适的目标函数取决于企业的具体战略目标和市场需求。例如，企业可能希望通过最小化运输成本来提高利润率，或者通过优化服务水平来增强客户满意度和忠诚度。

②决策变量（decision variable）。其是物流优化模型中的核心元素，涵盖了物流网络中的各个要素，如运输路径、运输方式、仓库位置、库存水平等。合理选择这些决策变量对于优化方案的成功实施至关重要。例如，在运输路线优化中，决策变量可能包括每个订单的分配方案、每辆运输车辆的路线选择及运输时段的安排。

③约束条件（constrait condition）。物流优化问题必须考虑到多种约束条件，这些约束条件可以是运输资源的限制、服务水平的要求、环境保护等方面的规定等。这些约束条件直接影响优化方案的可行性和实施效果。例如，企业在设计优化方案时需要考虑运输车辆的最大负载、法律法规对货物运输的要求及环境影响评估等因素。

④数据驱动（data driven）。现代物流系统越来越依赖于准确、实时的数据支持。有效的物流优化方案需要依赖于需求预测、运输成本、库存水平、供应链可靠性等多方面的数据分析。通过数据驱动，企业能够更加精准地优化物流网络和运营策略，从而提升整体效率和客户满意度。

（2）优化理论。

①线性规划（linear programming，LP）。其是一种经典的优化方法，广泛应用于物流网络中资源分配和路径优化问题。其数学形式为最小化或最大化一个线性目标函数，同时满足一系列线性约束条件。在物流优化中，企业可以利用 LP 模型确定最佳的运输路线、运输方式和仓储位置，以最大化资源利用率和降低运营成本。

②整数规划（integer programming，IP）。其扩展了线性规划的应用范围，允许决策变量取整数值。在物流优化中，这种模型特别适用于需要离散决策的问题，如车辆路径问题（VRP）。在 VRP 中，企业需要确定一组车辆如何有效地分配给一组客户，以最小化总行驶距离或成本。整数规划确保路径是离散的，从而更符合实际运输需求。

③动态规划（dynamic programming，DP）。其适用于处理具有阶段性和决策序列的问题，如动态需求预测和库存管理。在物流优化中，DP 可以帮助企业优化库存水平和订单处理策略，以便在不同的市场需求和供应链变动下最大化利润或提升服务水平。动态规划通过将复杂问题分解为一系列子问题，并递归地解决这些子问题来优化决策序列。

④随机规划（stochastic programming，SP）。其是一种优化方法，适用于处理问题中存在随机变量或不确定性的情况。在物流优化中，SP 帮助企业应对随机问题（如需求波动、运输延误或供应中断等），通常需要通过概率模型描述这些随机变量的分布特性。

第 1 章

旅行商问题

◆ 1.1 本章导读

1.1.1 内容提示

在各类优化问题中，旅行商问题是一个既经典又具有挑战性的课题。这个问题的基本设想是：一个旅行商需要访问一组城市，每个城市只能访问一次，最后返回出发点，目标是找到一条最短路径。尽管对其描述简洁明了，但旅行商问题是计算复杂性领域中的著名难题。旅行商问题不仅在理论研究中扮演着重要角色，而且在现实生活中有着广泛的应用。无论是物流配送、交通路线规划，还是制造业中的生产调度，许多实际问题都可以抽象为旅行商问题或其变种。本章将系统地介绍旅行商问题的基本概念、数学建模和解决方法，以及在不同应用场景中的扩展形式与实际案例。

1.1.2 学习目标

➤ 掌握旅行商问题的定义和特点。
➤ 学习旅行商问题的数学模型。
➤ 了解旅行商问题的多种变体及各自的特点。
➤ 了解旅行商问题在现实生活中的典型应用场景。

1.1.3 思考题

（1）对于旅行商问题的应用，你能想到其他实际场景或行业中可能存在的类似问题吗？请描述这些问题的特点和解决方法。

（2）簇旅行商问题（CTSP）模型中的簇如何定义，并如何影响旅行商的路径规划？你能想象一些适合使用 CTSP 模型来优化路线规划的实际应用场景吗？

（3）总体来说，针对不同类型的旅行商问题模型，哪些是影响解决方案效率和实用性的关键因素？在实际应用中，如何根据这些模型设计合适的策略来优化路径规划和资源利用？

◆ 1.2 旅行商问题概述

1.2.1 问题定义

旅行商问题（traveling salesman problem，TSP）是一个历史悠久且在数学领域具有划时代意义的课题，其可追溯至 19 世纪的数学探讨之中。这一著名的问题首先通过英国数学家威廉·罗旺·哈密顿在 1844 年对哈密顿回路的构想被广泛认知。这种回路要求通过一个图中的每一个顶点恰好一次，并最终回到起始点。尽管哈密顿回路为 TSP 提供了基础，但它真正成为学术界研究的焦点是在 20 世纪，这一时期的计算机科学和组合优化领域的快速发展为 TSP 的研究注入了活力。1941 年，哈佛大学的数学家 Hassler Whitney 首次提出了与 TSP 类似的问题，这标志着 TSP 研究的初步展开。然而，TSP 的系统化数学表述及建模归功于美国数学家 Merrill M. Flood 和美国工程师 Melvin D. Fulkerson。他们在 1956 年联合发表的一篇论文中对 TSP 进行了详细描述和数学建模，奠定了现代 TSP 研究的基础。

TSP 可以描述为：一个旅行商要去若干个城市推销商品，要求访问所有城市有且仅有一次，最后回到起点，目标是为该旅行商规划一条最短旅行路径，即最短哈密顿回路。TSP 本质上是一个节点路径问题，也可以看作单辆车的车辆路径问题，如图 1.1 所示。

具体而言，TSP 可以用以下要素来描述。

（1）城市集合：假设有 n 个城市，用集合 $V=\{1, 2, 3, \cdots, n\}$ 表示。

（2）距离或成本：对于任意两个城市之间，存在一个指定的距离或成本 d_{ij}，表示从城市 i 到城市 j 的移动代价或距离。

（3）路径：可以用一个排列表示，其中 i 到 j 是城市的访问顺序，并且需要回到起始城市。

（4）目标函数：TSP 的目标是找到一条路径，使得访问每个城市一次并回到起始城市的总路程最短。

图 1.1　TSP 示意图

1.2.2　数学模型

TSP 中的各点可以用赋权图表示，记 $G=(V, E)$ [其中，V 为顶点集（$|V|$ 为顶点个数），E 为边集]，各顶点间距离为 d_{ij}；N 为 V 的所有非空子集；$|N|$ 为集合 N 中所含图 G 的顶点个数；设决策变量 $x_{ij}=1$ 表示在顶点 i 到顶点 j 的走行路径上，否则 $x_{ij}=0$。TSP 的基础模型为：

$$\min Z = \sum_{i \in V} \sum_{j \in V} d_{ij} x_{ij} \tag{1.1}$$

$$\mathrm{s.\,t.} \sum_{j \in V} x_{ij} = 1, \quad \forall i \in V \tag{1.2}$$

$$\sum_{i \in V} x_{ji} = 1, \quad \forall j \in V \tag{1.3}$$

$$\sum_{i \in V} \sum_{j \in V} x_{ij} \leqslant |N| - 1, \quad \forall 2 \leqslant |N| \leqslant |V| - 2 \tag{1.4}$$

$$x_{ij} \in \{0,\ 1\},\quad \forall\, i,\, j \in V \tag{1.5}$$

目标函数（1.1）表示追求旅行商遍历所有城市行走的总距离最小；

约束（1.2）表示旅行商离开城市 i 后有且仅有一个到达城市；

约束（1.3）表示旅行商到达城市 j 前有且仅有一个出发城市；

约束（1.4）限制旅行商在任何一个城市子集中不形成回路；

约束（1.5）定义决策变量为 0/1 变量。

对于城市规模较小的 TSP，可以通过暴力枚举法直接获得最优解。例如，对于包含6 个城市的 TSP，只需列举出所有可能的路径（总共 60 条路径），即可找到最短路径。然而，当城市数量增加时，问题的解空间呈指数级增长。例如，对于 n 个城市，可能路径的数量为 $(n-1)!/2$ 条。这种指数级增长使得暴力枚举法变得不可行，因为计算时间和计算量会变得极其庞大。随着城市数量 n 的增加，解决 TSP 时间和计算量呈现爆炸式增长，其计算量及搜索时间见表 1.1。因此，找到一种高效的方法来平衡计算时间、计算量和解的精确度成为一个重要的研究课题。

表 1.1 TSP 计算量及搜索时间

城市数(n)	回路数 $[(n-1)!/2]$	各回路和($n!/2$)	搜索时间
5	12	60	6×10^{-12} s
10	1.81×10^{5}	1.81×10^{6}	1.81×10^{-7} s
20	6.08×10^{16}	1.22×10^{18}	1.22×10^{5} s
40	1.02×10^{46}	4.08×10^{47}	1.32×10^{27} a
100	4.60×10^{157}	4.60×10^{136}	1.48×10^{136} a
200	5.00×10^{371}	1.00×10^{374}	3.22×10^{356} a

1.2.3 应用领域

TSP 是一种经典的组合优化问题，在多个领域具有广泛而重要的应用。TSP 的核心任务是寻找一条最优路径，使旅行商能够恰好经过若干个城市一次，并最终回到起始城市，同时使总路程最短。尽管这个问题看似简单，但是涉及路线优化、资源最大化利用及成本效益等复杂方面，因此 TSP 在不同的行业和领域都有着独特的应用。

TSP 在实际中的应用范围极其广泛，具体如下。

（1）交通和物流。

①车辆巡回路线：优化快递和货物配送的路线，确保运输效率最大化，降低燃油消耗和运输成本。

②民航机组人员安排：制订机组人员的最优轮班计划，减少等待时间，提高工作效率。

③公共交通调度：设计公交和地铁线路，优化乘客流量和减少换乘次数。

（2）生产和制造。

①工件排序：设有多个工件需要在一台机床上加工，加工不同工件需要花费一定的准备时间，目标是安排加工顺序使总调整时间最短。每个工件对应一个顶点，边的权重代表准备时间。

②装配线进度安排：优化装配线上的工序安排，减少停工和转换时间，提高生产效率。

③流水线生产计划：制订流水线的生产计划，优化资源利用和生产流程。

（3）计算机科学。

①计算机布线：在一个计算机接口含有多个组件，每个组件上有若干管脚，这些管脚需要用导线连接。考虑到以后改变方便和管脚的细小，要求每个管脚最多连两条线。为避免信号干扰并保持布线简洁，要求导线总长度尽可能小且每个管脚对应于图的顶点。

②电路板钻孔：电路板上必须钻孔以便安装电子元件，典型的电路板可能有 500 个管脚位置，钻孔顺序需要优化，以提高钻孔机的工作效率。

（4）服务和资源分配。

①教师任课班级负荷分配：优化教师的授课时间表和班级分配，提高教学资源利用率。

②医护人员轮班安排：制订医院医护人员的最优排班表，保证高效的人员调度和病人护理。

（5）电子与通信。

①集成电路设计：在芯片设计中，优化布线和组件连接，减少信号延迟和功耗。

②网络优化：优化通信网络中数据包的传输路径，减少网络延迟和拥塞。

这些实际应用案例展示了 TSP 在多样化场景中的应用。从工业制造到计算机科学，再到公共服务和通信网络，通过 TSP 算法优化问题解决方案，可以显著提高效率、降低成本，实现实际价值和经济效益。随着算法和计算机技术的不断发展，TSP 及其变体问题在各个领域的应用将继续扩展与深化，为社会和产业带来更多创新及发展机遇。

综上所述，TSP 在各个领域的广泛应用不仅展示了其理论的重要性，更体现了其在实践中不可或缺的价值。未来，随着算法研究的深入和计算能力的提升，TSP 在更多新兴领域的应用前景将更加广阔。

◆◇ 1.3 同时取送货旅行商问题

1.3.1 问题描述

同时取送货旅行商问题（pickup and delivery traveling salesman problem，PDTSP）是对经典旅行商问题的一种扩展和变形，最早由 Hipólito 和 Juan-José 于 2003 年提出。PDTSP 的核心是在一组城市中，将一个特定城市作为车场（起始点和终点），其余城市作为客户城市，这些客户城市根据其需求类型分为两类，即送货客户和取货客户。具体而言，送货客户的需求量为负值（表示需要一定数量的货物被送达），而取货客户的需求量为正值（表示提供一定数量的货物）。PDTSP 的目标是找到一条最优路径，使得旅行商从车场出发，依次满足所有取货客户的需求并将货物送至相应送货客户处，最终返回车场，同时使得总路程最短。

在 PDTSP 中，车辆从车场出发，按照一定的路径依次拜访所有送货客户和取货客户，确保所有客户的需求都得到满足，并在路径结束时返回车场。送货客户所需货物可以来自车场或直接从取货客户处取回，这意味着取货客户可以作为货物的供应来源。此外，PDTSP 假设车辆容量有限，并且每辆车辆必须从车场出发并回到车场。车场预先具备足够的货物以满足各客户的需求，并且具备足够的空间来存放取回的货物。要解决 PDTSP 涉及的优化路径规划和货物分配问题，需要考虑路线的长度和客户需求的满足度。

PDTSP 在物流配送、城市交通规划和制造业等领域具有重要应用价值。例如，物流配送中优化快递和货物配送的路径，降低运输成本，提高配送效率；城市交通规划中设计优化的交通路线，减少交通拥堵，提高运输效率；制造业中优化生产和供应链管理中的物流路径，提高资源利用率和生产效率。这些实际应用展示了 PDTSP 在多样化场景中的广泛应用。通过对 PDTSP 的深入研究和有效求解，可以为实际问题提供高效的解决方案，显著提升物流和生产系统的整体效率及效益。随着算法和计算技术的发展，

PDTSP 的研究与应用将继续扩展、深化，为社会和产业带来更多创新及发展机遇。

1.3.2 符号定义

$G=(V, E)$ 是无向加权完全图；

V 表示顶点集合，$i, j \in V$，$|V|$ 代表顶点总数；

E 为边集，$(i, j) \in E$，各顶点间旅行距离为 d_{ij}；

N 为 V 的所有非空子集，$|N|$ 为集合 N 中所含图 G 的顶点个数；

q_i 表示第 i 个客户点的取货需求；

p_i 表示第 i 个客户点的送货需求；

C_{ap} 表示旅行商的最大携带货物重量；

L_i 表示旅行商离开客户点 i 时的携带货物重量；

$x_{ij}=1$ 表示旅行商从客户 i 去客户 j，否则 $x_{ij}=0$。

1.3.3 模型构建

$$\min Z = \sum_{i \in V} \sum_{j \in V} d_{ij} x_{ij} \tag{1.6}$$

$$\text{s.t.} \sum_{j \in V} x_{ij} = 1, \quad \forall i \in V \tag{1.7}$$

$$\sum_{i \in V} x_{ij} = 1, \quad \forall j \in V \tag{1.8}$$

$$\sum_{i \in V} \sum_{j \in V} x_{ij} \leqslant |N| - 1, \quad \forall 2 \leqslant |N| \leqslant |V| - 2 \tag{1.9}$$

$$x_{ij} (L_i - p_j + q_j - L_j) = 0, \quad \forall i, j \in V \tag{1.10}$$

$$\max_{i \in V} \{L_i\} \leqslant C_{ap} \tag{1.11}$$

$$x_{ij} \in \{0, 1\}, \quad \forall i, j \in V \tag{1.12}$$

目标函数（1.6）表示最小化旅行商的总路径里程；

约束（1.7）与约束（1.8）保证每个客户被访问一次；

约束（1.9）限制旅行商在任何一个城市子集中不形成回路；

约束（1.10）计算旅行商在离开客户时的携带货物重量；

约束（1.11）要求旅行商的携带货物重量不超过最大重量限制；

约束（1.12）要求决策变量为 0/1 变量。

◆ 1.4　带时间窗的旅行商问题

1.4.1　问题描述

　　带时间窗的旅行商问题（traveling salesman problem with time window，TSPTW）构成了旅行商问题的一个重要拓展，是旅行商问题的一种变体，其理论框架和应用价值在现实复杂情境中尤为重要。TSPTW 深刻考虑了客户对访问时间的具体需求，要求旅行商在规划访问顺序时充分尊重每个客户的时间窗限制，以确保服务的及时性和顺序的优化。该问题寻求的路径不仅要缩减行程总长度，还要保证在客户要求的特定时间段内完成服务。该问题的价值在于其在物流配送、城市规划、生产调度等多个行业领域中的广泛应用。通过精心设计的路线规划，不仅可以显著降低运输成本、提高效率，还可以满足客户对访问时间的要求，从而提升整体的服务水平和客户满意度。

　　TSPTW 的目标是最小化旅行商的总行驶距离，但需要计算每个客户点的到达时间，并确保到达时间在客户的时间窗内。该模型假设包括以下四点：① 各个客户点的具体地理位置及其之间的准确距离已知；② 在本次服务中，每个客户点被服务的次数仅限一次；③ 对每个客户点的取货与派货需求已有确切的信息；④ 旅行商只有在每个客户的指定时间窗内到达，客户才会接受访问。

　　在算法设计和模型求解过程中，需要构建一个既精确又高效的数学模型。该模型需综合考虑客户点之间的距离、客户的时间窗，以及客户的具体需求等多重因素，以增强路径规划的实际操作的可行性和灵活性。目前常用的数学建模策略通常包含将客户点抽象化为图的节点，而服务路径被视作连接这些节点的边。该模型的构建进一步包括引入时间变量来估计每个客户点的到达时间，并在模型中增加相应的约束，以保证时间窗的要求能够得到满足。

1.4.2 符号定义

（1）参数。

$G=(V，E)$ 是无向加权完全图；

V 表示顶点集合，$i，j \in V$，$|V|$ 代表顶点总数；

E 为边集，$(i，j) \in E$，各顶点间旅行距离为 d_{ij}；

N 为 V 的所有非空子集，$|N|$ 为集合 N 中所含图 G 的顶点个数；

q_i 表示第 i 个客户点的取货需求；

p_i 表示第 i 个客户点的送货需求；

C_{ap} 表示旅行商的最大携带货物重量；

v_T 表示旅行商的移动速度；

v_L 表示旅行商的取送货效率；

T_i^{min} 是客户点 i 的最早到达时间；

T_i^{max} 是客户点 i 的最晚到达时间。

（2）辅助变量。

L_i 表示旅行商离开客户点 i 时的携带货物重量；

t_i 表示旅行商在客户点 i 的到达时间。

（3）决策变量。

$x_{ij}=1$ 表示旅行商从客户 i 去客户 j，否则 $x_{ij}=0$。

1.4.3 模型构建

$$\min Z = \sum_{i \in V} \sum_{j \in V} d_{ij} x_{ij} \tag{1.13}$$

$$s.t. \sum_{j \in V} x_{ij} = 1，\quad \forall i \in V \tag{1.14}$$

$$\sum_{i \in V} x_{ij} = 1，\quad \forall j \in V \tag{1.15}$$

$$\sum_{i \in V} \sum_{j \in V} x_{ij} \leq |N| - 1，\quad \forall 2 \leq |N| \leq |V| - 2 \tag{1.16}$$

$$x_{ij}(L_i - p_j + q_j - L_j) = 0，\quad \forall i，j \in V \tag{1.17}$$

$$\max_{i \in V} \{L_i\} \leq C_{\mathrm{ap}} \qquad (1.18)$$

$$x_{ij}\left(t_i \frac{p_i + q_i}{v_{\mathrm{L}}} + \frac{L_{ij}}{v_{\mathrm{T}}} - t_j\right) = 0, \quad \forall\, i,\, j \in V,\ i \neq j \qquad (1.19)$$

$$T_i^{\min} \leq t_i \leq T_i^{\max}, \quad \forall\, i \in V \qquad (1.20)$$

$$x_{ij} \in \{0,\ 1\}, \quad \forall\, i,\, j \in V \qquad (1.21)$$

目标函数（1.13）表示最小化旅行商的总路径里程；

约束（1.14）与约束（1.15）保证每个客户被访问一次；

约束（1.16）限制旅行商在任何一个城市子集中不形成回路；

约束（1.17）计算旅行商在离开客户时的携带货物重量；

约束（1.18）要求旅行商的携带货物重量不超过最大重量限制；

约束（1.19）计算旅行商在各客户点的到达时间；

约束（1.20）要求客户点的到达时间在时间窗内；

约束（1.21）要求决策变量为 0/1 变量。

◆◇ 1.5 均衡多旅行商问题

1.5.1 问题描述

多重旅行推销员问题（multiple traveling salesman problem，MTSP）为经典旅行商问题的扩展形式，涵盖了更丰富的应用场景和策略考量。MTSP 的核心挑战在于指定起点城市后，由多名旅行商分别访问一系列给定的城区，关键要求是每座城市仅被一个旅行商访问，并在此基础上制定出整体最优的旅行方案。对于普通 MTSP 的图形化表达，可以参考图 1.2，其中每个旅行商的行走轨迹被描绘为独立的线路。MTSP 的实际应用包括但不限于印刷机调度优化、工作量平衡、机组人员规划、卫星测量系统及校车路线设计。

在本节所探讨的 MTSP 模型中，所有旅行商均从一个起点城市出发，且所有旅行商都被派去访问。MTSP 主要有两种对立的优化目标：①总距离最小化（minsum-MTSP），此目标意在降低所有旅行商总行程长度，即所有走行距离之和的最小化；②最大距离最

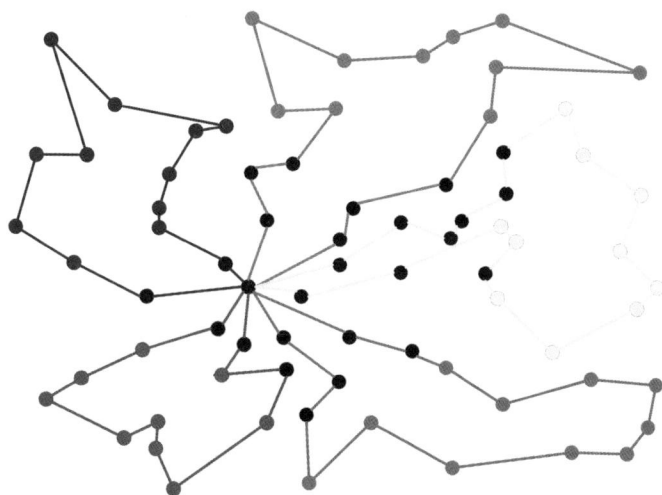

图 1.2 普通 MTSP 示意图

小化（minmax-MTSP），此目标旨在实现任务平衡，通过限制每个旅行商的最大走行距离，确保他们的任务量大致相等。定义 $K = \{1, 2, \cdots, k\}$ 为旅行商集合，p_k 为第 k 个旅行商的走行距离，则两个目标函数依次可以表示为式（1.22）与式（1.23）：

$$\min Z = \sum_{k \in K} p_k \tag{1.22}$$

$$\min Z = \max_{k \in K} \{p_k\} \tag{1.23}$$

随着配送行业技术的进步，对于旅行商任务的均衡化越发受到重视。这种均衡并不是单纯的距离平衡，而是如何合理分配各旅行商的工作量，需要最小化各旅行商的最长路线，使其承担的工作任务尽量均衡，确保服务的高效和公正。因此，均衡多旅行商问题（balanced multiple traveling salesman problem，BMTSP）作为 MTSP 的一个进阶领域，受到越来越多的关注。

1.5.2 符号定义

（1）参数。

$G = (V, E)$ 是无向加权完全图；

V 表示顶点集合，$i, j \in V$，$|V|$ 代表顶点总数；

E 为边集，$(i, j) \in E$，各顶点间旅行距离为 d_{ij}；

N 为 V 的所有非空子集，$|N|$ 为集合 N 中所含图 G 的顶点个数；

K 为旅行商集合，$k \in K$，$|K|$ 为旅行商总数；

M 表示一个极大正整数。

（2）赋值变量。

T_i 是里程变量，计算从起点城市到城市 i 的累计里程；

如果城市 i 的访问顺序在城市 j 之前，则 $T_i < T_j$；

T_1 表示各旅行商回到起点城市的累计旅行距离的最大值。

（3）决策变量。

$x_{ij} = 1$ 表示旅行商从客户 i 去客户 j，否则 $x_{ij} = 0$。

1.5.3　模型构建

$$\min Z = T_1 \tag{1.24}$$

$$\text{s. t.} \sum_{j \in V \setminus 1} x_{1j} = |K| \tag{1.25}$$

$$\sum_{i \in V \setminus 1} x_{i1} = |K| \tag{1.26}$$

$$\sum_{i \in V, \ i \neq j} x_{ij} = 1, \ \forall j \in V \setminus 1 \tag{1.27}$$

$$\sum_{j \in V, \ i \neq j} x_{ij} = 1, \ \forall i \in V \setminus 1 \tag{1.28}$$

$$u_i - u_j + |V| x_{ij} \leq |V| - 1, \ \forall 2 \leq i \neq j \leq |V| \tag{1.29}$$

$$x_{ij} \in \{0, 1\}, \ \forall i, j \in V \tag{1.30}$$

$$u_i \geq 0, \ \forall i \in V \tag{1.31}$$

$$T_j \geq T_i + d_{ij} + M(x_{ij} - 1), \ \forall i \in V \setminus 1 \tag{1.32}$$

$$T_j \geq d_{1j} x_{1j}, \ \forall j \in V \setminus 1 \tag{1.33}$$

$$T_j \geqslant 0, \quad \forall j \in V \qquad (1.34)$$

目标函数（1.24）表示最小化各旅行商所走行距离的最大值，旨在实现任务均衡；

约束（1.25）与约束（1.26）保证恰好所有销售人员离开并返回起点城市；

约束（1.27）和约束（1.28）确保每个城市（除起点城市）都应在之前访问过且仅访问一次；

约束（1.29）用于限制旅行商在各城市子集中不形成回路，其中 u_i 是代表城市 i 访问顺序的变量；

约束（1.30）与约束（1.31）用于约束决策变量的取值范围；

约束（1.32）~约束（1.34）用于计算旅行商的累计走行距离。

◆ 1.6 簇旅行商问题

1.6.1 问题描述

簇旅行商问题（clustered traveling salesman problem，CTSP）作为经典旅行商问题的一个衍生类，最初是由 Chisman 于 1975 年提出的。CTSP 围绕一个核心理念：将需要访问的城市集划分为若干个簇，并要求访问者在每个簇中按顺序连续地访问城市节点，以形成一条最小成本的哈密顿回路。与 TSP 一样，CTSP 的核心目标是最小化旅行商的总行驶距离。不同的是，CTSP 关注的是一个经由不同群组或簇来实现的路径规划，而非单独的点到点之间的通行。在 CTSP 中，每簇围绕一个特定的中心，若干城市被划分在其周围，并需要被序列化访问。簇旅行商示意图如图 1.3 所示，旅行商所要走的路径需要清晰地突出每个簇内城市的连续访问，以及跨越不同簇的过程。

解决 CTSP 模型时，必须考虑如下元素：①每个簇内部的城市访问顺序；②不同簇之间的"迁徙"顺序；③最终确保路径的形成是一个闭合环路并返回起点，并使总行驶距离最小化。尽管在仅包含单个簇或每个簇只有一个顶点的情况下，CTSP 可以简化为传统的 TSP，但在多数情况下，其解决方案的制订较为复杂。CTSP 涉及顺序规划和序列决策，使得其成为一个 NP 难问题，具有显著的计算挑战性。不容置疑的是，CTSP 对许多现实世界的应用领域提供了强有力的战略支持。它被广泛用于自动化仓库中订单拣选的路径规划、紧急服务车辆的调度、生产和物流中的计划排程，乃至于供应商在广

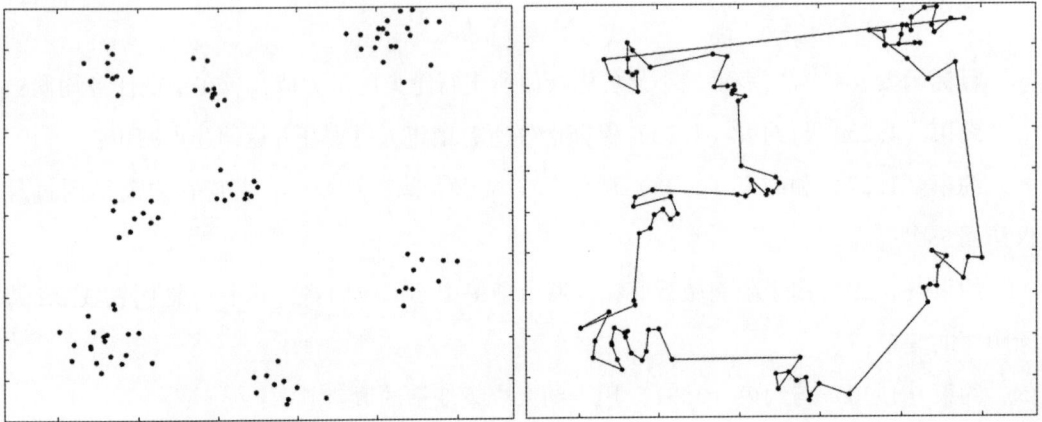

图 1.3　簇旅行商示意图

泛领域的商业配送模式设计。在研究和模型开发中，学者强化算法（如遗传算法和模拟退火算法）的设计，不断致力于降低分辨率时间，提高路径的质量和适应性。此外，多学科（如运筹学、人工智能及数据科学的方法）交叉合作，均在推动 CTSP 的优化路径解决方案不断向着更加高效、智能和自动化的方向发展。

1.6.2　符号定义

（1）参数。

$G = (V, E)$ 是无向加权完全图；

V 表示顶点集合，$i, j \in V$ 被划分为多个不相交的簇 $V_1 \cup V_2 \cup \cdots \cup V_m = V$；

E 为边集，$(i, j) \in E$，各顶点间旅行距离为 d_{ij}；

K 为旅行商集合，$k \in K$，$|K|$ 为旅行商总数。

（2）决策变量。

$x_{ij}^k = 1$ 表示旅行商 k 从节点 i 去节点 j，否则 $x_{ij}^k = 0$；

$y_i^k = 1$ 表示节点 i 被旅行商 k 所访问，否则 $y_i^k = 0$。

1.6.3　模型构建

$$\min Z = \sum_{k \in K} \sum_{i \in V} \sum_{j \in V} d_{ij} x_{ij}^k \qquad (1.35)$$

$$\text{s. t.} \sum_{k \in K} \sum_{j \in V \backslash 1} x_{1j}^k = |K| \tag{1.36}$$

$$\sum_{k \in K} \sum_{i \in V \backslash 1} x_{i1}^k = |K| \tag{1.37}$$

$$\sum_{k \in K} y_i^k = 1, \quad \forall i \in V \tag{1.38}$$

$$\sum_{j \in V, \, j \neq i} x_{ij}^k = y_i^k, \quad \forall i \in V \backslash 1, \, k \in K \tag{1.39}$$

$$\sum_{j \in V, \, j \neq i} x_{ji}^k = y_i^k, \quad \forall i \in V \backslash 1, \, k \in K \tag{1.40}$$

$$u_i - u_j + |V| \sum_{k \in K} x_{ij}^k \leqslant |V| - 1, \quad \forall 2 \leqslant i \neq j \leqslant |V| \tag{1.41}$$

$$\sum_{k \in K} \sum_{i \in V} \sum_{j \in V} x_{ij}^k \leqslant |K| - 1, \quad \forall 2 \leqslant K \leqslant |V| - 2 \tag{1.42}$$

$$u_i \geqslant 0, \quad \forall i \in V \backslash 1 \tag{1.43}$$

$$x_{ij}^k \in \{0, 1\}, \quad \forall i, j \in V, \, k \in K \tag{1.44}$$

$$y_i^k \in \{0, 1\}, \quad \forall i \in V \backslash 1, \, k \in K \tag{1.45}$$

目标函数（1.35）表示最小化所有旅行商的走行距离总和；

约束（1.36）与约束（1.37）保证恰好所有销售人员离开并返回起点城市；

约束（1.38）确保每个城市被一个旅行商访问且仅访问一次；

约束（1.39）与约束（1.40）建立决策变量间联系；

约束（1.41）用于限制旅行商在各城市子集中不形成回路，其中 u_i 是代表城市 i 访问顺序的变量；

约束（1.42）确保每个簇内部的顶点被连续访问；

约束（1.43）~约束（1.45）是决策变量的取值范围。

◆◇ 1.7 LINGO 求解模型

1.7.1 软件简介

LINGO 是 linear interactive and general optimizer 的缩写，即"交互式的线性和通用优化求解器"，由美国 LINDO 系统公司推出。它以用户友好的界面和强大的内置函数著称，能够显著提高优化问题的求解效率。其特点主要如下。

①多问题公式表示：LINGO 能够敏捷地将包括线性、非线性，直到整数规划在内的多种问题以公式形式清晰表示，确保公式的易读性、易理解和易修改性。

②无缝数据库集成：LINGO 的模型能够直接从各种数据库或电子表格中导入所需数据，简化了数据准备过程。同样，求解结果也能够方便地输出到用户的数据库或电子表格，便于进一步分析和记录。

③强大的内建求解器：LINGO 装备了功能全面的求解器，可以应对广泛的优化问题，包括但不限于线性、非线性和整数优化。其求解器可以自动识别问题的类型并选择最合适的算法进行求解，这一过程减轻了用户的负担。

④高效的求解性能：LINGO 能够快速找到优化问题的解决方案，对多种复杂的实际问题提供了高效而准确的求解策略。

⑤易于学习和使用：LINGO 以其直观的设计和简便的操作而受到广泛认可，即便是初学者也能够在短时间内上手，并有效地应用于数学建模和优化。

⑥广泛的应用领域：LINGO 在运营研究、工业工程、财务规划等多个领域都有着广泛的应用前景，它可以帮助专业人士和学生解决现实中的各类优化问题。

⑦模型的灵活性与扩展性：通过 LINGO，用户可以轻松调整或扩展自己的模型，以适应不断变化的需求和条件。

1.7.2 LINGO 代码

面向 6 个城市的旅行商模型（TSP）的 LINGO 代码如下（6 个城市间距离见参数 dist）：

```
SETS:city/1..6/:u;
```

```
    link(city,city):dist,x;
ENDSETS


DATA:
    dist =
    0     97    79    68    85    43
    97    0     71    49    83    44
    79    71    0     86    1     100
    68    49    86    0     28    4
    85    83    1     28    0     16
    43    44    100   4     16    0;
ENDDATA


n=@ SIZE(city);
MIN=@ SUM(link:dist* x);
@ FOR(city(I):@ SUM(city(J) |J#NE#I:x(I,J))=1;);
@ FOR(city(J):@ SUM(city(I) |I#NE#J:x(I,J))=1;);
@ FOR(city(I):@ FOR(city(J) |I#NE#J #AND# J#GT#1:
                u(I)-u(J)+n* x(I,J)<=n-1;););
@ FOR(city(I):u(I)>=0);
@ FOR(city(I):u(I)<=n-1);
@ FOR(link:@ BIN(x));
```

1.7.3 运算结果

由计算结果可知，最优路径为"1—6—4—5—3—2—1"，最短里程为 244。LINGO 运算结果见图 1.4。

LINGO 代码的运算结果如下：

```
Global optimal solution found.
  Objective value:                      244.0000
  Objective bound:                      244.0000
```

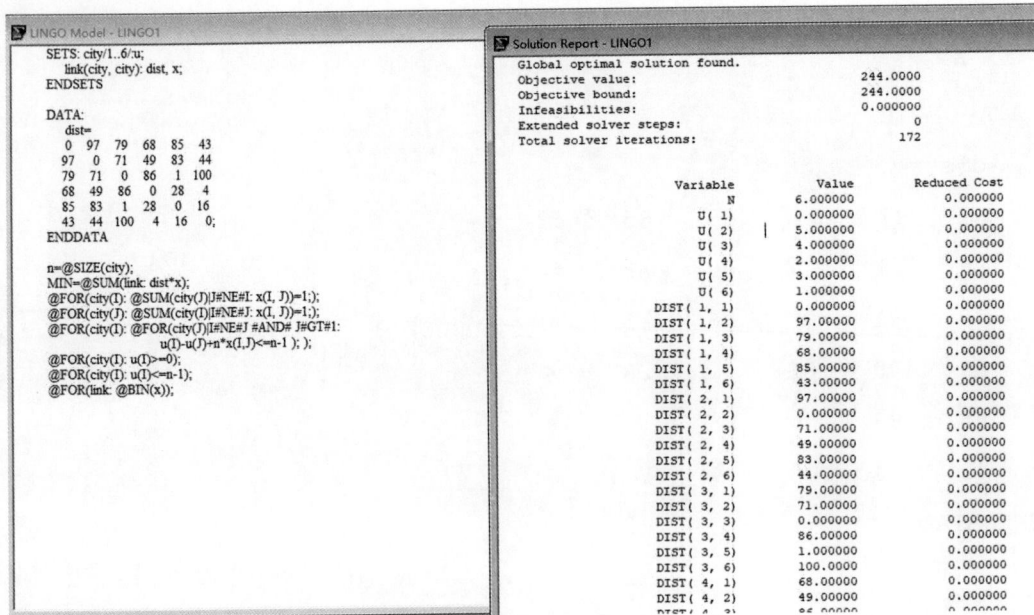

图 1.4　LINGO 运算结果图

Infeasibilities:	0.000000	
Extended solver steps:	0	
Total solver iterations:	172	

Variable	Value	Reduced Cost
N	6.000000	0.000000
U(1)	0.000000	0.000000
U(2)	5.000000	0.000000
U(3)	4.000000	0.000000
U(4)	2.000000	0.000000
U(5)	3.000000	0.000000
U(6)	1.000000	0.000000
DIST(1,1)	0.000000	0.000000
DIST(1,2)	97.00000	0.000000
DIST(1,3)	79.00000	0.000000
DIST(1,4)	68.00000	0.000000

DIST(1,5)	85.00000	0.000000
DIST(1,6)	43.00000	0.000000
DIST(2,1)	97.00000	0.000000
DIST(2,2)	0.000000	0.000000
DIST(2,3)	71.00000	0.000000
DIST(2,4)	49.00000	0.000000
DIST(2,5)	83.00000	0.000000
DIST(2,6)	44.00000	0.000000
DIST(3,1)	79.00000	0.000000
DIST(3,2)	71.00000	0.000000
DIST(3,3)	0.000000	0.000000
DIST(3,4)	86.00000	0.000000
DIST(3,5)	1.000000	0.000000
DIST(3,6)	100.0000	0.000000
DIST(4,1)	68.00000	0.000000
DIST(4,2)	49.00000	0.000000
DIST(4,3)	86.00000	0.000000
DIST(4,4)	0.000000	0.000000
DIST(4,5)	28.00000	0.000000
DIST(4,6)	4.000000	0.000000
DIST(5,1)	85.00000	0.000000
DIST(5,2)	83.00000	0.000000
DIST(5,3)	1.000000	0.000000
DIST(5,4)	28.00000	0.000000
DIST(5,5)	0.000000	0.000000
DIST(5,6)	16.00000	0.000000
DIST(6,1)	43.00000	0.000000
DIST(6,2)	44.00000	0.000000
DIST(6,3)	100.0000	0.000000
DIST(6,4)	4.000000	0.000000
DIST(6,5)	16.00000	0.000000
DIST(6,6)	0.000000	0.000000

X(1,1)	0.000000	0.000000
X(1,2)	0.000000	97.00000
X(1,3)	0.000000	79.00000
X(1,4)	0.000000	68.00000
X(1,5)	0.000000	85.00000
X(1,6)	1.000000	43.00000
X(2,1)	1.000000	97.00000
X(2,2)	0.000000	0.000000
X(2,3)	0.000000	71.00000
X(2,4)	0.000000	49.00000
X(2,5)	0.000000	83.00000
X(2,6)	0.000000	44.00000
X(3,1)	0.000000	79.00000
X(3,2)	1.000000	71.00000
X(3,3)	0.000000	0.000000
X(3,4)	0.000000	86.00000
X(3,5)	0.000000	1.000000
X(3,6)	0.000000	100.0000
X(4,1)	0.000000	68.00000
X(4,2)	0.000000	49.00000
X(4,3)	0.000000	86.00000
X(4,4)	0.000000	0.000000
X(4,5)	1.000000	28.00000
X(4,6)	0.000000	4.000000
X(5,1)	0.000000	85.00000
X(5,2)	0.000000	83.00000
X(5,3)	1.000000	1.000000
X(5,4)	0.000000	28.00000
X(5,5)	0.000000	0.000000
X(5,6)	0.000000	16.00000
X(6,1)	0.000000	43.00000
X(6,2)	0.000000	44.00000

X(6,3)	0.000000	100.0000
X(6,4)	1.000000	4.000000
X(6,5)	0.000000	16.00000
X(6,6)	0.000000	0.000000

第 2 章
车辆路径优化问题

◆◆ 2.1 本章导读

2.1.1 内容提示

在现代物流和配送系统中，如何高效地规划车辆的行驶路线，并以最低的成本和最高的效率完成货物的配送，是一个至关重要的问题。这一问题被称为车辆路径优化问题，是组合优化领域中的经典难题之一。车辆路径优化问题不仅涉及寻找一条或多条最短路径，而且需要考虑诸如车辆容量、时间窗限制、配送优先级等各种复杂的约束条件。本章将深入探讨车辆路径优化问题的基本概念、主要类型及其在实际中的应用。通过具体案例分析和现实应用探讨，读者将全面了解车辆路径优化问题的复杂性及其在提升物流效率中的关键作用。

2.1.2 学习目标

➢ 理解车辆路径优化问题的基本概念。
➢ 掌握车辆路径优化问题的建模方法。
➢ 了解车辆路径优化问题的多种变体问题。
➢ 了解不同类型车辆路径优化问题的模型特点。

2.1.3 思考题

（1）解释车辆路径优化问题的基本定义，并讨论其在实际物流和运输管理中的重要性。

（2）什么是带载货限制的车辆路径优化问题？请描述带载货限制的车辆路径优化问题模型的主要特征和约束条件，并解释为什么容量限制是实际应用中必须考虑的因素。

（3）带时间窗的车辆路径优化问题如何在基本车辆路径优化问题模型中引入时间窗约束？请解释时间窗对路径优化的影响，并讨论在实际应用中如何处理时间窗冲突。

◆ 2.2　车辆路径优化问题概述

2.2.1　问题定义

车辆路径优化问题（vehicle routing problem，VRP）的概念可追溯至 1959 年，当时乔治·丹齐格（George Dantzig）与约翰·拉姆瑟（John Ramser）以一项创新研究初探了这一领域。他们的研究起因于一项实际的物流挑战：如何高效地安排卡车的行驶路线，以最低的运输成本为若干加油站配送汽油。这一早期尝试在将实际运营问题抽象化方面迈出了重要一步。丹齐格与拉姆瑟巧妙地结合线性规划与图论原理，不仅从实质上减少了运输成本，而且为后续车辆路径优化问题的研究奠定了坚实的理论基础。他们的贡献不仅在于技术上的创新，更在于巧妙地展示了运筹学在现实世界问题中的适用性及巨大的潜力，同时激发了后续在这一领域的深入研究和广泛应用。在图论的框架内，VRP 被模型化为求解一个具备载重约束的路径优化，通过应用线性规划技术来为找到成本效益最大化的配送方案提供计算支持。

在现代物流与运输管理中，VRP 已经成为一个不可或缺的议题，VRP 配送网络见图 2.1。VRP 的核心在于从单个或多个配送中心派遣车辆，为分布在不同地理位置上的客户群体提供服务，同时确保服务的广度和效率。VRP 的基本目标较为明确：在确保满足所有客户服务需求的基础上，规划车辆的行驶路线，以尽可能地减少总的行驶距离或运输成本。VRP 是一种一般化的旅行商问题（TSP）。与 TSP 不同，VRP 不限于单一车辆或单一路径，它允许有多个车辆同时承担任务，每条路径都类似于一个小型的 TSP 实例：车辆从起点出发，逐一拜访客户，最后返回起点。在这一过程中，每个客户只能且必须被访问一次，且满足客户的需求总和不超过车辆的运载能力。随着 VRP 研究的深入，已经形成了多种模型和算法，旨在适应不同的场景和约束条件。累积的研究成果逐渐在解决现代物流运输中的实际问题上显现出成效，无论是在货物运输、特殊物品配送还是在服务行业的应用中，VRP 都扮演着至关重要的角色，并持续为提供高效、智能的物流解决方案提供理论支持。

车辆路径优化问题主要包括货物、车辆、配送中心、客户、运输网络、约束条件、目标函数等要素。

（1）货物。

货物是我国交通运输领域中的一个特有专用概念，交通运输领域将其经营的对象分

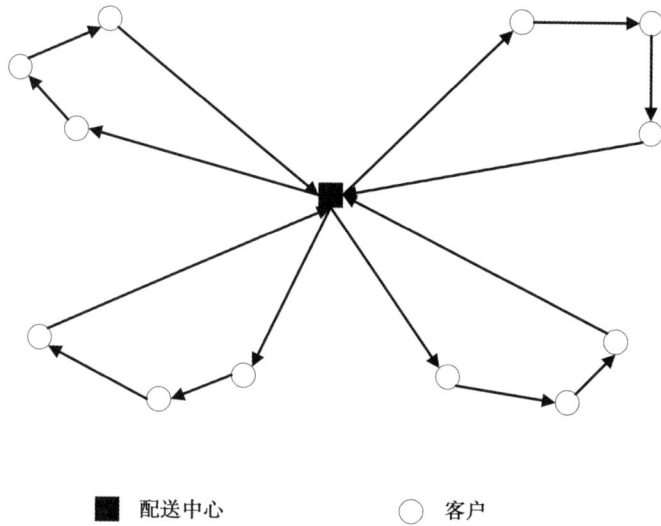

■ 配送中心　　　　　○ 客户

图 2.1　VRP 配送网络

为两大类：一类是人，另一类是物。"物"这一类的运输目标统称为货物。这里所说的货物，特指那些作为物流配送的一部分、需要被运输和配送的对象。在详细的物流规划中，每批货物均由多个属性界定，这些属性包括商品名称、包装形式、货物重量、体积大小、待配送（或取货）的时间期限及具体地址。此外，还需要考虑是否支持货物的分批次配送，这是运输过程中的一个重要考量因素。

（2）车辆。

车辆是"车"与车的单位"辆"的总称。车辆是指那些专门设计用于在陆地上移动和运输货物的轮式工具。在传统的度量方式中，"辆"用作车的计数单位，而"车"是其本体。就物流配送领域而言，车辆是执行运输任务的基本单元，其关键特性涵盖运输工具的类型、允许的工作时间、车辆在配送前和完成任务后的停放区域、设计承重能力及车辆在完成每次运输任务后的最终停放点等。

（3）配送中心。

配送中心不仅是物流网络中的核心节点，更是效率与专业性的体现。作为多功能的物流设施，配送中心承担着接收、处理和分发商品的关键任务。供货商将小批量、多品种的货物送至配送中心，配送中心便通过一系列的物流活动（包括存储、保管、分拣、配货，以及流通加工和信息处理），确保按照客户的订单要求准确地准备和配送货物。本书探讨的配送中心，不仅限于传统的仓库，还可能包括车站、港口等能够进行货物集结、分配和运输的固定场所。这些配送中心在物流配送系统中既可能以单一形式存在，也可能通过多个中心协同运作。配送中心的专业化体现在其与客户之间建立的稳定配送关系，以及通常遵循计划配送的原则。它们通常会维持一定量的库存，保证在正常的经营范围内满足市场的需求。配送中心通常根据自身的配送需求，定制化地设计工艺流程和设施，这使得它们具备强大的配送能力，能够覆盖远距离、多品种和大数量的配送任务。在大规模的配送中，配送中心的效率至关重要。由于其广泛的服务覆盖和大规模的运营特点，配送中心必须配备相应的设施和物流计划，以支持复杂的配送任务。本书的研究背景就是基于对配送中心物流配送中的车辆调度问题的研究。

（4）客户。

客户是指物流配送的服务对象，既可以是各种零售店，也可以是分仓库，还可以是其他仓库的外调。也就是说，客户是有配送任务的对象的统称。客户的属性包括需求数量、需求时间、需求次数及目前需求的满足动态等。物流配送需要根据这些关键参数，定制和优化配送策略，确保及时、高效地满足客户需求。

（5）运输网络。

运输网络是物流配送中的一大关键构成，它借助离散数学中网络的概念来构建。在这一网络中，各种物流操作节点（如配送中心、客户地点、停车场等）都被抽象为网络的顶点，各个顶点之间的实际运输路径则被建模为网络的边或弧，根据路径是否有方向性，分别构成无向边或有向弧。这些边和弧不仅指引着运输方向，还通过其属性反映运输过程中的各种参数［如运输的方向性、运输所需付出的权值（可能代表距离、时间或费用）］，以及对运输交通流量的限制。网络中的权值并非总是静态不变的，它们可能因不同的条件而表现出弹性。具体来说，权值的确定既可能是一种相对固定的值，不随着时间和车辆的不同而变化；也可能随时间段的变化或车辆的不同而不规则变动；更有甚者，权值可能同时依据时间和车辆进行动态调整。考虑到运输网络的实际负载能力，我们必须设定一系列的流量限制来确保网络的顺畅运作。这包括对网络中的某些部分实施无流量限制，或者对边或弧上同时运行车辆的数量设定上限。此外，网络中也可能对顶点上同时进行装卸的车辆数设定限制；在更复杂的情况下，甚至会同时对边、弧和顶点施加流量限制。

（6）约束条件。

在物流配送领域，车辆调度问题的解决需要严格遵循一系列的约束条件，以确保运输操作的有效性和可行性。首先，必须确保能够充分满足所有客户对货物品种、规格、数量的特定要求，这要求配送计划能够灵活应对不同客户的需求。其次，货物的配送需要在客户规定的时间内完成，同时考虑客户对配送时间的可接受阈值，以确保配送服务的及时性和可靠性。除了满足时间和货物要求外，物流配送过程中的车辆使用也受到严格限制。运输车辆每天的运行时间和里程数都有预定的限制，不能超时或超过规定的行驶距离，以符合法律法规和保障车辆的可持续运营。在装载货物时，还需遵循不得超载的原则，确保车辆载重量不超过车辆的最大承载限制，以保障道路安全和车辆结构的完整性。此外，配送计划还需要考虑物流中心的运力资源，以确保所有客户的需求都在当前运力的承载范围之内，避免资源不足而导致的服务失败或延误。这些约束共同构成了物流配送决策的基础，要求规划者在多个维度上寻求最优解。

（7）目标函数。

目标函数是指所关心的目标（某一变量）与相关的因素（某些变量）的函数关系。简单地说，就是求解后所得出的函数。在求解前函数是未知的，按照求解思路将已知条件利用起来，去求解未知量的函数关系式，即目标函数。它代表了希望通过优化过程达到的特定目标，这个目标可以是最小化成本、最大化客户满意度、减少运输时间或提高配送效率等。目标函数可由单一或多个目标构成，反映了物流配送过程中需要平衡和优化的多重因素。

2.2.2 数学模型

在车辆路径优化问题的基本模型中，主要涉及以下五个关键要素。

①配送中心：不仅是所有配送活动的起点，也是终点。假设有一个配送中心（也称为仓库或基地），车辆从该中心出发并最终返回该中心。

②车辆：为客户提供服务的资源。假设有若干辆车，每辆车都有固定的载货容量（如重量或体积）。车辆的数量通常是有限的，且每辆车只能服务一条路径。

③客户：需要服务的对象。假设有若干客户，每个客户有特定的需求量（如货物的重量或体积）。客户的位置是已知的，且分布在配送中心的周围。

④路径：车辆从配送中心出发，按照一定的顺序访问若干客户，最后返回配送中心的行驶路线。路径规划需要考虑车辆的容量限制和客户的需求量。

⑤目标：在满足所有客户需求和车辆容量限制的前提下，最小化所有车辆的总行驶距离或总运输成本，即在确保服务覆盖率为 100% 的基础上，寻求成本效益和资源利用的最优化。

该模型中包含的参数和变量为：

i, j 是客户点的标号，$i, j \in I$，0 是配送中心的标号；

L_{ij} 表示客户点 i 到客户点 j 的距离；

$x_{ij} = 1$ 表示配送中心车辆从客户点 i 到客户点 j，否则 $x_{ij} = 0$。

$$\min \sum_{i \in I} \sum_{j \in J} L_{ij} x_{ij} \tag{2.1}$$

$$\sum_{i \in I} x_{0i} = \sum_{i \in I} x_{i0} \tag{2.2}$$

$$\sum_{j \in J} x_{ij} = 1, \quad \forall i \in I \tag{2.3}$$

$$\sum_{j \in I} x_{ji} = \sum_{j \in J} x_{ij}, \quad \forall i \in I \tag{2.4}$$

$$x_{ij} \in \{0, \ 1\}, \quad \forall i \in I, j \in J \tag{2.5}$$

目标函数（2.1）表示最小化总行驶距离；

约束（2.2）表示每辆车从配送中心出发，并最终返回配送中心；

约束（2.3）表示每个客户只能被一辆车服务一次；

约束（2.4）表示驶入客户点的车辆在货运任务完成后驶离；

约束（2.5）表示决策变量的取值范围。

2.2.3　问题分类

根据构成要素，可将车辆路径优化问题进行分类（见表2.1），具体分类如下。

表 2.1　VRP 分类

要素	分类标准	问题类型
车场中心	车场数目	单车场、多车场
车辆属性	车辆装载量	满载、非满载、满载与非满载混合
	任务类型	单纯送货、单纯取货、取送混合
	车辆类型	单运输车型、多运输车型
	车辆与配送中心的关系	开放式、封闭式

表2.1(续)

要素	分类标准	问题类型
顾客属性	需求的时间限制	无时间窗、硬时间窗、软时间窗
	需求特性	确定性、随机性
	配送时间周期	周期性、非周期性

（1）车场数目的分类。

车辆路径优化问题根据起始配送点的数量，分为单车场问题和多车场问题。其中，多车场问题进一步细分为两种：一种为目的地固定不变的多车场问题，即车辆完成任务后必须返回其出发的车场；另一种是目的地不固定的多车场问题，即车辆不需要返回其出发的车场，但是在任务结束后，整体中的任一车场所拥有的车辆总数要保持不变。

（2）时间周期的考虑。

车辆路径优化问题根据车辆配送的时间周期，分为周期性问题和非周期性问题。其中，周期性问题不需要每天对客户进行配送，只要在规定的周期时间内完成配送即可，该问题关注的是整个周期（如周、月、年）内的配送效率，优化目标通常为实现整个周期内的系统总成本的最小化。而非周期性问题更侧重于 24 小时配送安排。

（3）货物装载的划分。

车辆路径优化问题根据车辆装载量的情况，分为满载问题、满载与非满载的混合问题及非满载问题。在满载问题中，每个客户只由一辆车服务；但在非满载问题中，一个客户可由多辆车共同服务。满载问题即客户点的需求量小于或等于配送车辆的最大载重量；非满载问题即客户点的需求量大于配送车辆的最大载重量，余下的需求量由另外的车辆满足。

（4）任务类型的不同。

配送任务可以根据单纯送货、单纯取货、取送混合来分类，这决定了配送车辆在服务过程中的功能和操作流程。单纯送货问题，即配送中心只负责对客户进行送货服务；单纯取货问题，即配送中心只负责对客户进行取货服务；取送混合问题，即车辆配送到客户需求点时，可以同时满足客户的送货需求和取货需求。

（5）运输车辆类型的差别。

车辆类型可以根据其载货能力分为单运输车型问题和多运输车型问题。单运输车型问题，即运输车辆能够装载的最大数量相同；多运输车型问题，即运输车辆能够装载的最大数量不完全一样，涉及不同载重能力的车辆。

（6）车辆与配送中心所属关系。

车辆路径优化问题根据车辆的归属关系，分为车辆开放式问题和车辆封闭式问题。车辆开放式问题，即运输车辆完成配送任务可不返回配送中心；车辆封闭式问题，即运输车辆完成配送任务后返回配送中心。

（7）时间和时间窗的限制。

车辆路径优化问题按照客户对所需货物的时间限制，分为无时间窗问题（即车辆可以在任何时间段对客户进行配送）及带时间窗问题（即车辆需要在规定的时间窗范围内将货物运送到客户需求点）。带时间窗问题又分为硬时间窗问题和软时间窗问题。带有硬时间窗约束需求的车辆必须在规定时间段内配送货物；带有软时间窗约束需求的车辆可以偏离规定时间段限制配送货物，但等待或延迟将产生损失。

（8）客户需求信息的确定性。

车辆路径优化问题根据客户需求点的信息，分为客户的位置和需求数量明确的确定性问题，以及不明确的随机性问题。随机性问题由于其不确定性，求解过程往往更为复杂，目标是最小化期望总成本。随机性问题相比于确定性问题求解更为困难。

（9）优化目标数量的不同。

根据实际研究的车辆路径优化问题的特征不同，运作目标可以分为多目标和单目标两类。目前主要的目标函数及其对应内涵主要见表2.2。

表2.2　优化目标形式

目标函数	内涵
最小化总运输成本	包括车辆固定成本、变动成本、其他相关费用等
最小化配送车辆总配送里程	完成全部配送任务车辆路径总长度最小
最小化配送车辆数	用最少的配送车辆完成服务目标
最小化配送车辆空载里程	所有配送车辆的空返距离最小化
最小化总时间	完成全部配送任务总配送时间最小，包括行驶时间、等待时间、服务时间

◆ 2.3 带载货限制的车辆路径优化问题

2.3.1 问题描述

在配送策略的制定中，在单一配送中心、确定车辆集合及其载货限制，以及明确客户位置和需求量的前提下，进行车辆路径优化的主要目的是构建一套有效的配送路线。该优化目标是找到使得所有客户点都被访问一次的最短路径方案，并对各个车辆的配送路线展开优化。这些路线需满足以下条件：每个客户地点只需服务一次，避免重复服务造成的资源浪费；每辆车只负责一条配送线路，确保每条线路结构清晰；同时，必须考虑线路的总服务时长，以及车辆的负载和体积约束。

带载货限制的车辆路径优化问题（capacitated vehicle routing problem，CVRP）的模型假设如下：①每条配送线路只由一辆车来服务；②每个客户点每天仅被服务一次；③每个客户点的货运需求已知；④配送中心的车型一致，且车辆数已知。

2.3.2 符号定义

（1）参数。

i，j 是客户点的标号，i，$j \in I$，0 是配送中心的标号；

k 是配送中心的配送车辆标号，$k \in K$；

K 表示配送中心的配送车辆总数；

L_{ij} 表示客户点 i 到客户点 j 的距离；

D_i 表示第 i 个客户点的需求数量；

α 表示货物每单位的质量；

β 表示货物每单位的体积；

Q 表示配送车辆的最大载重量；

V 表示配送车辆的最大容积；

v_T 表示车辆的行驶速度；

v_L 表示车辆装卸的效率；

S 表示配送中心的货物供给量；

T_{max} 是配送路线的最长运输时间。

（2）决策变量。

$x_{ij}^k = 1$ 表示配送中心第 k 辆车从客户点 i 到客户点 j，否则 $x_{ij}^k = 0$；

$y_i^k = 1$ 表示配送中心第 k 辆车为客户点 i 服务，否则 $y_i^k = 0$。

2.3.3　模型构建

$$\min \sum_{i \in I} \sum_{j \in J} \sum_{k \in K} x_{ij}^k L_{ij} \tag{2.6}$$

$$\sum_{i \in I} x_{0i}^k = \sum_{i \in I} x_{i0}^k, \ \forall k \in K \tag{2.7}$$

$$\sum_{i \in I} x_{0i}^k = 1, \ \forall k \in K \tag{2.8}$$

$$\sum_{j \in I} x_{ji}^k = \sum_{j \in I} x_{ij}^k, \ \forall i \in I, \ k \in K \tag{2.9}$$

$$\sum_{j \in J} \sum_{k \in K} x_{ij}^k = 1, \ \forall i \in I, \ i \neq j \tag{2.10}$$

$$y_i^k = \sum_{j \in J} x_{ij}^k, \ \forall i \in I, \ i \neq j, \ k \in K \tag{2.11}$$

$$\sum_{i \in I} \sum_{j \in I} x_{ij}^k \frac{L_{ij}}{v_T} + \sum_{i \in I} y_i^k \frac{D_i}{v_L} \leqslant T_{\max}, \ \forall k \in K \tag{2.12}$$

$$\sum_{i \in I} y_i^k D_i \alpha \leqslant Q, \ \forall k \in K \tag{2.13}$$

$$\sum_{i \in I} y_i^k D_i \beta \leqslant V, \ \forall k \in K \tag{2.14}$$

$$x_{ij}^k \in \{0, 1\}, \ \forall i \in I, \ j \in J, \ k \in K \tag{2.15}$$

$$y_i^k \in \{0, 1\}, \ \forall i \in I, \ k \in K \tag{2.16}$$

目标函数（2.6）表示配送中心派出的所有车辆的总行驶里程最短；

约束（2.7）表示驶出配送中心的车辆在货运任务完成后驶回；

约束（2.8）表示每辆车每天只驶出配送中心一次；

约束（2.9）表示驶入客户点的车辆，在货运任务完成后驶离；

约束（2.10）限制每个客户点只被配送车辆服务一次；

约束（2.11）建立 x_{ij}^k 与 y_i^k 两个决策变量间的联系；

约束（2.12）表示每辆车的行驶时间和装卸时间总和要满足时间约束；

约束（2.13）限制配送线路上配送车辆的货运总质量不超过载重量限制；

约束（2.14）限制配送线路上配送车辆的货运总体积不超过容量限制；

约束（2.15）与约束（2.16）是决策变量 x_{ij}^k 与 y_i^k 的 0/1 取值约束。

◆◇ 2.4 同时取送货的车辆路径优化问题

2.4.1 问题描述

在复杂的配送场景中，配送任务不仅要求车辆路线优化，还需要考虑货物的多元化处理，包括取货和送货的过程。这一综合任务可以定义为：从单一配送中心出发，已知其具体位置，并配备有载货限制的车辆。其客户点分散且具有明确的取货与送货需求量。配送目标是在符合特定约束的条件下，确保所有客户点都能被逐一服务，以找到使所有客户点都被访问一次的最短路径方案为目标函数，对各个车辆的配送路径展开优化。以下是确保服务流程顺畅的一系列约束条件：①每辆车仅服务一条线路，并按照指定的顺序执行配送任务；②每个客户点每日仅限一次服务，以避免无效工作和资源重叠；③每个客户点的具体取货需求和送货需求已被明确，需要在配送中精确处理；④车辆在每次客户交互过程中的总服务时长（包括装卸货时间）都需要考量；⑤考虑每辆车的质量与体积限制，确保装载量在允许范围内。

相比于传统的带载货限制的车辆路径优化问题（CVRP），本节介绍的问题在考虑车辆配送的基础上进一步模拟每个客户点的取货和送货过程，并计算离开客户点时车辆载货量。同时取送货的车辆路径优化问题（pickup and delivery vehicle routing problem，PDVRP）模型的构建不仅是对运输任务的复杂性的深入挖掘，而且是对提升配送效率、降低运营成本的持续探索。它要求配送策略能够灵活应对多变的物流需求，同时保证任务的及时性和服务质量。PDVRP 模型假设包括：①每条配送线路只由一辆车来服务；②每个客户点每天仅被服务一次；③每个客户点的取货需求、送货需求已知；④配送中心的车型一致且车辆数已知。

2.4.2 符号定义

（1）参数。

i，j 是客户点的标号，i，$j \in I$，0 是配送中心的标号；

k 是配送中心的配送车辆标号，$k \in K$；

K 表示配送中心的配送车辆总数；

L_{ij} 表示客户点 i 到客户点 j 的距离；

q_i 表示第 i 个客户点的取货需求；

p_i 表示第 i 个客户点的送货需求；

$L_{\max}^{k}$ 表示车辆 k 在线路上的最大载货量；

α 表示货物每单位的质量；

β 表示货物每单位的体积；

Q 表示配送车辆的最大载重量；

V 表示配送车辆的最大容积；

v_{T} 表示车辆的行驶速度；

v_{L} 表示车辆装卸的效率；

S 表示配送中心的货物供给量；

$T_{\max}$ 是配送路线的最长运输时间。

（2）辅助变量。

L_i^k 表示车辆 k 驶离客户点 i 的载货量。

（3）决策变量。

$x_{ij}^k = 1$ 表示配送中心第 k 辆车从客户点 i 到客户点 j，否则 $x_{ij}^k = 0$；

$y_i^k = 1$ 表示配送中心第 k 辆车为客户点 i 服务，否则 $y_i^k = 0$。

2.4.3 模型构建

$$\min \sum_{i \in I} \sum_{j \in J} \sum_{k \in K} x_{ij}^k L_{ij} \tag{2.17}$$

$$\sum_{i \in I} x_{0i}^k = \sum_{i \in I} x_{i0}^k, \quad \forall k \in K \tag{2.18}$$

$$\sum_{i \in I} x_{0i}^k = 1, \quad \forall k \in K \tag{2.19}$$

$$\sum_{j \in I} x_{ji}^k = \sum_{j \in I} x_{ij}^k, \quad \forall i \in I, \ k \in K \tag{2.20}$$

$$\sum_{j \in J} \sum_{k \in K} x_{ij}^k = 1, \quad \forall i \in I, \ i \neq j \tag{2.21}$$

$$y_i^k = \sum_{j \in J} x_{ij}^k, \quad \forall i \in I, \ i \neq j, \ k \in K \tag{2.22}$$

$$L_0^k = \sum_{i \in I} y_i^k p_i, \quad \forall k \in K \tag{2.23}$$

$$x_{ij}^k \left(L_i^k - p_j + q_j - L_j^k \right) = 0, \quad \forall i \in I \setminus 0, \ j \in J, \ k \in K \tag{2.24}$$

$$L_{\max}^k = \max_{i \in I} \left\{ y_i^k L_i^k \right\}, \quad \forall k \in K \tag{2.25}$$

$$L_{\max}^k \alpha \leqslant Q, \quad \forall k \in K \tag{2.26}$$

$$L_{\max}^k \beta \leqslant V, \quad \forall k \in K \tag{2.27}$$

$$\sum_{i \in I} \sum_{j \in I} x_{ij}^k \frac{L_{ij}}{v_T} + \sum_{i \in I} y_i^k \frac{p_j + q_j}{v_L} \leqslant T_{\max}, \quad \forall k \in K \tag{2.28}$$

$$x_{ij}^k \in \{0, 1\}, \quad i \in I, \ j \in J, \ k \in K \tag{2.29}$$

$$y_i^k \in \{0, 1\}, \quad \forall i \in I, \ k \in K \tag{2.30}$$

目标函数（2.17）表示配送中心派出的所有车辆的总行驶里程最短；

约束（2.18）表示驶出配送中心的车辆在货运任务完成后驶回；

约束（2.19）表示每辆车每天只驶出配送中心一次；

约束（2.20）表示驶入客户点的车辆，在货运任务完成后驶离；

约束（2.21）限制每个客户点只被配送车辆服务一次；

约束（2.22）建立 x_{ij}^k 与 y_i^k 两个决策变量间的联系；

约束（2.23）计算每辆车在离开配送中心时的载货量；

约束（2.24）计算每辆车在离开任意客户点时的载货量；

约束（2.25）计算每辆车在配送线路上的最大载货量；

约束（2.26）限制配送线路上配送车辆的货运总质量不超过载重量限制；

约束（2.27）限制配送线路上配送车辆的货运总体积不超过容量限制；

约束（2.28）表示每辆车的行驶时间和装卸时间的总和要满足时间约束；

约束（2.29）与约束（2.30）是决策变量 x_{ij}^k 与 y_i^k 的 0/1 取值约束。

◆◇ 2.5 带时间窗的车辆路径优化问题

2.5.1 问题描述

在物流领域，对效率的追求永不停歇，而时间窗的引入为车辆路径优化问题增添了新的维度。我们的目标是构建一个更为精细和实际的配送模型，既要满足客户的需求，也要考虑操作的可行性。带时间窗的车辆路径优化问题（vehicle routing problem with time window，VRPTW）以单个配送中心及位置、一组车辆及载货限制、一组客户位置及需求量等为已知条件。该问题的目标是找到一条最短路径方案，使得所有客户点按照预定的时间窗被依次访问一次，每个客户的需求都得到满足，并对各个车辆的配送路径展开优化。该问题的模型必须遵循严格的约束：①每个客户仅被服务一次，以减少运输系统的冗余和服务成本；②每辆车仅服务一条线路，保证服务的连贯性和效率；③每条线路的总服务时长成为规划中的一个限制因子，影响整个配送计划；④每个客户的到达时间窗要求精确计算车辆的出发时间和到达时刻；⑤每辆车在质量与体积上都有限制，这对装载策略和路径规划产生了直接影响。

相比于带载货限制的车辆路径优化问题，本节问题增加了各个客户点的到达时间窗约束。通过对 VRPTW 的进一步建模和优化，能够更好地适应现实的配送需求，提升服务的精准度和效率，同时保障客户的需求得到及时满足。VRPTW 模型假设包括：①每条配送线路只由一辆车来服务；②每个客户点每天仅被服务一次；③每个客户点的货运需求已知；④配送中心的车型一致且车辆数已知；⑤只有在时间窗内到达，客户才接受服务。

2.5.2 符号定义

（1）参数。

i，j 是客户点的标号，i，$j \in I$，0 是配送中心的标号；

k 是配送中心的配送车辆标号，$k \in K$；

K 表示配送中心的配送车辆总数；

L_{ij}表示客户点 i 到客户点 j 的距离；

D_i 表示第 i 个客户点的需求数量；

α 表示货物每单位的质量；

β 表示货物每单位的体积；

Q 表示配送车辆的最大载重量；

V 表示配送车辆的最大容积；

v_T 表示车辆的行驶速度；

v_L 表示车辆装卸的效率；

S 表示配送中心的货物供给量；

T_{max} 是配送路线的最长运输时间；

T_i^{min} 是客户点 i 的最早到达时间；

T_i^{max} 是客户点 i 的最晚到达时间。

（2）辅助变量。

t_i^k 是配送车辆到达客户点 i 的时间。

（3）决策变量。

$x_{ij}^k = 1$ 表示配送中心第 k 辆车从客户点 i 到客户点 j，否则 $x_{ij}^k = 0$；

$y_i^k = 1$ 表示配送中心第 k 辆车为客户点 i 服务，否则 $y_i^k = 0$。

2.5.3　模型构建

$$\min \sum_{i \in I} \sum_{j \in J} \sum_{k \in K} x_{ij}^k L_{ij} \tag{2.31}$$

$$\sum_{i \in I} x_{0i}^k = \sum_{i \in I} x_{i0}^k, \quad \forall k \in K \tag{2.32}$$

$$\sum_{i \in I} x_{0i}^k = 1, \quad \forall k \in K \tag{2.33}$$

$$\sum_{j \in I} x_{ji}^k = \sum_{j \in I} x_{ij}^k, \quad \forall i \in I, \ k \in K \tag{2.34}$$

$$\sum_{j \in J} \sum_{k \in K} x_{ij}^k = 1, \quad \forall i \in I, \ i \neq j \tag{2.35}$$

$$y_i^k = \sum_{j \in J} x_{ij}^k, \quad \forall i \in I, \ i \neq j, \ k \in K \tag{2.36}$$

$$\sum_{i \in I} \sum_{j \in I} x_{ij}^k \frac{L_{ij}}{v_T} + \sum_{i \in I} y_i^k \frac{D_i}{v_L} \leq T_{\max}, \quad \forall k \in K \tag{2.37}$$

$$x_{ij}^k \left(t_i^k + \frac{D_i}{v_L} + \frac{L_{ij}}{v_T} - t_j^k \right) = 0, \quad \forall i \in I, \, j \in I, \, i \neq j, \, k \in K \tag{2.38}$$

$$T_i^{\min} \leq t_i^k \leq T_i^{\max}, \quad \forall i \in I, \, k \in K \tag{2.39}$$

$$\sum_{i \in I} y_i^k D_i \alpha \leq Q, \quad \forall k \in K \tag{2.40}$$

$$\sum_{i \in I} y_i^k D_i \beta \leq V, \quad \forall k \in K \tag{2.41}$$

$$x_{ij}^k \in \{0, 1\}, \quad \forall i \in I, \, j \in J, \, k \in K \tag{2.42}$$

$$y_i^k \in \{0, 1\}, \quad \forall i \in I, \, k \in K \tag{2.43}$$

目标函数（2.31）表示配送中心派出的所有车辆的总行驶里程最短；

约束（2.32）表示驶出配送中心的车辆在货运任务完成后驶回；

约束（2.33）表示每辆车每天只驶出配送中心一次；

约束（2.34）表示驶入客户点的车辆，在货运任务完成后驶离；

约束（2.35）限制每个客户点只被配送车辆服务一次；

约束（2.36）建立 x_{ij}^k 与 y_i^k 两个决策变量间的联系；

约束（2.37）表示每辆车的行驶时间和装卸时间总和要满足时间约束；

约束（2.38）依次计算了每个客户点的车辆到达时间；

约束（2.39）要求车辆到达时间在最早至最晚到达时间内；

约束（2.40）限制配送线路上配送车辆的货运总质量不超过载重量限制；

约束（2.41）限制配送线路上配送车辆的货运总体积不超过容量限制；

约束（2.42）与约束（2.43）是决策变量 x_{ij}^k 与 y_i^k 的 0/1 取值约束。

◆◇ 2.6 多配送中心的车辆路径优化问题

2.6.1 问题描述

多配送中心的车辆路径优化问题（multi-depot vehicle routing problem，MDVRP）以多个配送中心及位置、一组车辆所属配送中心及载货限制、一组客户位置及需求量、多货种的需求量及供给量等为已知条件。目标函数是寻找一条最短的路径方案，在满足所有客户需求的基础上，保证所有客户点均被访问一次，并对各配送中心所属车辆的配送路径展开优化。该问题的约束条件为：①每个客户仅被服务一次，以减少物流资源的浪费；②每辆车仅服务一条线路，确保服务清晰且可追踪；③每条线路的总服务时长必须控制在限制之内，确保服务按时完成；④对于每辆车的质量与体积限制，应避免超载或低效空间利用；⑤每种货的总货运量需求不超过配送中心的供给量，确保供应链的稳定。

相比于带载货限制的车辆路径优化问题，本节问题增加多个配送中心及多个货种，确保从多个源头出发，高效地服务广泛分布的客户群体，同时优化每一条线路的服务质量和运输成本。这样的模型不仅提高了物流系统的整体效率，也为应对现实的物流配送问题提供了一种可行的解决方案。多配送中心的车辆路径优化问题的模型假设包括：①每条配送线路只由一辆车来服务；②每个客户点每天仅被服务一次；③每个客户点对各货种的货运需求已知；④每个配送中心的车辆数已知且车型一致；⑤各配送中心间没有货物调拨业务。

2.6.2 符号定义

（1）参数。

p 是配送中心的标号，$p \in P$，其中 p_0 是 P 配送中心的标号；

i, j 是客户点的标号，$i, j \in I$；

k 是配送中心 p 的配送车辆标号，$k \in K_p$；

m 是货物种类的标号，$m \in M$；

L_{ij} 表示客户点 i 到客户点 j 的距离；

D_i^m 表示第 i 个客户点对第 m 种货物的需求数量；

α^m 表示第 m 种货物每单位的质量；

β^m 表示第 m 种货物每单位的体积；

Q 表示配送车辆的最大载重量；

V 表示配送车辆的最大容积；

v_T 表示车辆的行驶速度；

v_L 表示车辆装卸的效率；

S^{pm} 表示配送中心 p 对第 m 种货物的供给量；

$T_{\max}$ 是配送路线的最长运输时间。

（2）决策变量。

$x_{ij}^{pk} = 1$ 表示第 p 个配送中心的第 k 辆车从客户点 i 到客户点 j，否则 $x_{ij}^{pk} = 0$；

$y_i^{pk} = 1$ 表示第 p 个配送中心的第 k 辆车为客户点 i 服务，否则 $y_i^{pk} = 0$。

2.6.3　模型构建

$$\min \sum_{i \in I} \sum_{j \in J} \sum_{k \in K} \sum_{p \in P} x_{ij}^{pk} L_{ij} \tag{2.44}$$

$$\sum_{i \in I} x_{p_0 i}^{pk} = \sum_{i \in I} x_{i p_0}^{pk}, \quad \forall p \in P, \ k \in K_p \tag{2.45}$$

$$\sum_{i \in I} x_{p_0 i}^{pk} = 1, \quad \forall p \in P, \ k \in K_p \tag{2.46}$$

$$\sum_{j \in I} x_{ji}^{pk} = \sum_{j \in I} x_{ij}^{pk}, \quad \forall i \in I, \ p \in P, \ k \in K_p \tag{2.47}$$

$$\sum_{j \in J} \sum_{p \in P} \sum_{k \in K} x_{ij}^{pk} = 1, \quad \forall i \in I, \ i \neq j \tag{2.48}$$

$$y_i^{pk} = \sum_{j \in J} x_{ij}^{pk}, \quad \forall i \in I, \ i \neq j, \ p \in P, \ k \in K_p \tag{2.49}$$

$$\sum_{i \in I} \sum_{j \in I} x_{ij}^{pk} \frac{L_{ij}}{v_T} + \sum_{i \in I} \sum_{m \in M} y_i^{pk} \frac{D_i^m}{v_L} \leq T_{\max}, \quad \forall p \in P, \ k \in K_p \tag{2.50}$$

$$\sum_{i \in I} \sum_{m \in M} y_i^{pk} D_i^m \alpha^m \leq Q, \quad \forall p \in P, \ k \in K_p \tag{2.51}$$

$$\sum_{i \in I} \sum_{m \in M} y_i^{pk} D_i^m \beta^m \leq V, \quad \forall p \in P, \ k \in K_p \tag{2.52}$$

$$\sum_{i \in I} \sum_{k \in K} y_i^{pk} D_i^m \leqslant S^{pm}, \ \forall p \in P, \ m \in M \tag{2.53}$$

$$x_{ij}^{pk} \in \{0, 1\}, \ \forall i \in I, \ j \in J, \ p \in P, \ k \in K_p \tag{2.54}$$

$$y_i^{pk} \in \{0, 1\}, \ \forall i \in I, \ p \in P, \ k \in K_p \tag{2.55}$$

目标函数（2.44）表示所有配送中心派出的所有车辆的总行驶里程最短；

约束（2.45）表示驶出配送中心的车辆在货运任务完成后驶回；

约束（2.46）表示每辆车每天只驶出配送中心一次；

约束（2.47）表示驶入客户点的车辆，在货运任务完成后驶离；

约束（2.48）限制每个客户点只被配送车辆服务一次；

约束（2.49）建立 x_{ij}^{pk} 与 y_i^{pk} 两个决策变量间的联系；

约束（2.50）表示每辆车的行驶时间和装卸时间总和要满足时间约束；

约束（2.51）限制配送线路上配送车辆的货运总质量不超过载重量限制；

约束（2.52）限制配送线路上配送车辆的货运总体积不超过容量限制；

约束（2.53）限制配送线路上任意货种的总需求量不能超过配送中心的供应能力；

约束（2.54）与约束（2.55）是决策变量 x_{ij}^{pk} 与 y_i^{pk} 的 0/1 取值约束。

◆◇ 2.7 CPLEX 求解模型

2.7.1 软件简介

CPLEX 是由 IBM 公司设计的一款高性能的商业优化软件，它专为处理各类复杂的优化问题而生，如线性规划（LP）、二次规划（QP）、带约束的二次规划（QCQP）和二阶锥规划（SOCP），以及它们的混合整数规划（MIP）形式。这款软件是 IBM ILOG CPLEX Optimization Studio 的一部分，以其卓越的兼容性和广泛的应用支持而受到推崇，能够与多种编程语言和软件环境无缝对接，包括但不限于 C++，JAVA，Excel，MATLAB。

大部分研究人员会使用 MATLAB 编程求解模型。MATLAB 是一个广受欢迎的编程工具，它提供了求解一般优化问题的能力。然而，面对规模较大的优化问题时，MATLAB 自带的求解器可能会面临求解时间长、效率低下，甚至在某些情况下无法找到解决方案的问题。为了解决这些问题，MATLAB 用户可以通过调用 yalmip 工具箱，方便地使用

CPLEX 的强大求解能力，并可以进一步地编写嵌套 CPLEX 求解器的智能优化算法，更好地帮助求解各种复杂的非线性难题。

2.7.2　MATLAB 调用 CPLEX

下述 MATLAB 代码通过调用 CPLEX 来求解本书 2.3 节小规模 CVRP（算例参数见代码）。

```
clear
clc


%% 算例参数
vNum=5;% 车数量
cusNum=13;% 总节点数量
C=6;% 单车容量
demands=[0,1.2,1.7,1.5,1.4,1.7,1.4,1.2,1.9,1.8,1.6,1.7,1.1];% 需求量
x=[81.5,87,75,85,89,77,76,87,73,77,73,91,92];
y=[41.5,37,53,52,41,58,45,53,38,38,31,47,44];
axis=[x' y'];% 城市坐标
% Dij=zeros(cusNum);% 计算城市之间的距离
D=pdist(axis);
Dij=squareform(D);
% 距离矩阵,满足三角关系,暂用距离表示花费 c[i][j]=dist[i][j]


%% 决策变量
Xijk=binvar(cusNum,cusNum,vNum,'full');
% i,j 节点之间是否由第 k 辆车进行配送
Yik=binvar(cusNum,vNum,'full');% k 辆车是否经过 i 节点
Uik=sdpvar(cusNum,vNum,'full');
% Uik 表示车辆 k 在访问 i 节点后,车子的剩余容量


%% 目标函数
obj=0;
```

```
for i=1:cusNum
    for j=1:cusNum
        for k=1:vNum
            obj=obj+Dij(i,j)* Xijk(i,j,k);
        end
    end
end
f=obj;


%% 约束条件
F=[];
for i=2:cusNum
    F=[F;sum(Yik(i,:))==1];% 每个需求点 i 都会被一辆车经过
end


for i=1
    F=[F;sum(Yik(i,:))<=vNum];% 配送中心则会被所有用到的小车经过
end


for k=1:vNum
    F=[F;sum(demands(:).* Yik(:,k))<=C];
    % 每个回路上的需求量之和小于车的容量
end


for i=1:cusNum
    for j=1:cusNum
        for k=1:vNum
            if i==j
                F=[F;Xijk(i,j,k)==0];
                % 不可能存在从该点出发又回到该点的情况
            end
        end
    end
```

```
end


for i=1:cusNum
    for k=1:vNum
        F=[F;sum(Xijk(i,:,k))==sum(Xijk(:,i,k))];% 流量平衡
    end
end


%  for j=2:cusNum
for j=1:cusNum
    for k=1:vNum
        F=[F;sum(Xijk(:,j,k))==Yik(j,k)];% Xijk 和 Yik 的关系
    end
end


for i=1:cusNum
    for k=1:vNum
        F=[F;sum(Xijk(i,:,k))==Yik(i,k)];% Xijk 和 Yik 的关系
    end
end


for i=2:cusNum
    for j=2:cusNum
        for k=1:vNum
            if i~=j
                if demands(i)+demands(j)<=C
                    F=[F;Uik(i,k)-Uik(j,k)+C* Xijk(i,j,k)<=C-demands
                    (i)];% Xijk 和 Ui
                end
            end
        end
    end
end
```

```
for i=2:cusNum
    for k=1:vNum
        F=[F;Uik(i,k)<=C];
        F=[F;Uik(i,k)>=demands(i)];
    end
end

%% CPLEX 求解
ops=sdpsettings('solver','cplex');
sol=solvesdp(F,f,ops);
f=double(f);
Xijk=double(Xijk);
Yik=double(Yik);
Uik=double(Uik);

%% 画路径图
plot(axis(2:cusNum,1),axis(2:cusNum,2),'ro');hold on;
plot(axis(1,1),axis(1,2),'pm');hold on;
for i=1:cusNum
    for j=1:cusNum
        for k=1:vNum
            if Xijk(i,j,k)==1
                plot([axis(i,1),axis(j,1)],[axis(i,2),axis(j,2)],'-
                ');
            end
        end
    end
end
for k=1:vNum
    [a,b]=find(Xijk(:,:,k));
    sqe=[a,b];
    sqe1=zeros(1,0);
```

```
sqe1(1)=1;
[a,b]=find(sqe(:,1)==1);
for i=2:length(sqe)+1
    [a,b]=find(sqe(:,1)==sqe1(i-1));
    sqe1(i)=sqe(a,b+1);
end
disp(['车辆',num2str(k),'的路径如下:']);
disp(sqe1)
end
```

2.7.3 运算结果

由计算结果可知，四辆车被调配执行任务，具体路径如下。

车辆1的路径如下：

 1 5 2 1

车辆2的路径如下：

 1 6 3 7 1

车辆3的路径如下：

 1 4 8 12 13 1

车辆4的路径如下：

 1 % 表示车辆未使用

车辆5的路径如下：

 1 10 11 9 1

最优路径见图2.2。

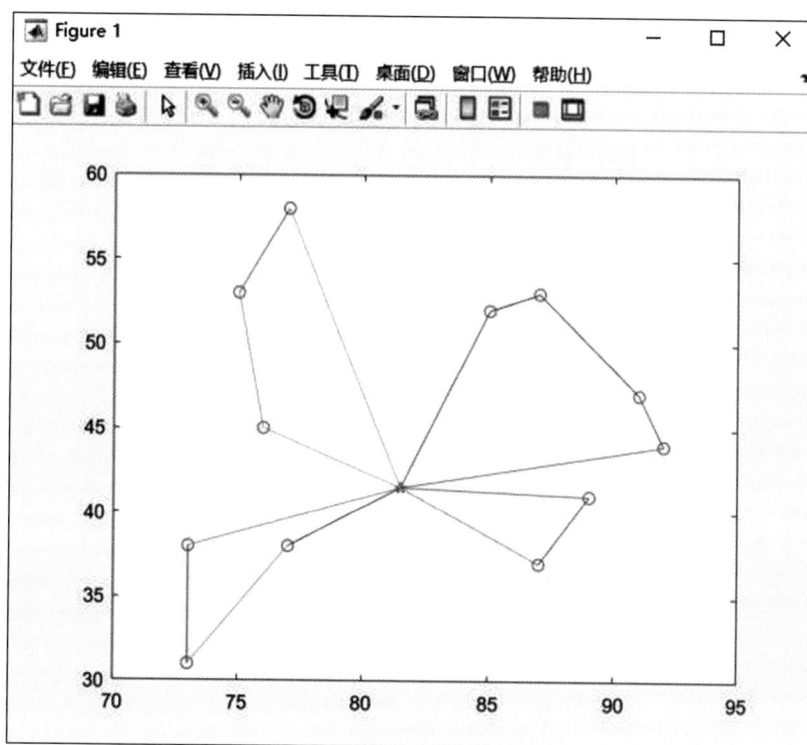

图 2.2　最优路径图

第 3 章
物流中心选址问题

◆ 3.1 本章导读

3.1.1 内容提示

在现代供应链管理中，物流中心选址是影响企业运营效率和客户服务水平的关键因素之一。物流中心作为商品储存、分拣、配送的核心节点，其地理位置直接影响着物流网络的整体性能。一个合理选址的物流中心不仅能显著降低运输成本，还能缩短配送时间，提高响应速度，从而增强企业的市场竞争力。本章首先概述物流中心选址问题的基本概念和重要性，然后分别探讨在容量限制、容量等级、备用覆盖和期望覆盖等不同约束条件下的选址问题。通过对每种问题的详细讨论，读者将能够了解不同情况下的物流中心选址模型、优化目标和解决方法，从而为实际应用提供指导和参考。

3.1.2 学习目标

➢ 熟悉物流中心选址的原则和影响因素。
➢ 掌握物流中心选址问题的基础模型。
➢ 了解物流中心选址问题的多种变体及各自的特点。
➢ 了解不同类型选址模型的应用场景。

3.1.3 思考题

（1）如何理解容量限制对物流中心选址的影响？
（2）什么是容量等级？它与传统容量限制有何不同？
（3）在实际物流中心选址过程中，如何综合考虑容量限制、容量等级、备用覆盖和期望覆盖等因素？

◆ 3.2 物流中心选址问题概述

3.2.1 基本概念

物流中心是现代化物流系统的核心环节，承担着货物的集散、加工、分拣、配送等关键职能，以及向终端用户提供高效的送货服务。物流中心的发展旨在满足市场发展与物流合理化的需求，通过组织化的配送销售和供应，有效执行物品的流通。它有效地桥接了消费者的多样化小批量需求与生产商的大批量专业化生产之间的差距，成为现代化物流系统的关键标志。物流中心的建设不是一件小事，它涉及庞大的资金投入，可能高达数亿元，因此在动工之前，进行细致和周全的选址规划显得尤为重要。选址的优劣不仅影响物流中心的运营模式，还对其网络布局和运营的成功与否起着决定性的作用。

在社会物流需求不断增长的背景下，设立新的物流中心以满足这些需求变得尤为重要。物流中心的选址是整体规划的关键部分，需要考虑包括物流网络的结构、服务覆盖的范围、运输成本及对当地社会经济环境的影响等诸多因素，选址的策略将直接影响物流中心的设计、建设和未来的运营效率。此外，选址决策也深刻影响物流中心的作业质量、安全性、运作效率及供应链的稳定性。选择合适的地点不仅能提升物流操作的效率，还能减少运营成本，提高物流中心的整体竞争力，为物流中心的持续发展打下坚实的基础。

3.2.2 原则和影响因素

物流中心建设是一类大规模、高投资并具备深远社会影响的系统化工程。鉴于物流中心一旦完工便不易改变，物流中心的位置选择需严格遵循以下原则。

①适应性原则：物流中心的选址必须与国家、省市的经济发展政策相协调，与物流资源和需求的分布相契合，以及与国民经济及社会发展相适应。

②协调性原则：物流中心的选址应基于国家物流网络的全局视角，考虑配送中心的设施条件、地理位置、物流生产力及技术水准等因素，确保在系统的广度和深度上达到最优的协同效应。

③经济性原则：物流中心的选址需要细致考量包括设施建设成本和日常物流运营成本在内的各项费用。考虑到选址地区（如市中心、近郊或远郊）的不同将对建设规模

和成本产生显著影响，因此，在选址时应以最低总费用为原则，以确保经济性最大化。

④战略性原则：物流中心的选址必须具有战略眼光，既要考虑全局，又要考虑长远；既要考虑当前的运营需求，又要基于未来发展的潜力和长远利益进行规划，保证物流中心的选址与长远的发展战略同步，确保选址符合整体发展方向。

物流中心的选址不仅是地理位置的选择，而且是一项需要深入分析的战略决策，需要考虑各种因素，这些因素可以大致分为两大类：外部因素和内部因素。外部因素主要涉及宏观经济、政治环境、基础设施与竞争环境等，而内部因素包括企业的发展战略、产品、技术或服务的特征等。

在外部因素方面，显著的宏观经济和政治环境是不容忽视的核心要素，这里包括但不限于政府政策的倾向性、税务体系的友好度及经济形势的稳定性，这些因素共同塑造了物流中心的盈利潜能和管理成本。基础设施条件对物流中心选址的影响力同样不容小觑，物流的成本和效率在很大程度上取决于交通网络的完整性、能源及水资源的可靠性与地理位置的气候特征。此外，竞争环境对物流中心的地理位置决策提供了进一步的指导，评估周边竞争对手的存在不仅包括它们的地理位置，还有它们的市场影响力和规模，这有助于预测并规划物流中心应对市场竞争的策略。

在内部因素方面，企业的发展战略是物流中心选址决策的重要考虑因素之一。企业的扩张野心、长期发展目标及明确的市场定位是物流中心选址决策中的先决支撑点，这些规划因素直接指向未来的发展方向，确定选址的地域倾向。此外，产品、技术或服务的特征也会影响选址决策，如产品的特殊性、技术要求及服务范围等都需要考虑到物流中心的选址决策中。

综上，物流中心的选址决策是一项需要精心策划和周密考虑的系统工程，需要综合考虑外部因素和内部因素，以实现最优的选址方案。

3.2.3 数学模型

物流中心选址的决策过程可以通过多种模型来支持，每种模型都有其独特的适用场景和优势。物流中心选址模型可以分为连续型选址模型、离散型选址模型和网络模型等几种。连续型选址模型假设可以在平面上任意选取设施位置，灵活性较强，然而，该模型在实际操作中可能因未充分考虑地理及法规约束而不具有可行性。离散型选址模型则假设需求和设施都是均匀离散分布的点，最终的设施位置是从有限数量的备选设施位置中选择的，更符合实际选址需求。除了上述两种模型，网络模型也是物流中心选址时常用的一种模型。它更注重物流中心与其他相关节点间的连接性和网络结构，考虑了物流流动的路径和成本。本节重点介绍离散型选址模型中的两个基础模型：P-中值模型和覆盖模型。

（1）P-中值模型。

P-中值问题是枢纽网络优化设计的经典问题之一，最早由 Hakimi 提出。P-中值模型重点关注在有限备选点范围内，如何从需求点位置和数量已确定的情况下选出 p 个合适位置的物流中心点，并将每个需求点分配给一个物流中心。其核心在于实现网络整体或平均性能最优，如使所有需求点到物流中心的距离、到达时间或运输成本等指标之和最小。该问题存在一个"Hakimi 特性"：当 P-中值问题的物流中心选址限定在现有节点上时，至少有一个最优解是同不限制备选点所得的最优解一致。这表明从连续选址简化到离散选址不会损失问题在最优性上的追求，为实际操作提供了灵活性。根据需求点与物流中心之间分配方式的不同，P-中值问题可以分为两种，分别是单分配 P-中值问题与多分配 P-中值问题。单分配 P-中值问题中，每个需求点仅与一个物流中心相连，保证了物流流向的单一化。而多分配 P-中值问题允许需求点分配给多个物流中心，为网络设计提供了更大的灵活性，并可能在面对需求波动或供应波动时更具有弹性。

在介绍 P-中值模型前，先介绍该模型的相关参数和变量：

i 表示需求点标号；

j 表示物流中心备选点标号；

I 表示需求点集合；

J 表示物流中心备选点集合；

c_{ij} 表示从物流中心 j 到需求点 i 的单位运输成本；

p 表示所要建立的物流中心的个数；

$x_j=1$ 表示物流中心备选点 j 处被选择，否则 $x_i=0$；

$y_{ij}=1$ 表示需求点 i 被物流中心 j 服务，否则 $y_{ij}=0$。

其数学模型表达式如下：

$$\min \sum_{i\in I}\sum_{j\in J}c_{ij}y_{ij} \tag{3.1}$$

$$\text{s.t.} \sum_{j\in J}y_{ij}=1, \ \forall i\in I \tag{3.2}$$

$$y_{ij}\leq x_j, \ \forall i\in I, j\in J \tag{3.3}$$

$$\sum_{j\in J}x_j=p \tag{3.4}$$

$$y_{ij}, \ x_j \in \{0, \ 1\}, \ \forall i \in I, j \in J \tag{3.5}$$

目标函数（3.1）表示满足所有需求的总运输成本最小化；

约束（3.2）表示每个需求点只能分配给一个物流中心；

约束（3.3）限制了物流中心必须在备选点中进行选择；

约束（3.4）规定物流中心的个数为 p；

约束（3.5）定义 y_{ij} 和 x_j 为 0/1 变量。

约束（3.2）决定了上述模型描述的是单分配 P-中值问题，若式（3.2）被式（3.6）替换，则为多分配 P-中值问题。

$$\sum_{j \in J} y_{ij} \geqslant 1, \ \forall i \in I \tag{3.6}$$

（2）覆盖模型。

覆盖问题大多是在已知需求点位置和数量的情况下，通过一些既定原则来确定物流中心的最佳位置。覆盖问题作为枢纽选址问题中的一类，区别于 P-中值问题的是，此问题中的需求点并不只能由距离其最近的物流中心服务，而是距离其一定范围之内的物流中心都可以向其提供服务，该距离即覆盖问题的服务半径，也称为覆盖半径。也就是说，只要需求点存在于物流中心的服务半径内，那么这个需求点就被认为得到了该物流中心的有效覆盖。同样，在覆盖问题的基础上，Campbell 探讨了枢纽覆盖问题，并为枢纽定义了三个覆盖标准：①总成本不超过某一指定值，即从起始地经过两个不同枢纽到目的地的总运输成本满足特定条件；②每条链路的成本限制，即经过两个枢纽由起始地到目的地的所有链路的成本均不超过某一指定值；③单个链路的成本满足，即每条从起始地到枢纽及从枢纽到目的地的链路成本都符合单独的设定值。如果上述三个条件均得到满足，那么可以认为起始地和目的地之间已经通过两个不同的枢纽得到了有效覆盖。

通过这些理论的发展，覆盖模型提供了一种更为灵活且具有策略性的方法来确定物流中心的位置，这不仅涉及单个物流中心的最佳选址，而且考虑了多个枢纽点之间的协调，以实现整个网络的最优化。覆盖问题可以依据实际场景中所受限制及实现目标的不同，分成集覆盖问题和最大覆盖问题两种类型。

覆盖模型涉及的符号及变量如下：

i 表示需求点标号；

j 表示物流中心备选点标号；

I 表示需求点集合；

J 表示物流中心备选点集合；

f_j 表示在备选点 j 建立物流中心的成本；

r 表示物流中心的服务半径；

d_{ij} 表示需求点 i 与物流中心备选点 j 之间的距离；

p 表示所要建立的物流中心的个数；

h_i 表示需求点 i 的需求量；

$N_i = \{j: d_{ij} \leq r\}$ 表示可对需求点 i 提供服务的物流中心集合；

$M_j = \{i: d_{ij} \leq r\}$ 表示物流中心 j 可以服务的需求点集合；

$x_j = 1$ 表示物流中心备选点 j 被选择，否则 $x_j = 0$；

$y_{ij} = 1$ 表示需求点 i 被物流中心 j 服务，否则 $y_{ij} = 0$。

①集合覆盖问题。指在网络中每个需求点的服务半径内都存在物流中心的情况下，使所建物流中心数量最小或建设总成本最少的问题。该问题最早由 Toregas 提出，其核心理念是对需求点实现全面的服务覆盖，即使这可能导致一些需求点被多个物流中心重复覆盖。解决该问题的方法与追求单一覆盖或精确覆盖的策略有所不同，其目标是优化整个网络的结构和成本效益。集合覆盖问题模型如图 3.1 所示。

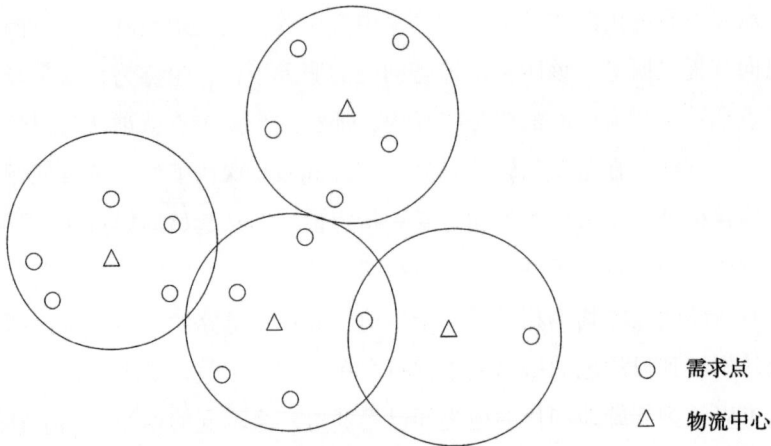

图 3.1 集合覆盖问题模型示意图

集合覆盖问题可以用如下数学模型表示：

$$\min \sum_{j \in J} f_j x_j \tag{3.7}$$

$$\text{s. t.} \quad \sum_{j \in J} y_{ij} \geq 1, \quad \forall i \in I \tag{3.8}$$

$$x_j \in \{0, 1\}, \quad \forall j \in J \tag{3.9}$$

目标函数（3.7）旨在最小化物流中心的建设成本；

约束（3.8）意味着每个需求点至少被一个物流中心所覆盖；

约束（3.9）定义 x_j 为 0/1 变量。

②最大覆盖问题。最早由 Church 和 Revelle 提出，由于被证明其具有与 P-中值问题相似的特性，又被称作 P-覆盖问题。最大覆盖问题的核心目标是在一个预定的服务半径内，选择恰当位置建立 p 个物流中心。这样做的目的是尽可能地扩大服务覆盖面，使得在设定的服务半径内，得到服务的总需求量达到最大。最大覆盖问题模型如图 3.2 所示。

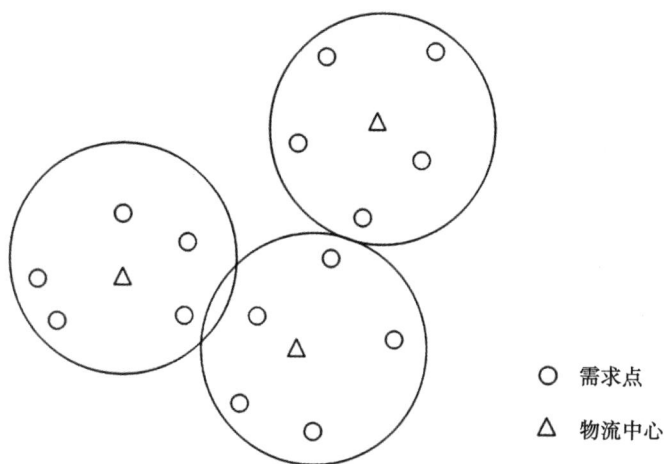

图 3.2　最大覆盖问题模型示意图

在面对最大覆盖问题的场景时，特别是当备选的物流中心位置被限制为预先设定的节点时，问题呈现出一个独特的优化特性。即使在这种限制条件下，依然可以发现至少存在一个最优解，它与没有这种限制时得到的最优解是一致的。这种属性减少了在处理连续选址问题时的复杂性，允许决策者将问题简化为更易于管理和计算的离散选址问题，而不必担心丢失最优解，这个重要的特性被称为"伪 Hakimi 特性"。实际情况中，最大覆盖问题广泛应用于需要在有限资源条件下最大化服务覆盖的场合。例如，在物流中心的建设中，由于资金或其他资源的限制，决策者需要在有限的选择中寻求最优的解决方案。此外，相关应用不限于物流行业，还包括类似配送中心和充电桩等设施的选址。在这些情况下，最大覆盖问题能够帮助决策者有效地利用现有资源，通过战略性地选择物流中心的位置来覆盖尽可能多的需求点，进而提高服务效率和网络的整体性能。

这种方法不仅在理论上具有重要价值，而且在实际操作中也是一种节约成本并最大化资源使用的有效手段。

最大覆盖问题的数学模型表示如下：

$$\max \sum_{i \in I} h_i y_i \tag{3.10}$$

$$\text{s. t.} \sum_{j \in J} x_j \geqslant y_i, \quad \forall i \in I \tag{3.11}$$

$$\sum_{j \in J} x_j = p \tag{3.12}$$

$$y_i, \ x_j \in \{0, \ 1\}, \quad \forall i \in I, j \in J \tag{3.13}$$

目标函数（3.10）旨在最大化物流中心所覆盖的总需求；

约束（3.11）限制了只有当需求点与任一备选点的距离在服务半径之内且在备选点建立物流中心时，此需求点的需求才能被满足；

约束（3.12）表示物流中心的个数为 p；

约束（3.13）定义 y_i 和 x_j 为 0/1 变量。

◆◆ 3.3 考虑容量限制的选址问题

3.3.1 问题描述

在物流中心选址问题中，虽然经典的 P-中值模型为确定物流中心位置提供了一个有效的基本框架，它侧重于最小化服务距离或运输成本，但是在实施过程中，我们必须超越这一基础，将物流中心的实际运营能力和资源限制纳入考量。在现实世界中，物流中心面临着多重资源限制，包括其存储能力、机器设备效能和人员配置，这些因素构成了所谓容量约束，它们的考量对于确保选定方案的可行性至关重要。引入容量约束的原因在于能够更好地模拟实际情况，并确保选址方案的可行性和可操作性。作为一个实体，物流中心的资源和能力是有限的。如果忽略这些限制，可能会导致选址方案无法实施或无法满足市场需求。例如，选择一个交通便利、位置优越的物流中心，但其仓储空间或设备能力无法满足市场需求量，这会影响物流中心的正常运作，进而影响整个供应链的效率和服务水平。

因此，考虑容量约束是确保选址方案的实用性和可行性的关键因素之一。本节将介绍带有容量约束的 P-中值模型。该模型不仅考虑了需求点和设施点之间的距离与需求量，还考虑了每个设施点的容量限制，为选址方案提供了更为现实的可行性评估。通过在选址决策过程中综合评估需求、资源和运营能力，该模型使得选址方案不仅能满足市场的需求，还能确保物流中心的资源不会超负荷，增强了方案的实际操作性和长期可持续性。

3.3.2 符号定义

i 表示需求点标号；

j 表示物流中心备选点标号；

I 表示需求点集合；

J 表示物流中心备选点集合；

c_{ij} 表示从物流中心 j 到需求点 i 的单位运输成本；

p 表示所要建立的物流中心数量；

s_j 表示物流中心 j 的最大服务容量；

h_i 表示需求点 i 的需求量；

$y_{ij} = 1$ 表示需求点 i 被物流中心 j 服务，否则 $y_{ij} = 0$；

$x_j = 1$ 表示物流中心备选点 j 处被选择，否则 $x_j = 0$。

3.3.3 模型构建

$$\min \sum_{i \in I} \sum_{j \in J} c_{ij} y_{ij} \tag{3.14}$$

$$\text{s.t.} \ \sum_{j \in J} y_{ij} = 1, \ \forall i \in I \tag{3.15}$$

$$y_{ij} \leqslant x_j, \ \forall i \in I, j \in J \tag{3.16}$$

$$\sum_{j \in J} x_j = p \tag{3.17}$$

$$\sum_{i \in I} h_i y_{ij} \leqslant s_j x_j, \ \forall j \in J \tag{3.18}$$

$$y_{ij},\ x_j \in \{0,\ 1\},\quad \forall i \in I,\ j \in J \tag{3.19}$$

目标函数（3.14）表示满足所有需求所需要的运输成本总和最小；

约束（3.15）表示每个需求点只能分配给一个物流中心；

约束（3.16）限制了物流中心必须在备选点中选择；

约束（3.17）规定物流中心的个数为 p；

约束（3.18）表示物流中心 j 服务的所有需求点的需求量之和不超过其服务能力；

约束（3.19）定义 y_{ij} 和 x_j 为 0/1 变量。

◆◇ 3.4 考虑容量等级的选址问题

3.4.1 问题描述

考虑常规物流中心选址问题时，通常会根据预先确定的物流中心集合来选择最适宜的设施位置、设施数量及运输安排等决策。然而，在传统的物流中心选址问题中，设施的容量常被视作一个固定的参数，这一假设可能导致物流网络的效率与需求分布不匹配。具体来说，某些物流中心因容量限制而无法满足邻近区域的高需求，迫使客户转向远距离的服务点；同时，其他中心可能服务的客户较少，导致其资源被低效利用。这种固定容量的做法往往无法达到物流系统的最优布局。为了解决这一问题，将物流中心的容量设置为决策变量成为一个有效的方案。这样，物流中心的容量可以根据各需求点的分布和具体需求量来灵活调整，从而更好地适应市场需求的变化。

在物流中心选址中引入容量等级的概念，允许决策者根据区域内的市场需求和潜在增长进行容量的动态配置。通过这种灵活调整物流中心容量的策略，不仅可以优化供应链的整体性能，而且增强了供应链对市场变动的响应能力和适应性。这种适应性在现代供应链管理中是至关重要的，尤其是在竞争激烈的商业环境下，能有效地提升企业的竞争优势。因此，考虑物流中心容量等级的选址策略为企业提供了一个更加灵活和实用的解决方案，帮助企业在复杂多变的市场环境中保持领先。

3.4.2 符号定义

i 表示需求点标号；

j 表示物流中心备选点标号；

I 表示需求点集合；

J 表示物流中心备选点集合；

g 表示物流中心的容量等级标号，$g \in u_j$；

c_{ij} 表示从物流中心 j 到需求点 i 的单位运输成本；

p 表示需要建立的物流中心的数量；

h_i 表示需求点 i 的需求量；

s_{jg} 表示物流中心 j 容量等级 g 的最大容量，$s_{jg} > s_{jg-1}(s_{j0}=0)$；

f_{jg} 表示物流中心 j 的建设成本（如土地购买）和容量达到等级 g 的建设投入（如生产线、物流设施等）成本之和，$f_{jg} > f_{jg-1}$；

$x_{jg}=1$ 表示物流中心 j 的容量等级 g 被选中，否则 $x_{jg}=0$；

y_{ijg} 表示容量等级为 g 的物流中心 j 为需求点 i 提供服务的数量。

3.4.3　模型构建

$$\min \left\{ \sum_{j \in J} \sum_{1 \leqslant g \leqslant u_g} f_{jg} x_{jg} + \sum_{i \in I} \sum_{1 \leqslant g \leqslant u_g} \sum_{j \in J} c_{ij} y_{ijg} \right\} \qquad (3.20)$$

$$\text{s. t.} \sum_{j \in J} \sum_{1 \leqslant g \leqslant u_g} y_{ijg} = h_i, \ i \in I \qquad (3.21)$$

$$\sum_{i \in I} y_{ijg} = s_{jg} x_{jg}, \ j \in J, \ g \in u_j \qquad (3.22)$$

$$\sum_{i \in I} y_{ijg} \geqslant s_{jg-1} x_{jg}, \ j \in J, \ g \in u_j \qquad (3.23)$$

$$\sum_{1 \leqslant g \leqslant u_g} x_{jg} \leqslant 1, \ j \in J \qquad (3.24)$$

$$\sum_{j \in J} \sum_{1 \leqslant g \leqslant u_g} x_{jg} \leqslant p \qquad (3.25)$$

$$y_{ijg} \geqslant 0, \ i \in I, \ j \in J, \ g \in u_j \qquad (3.26)$$

$$x_{jg} \in \{0, 1\}, \ j \in J, \ g \in u_j \qquad (3.27)$$

目标函数（3.20）使物流中心建设成本与容量等级投入成本和运输成本总和最小；

约束（3.21）确保每一需求点的需求都得到满足；

约束（3.22）和约束（3.23）分别表示每一物流中心为需求点提供的服务不超过所选择的容量等级 k 的最大容量限制，但大于或等于等级 $g-1$ 的最大容量限制；

约束（3.24）确保每一物流中心备选点选取的容量等级数量不超过一个；

约束（3.25）限制选定的物流中心不超过 p 个；

约束（3.26）和约束（3.27）为决策变量的范围约束。

◆◇ 3.5　考虑备用覆盖的选址问题

3.5.1　问题描述

在物流中心的选址策略中，传统覆盖模型主要以在理想地点建立设施，从而覆盖最大数量的需求点、最小化成本或最大化服务范围为目标。然而，在实际运营中，物流网络可能会面临各种突发事件和意外情况（如自然灾害、设施故障、交通中断等），这些事件可能会导致主要物流中心无法正常运营，进而影响到服务的连续性和可靠性。因此，单纯依靠传统的覆盖模型可能无法有效地应对这些风险和挑战。

备用覆盖模型的出现正好解决这一问题。备用覆盖模型作为一种补充解决方案，在解决类似物流中心等关键运营场所面临突发状况的问题时显得尤为重要。当遇到拥堵、故障或其他中断事件时，常规的服务覆盖模式可能难以充分满足紧急情况下用户的需求。这时，引入额外的服务站点作为备用覆盖（backup coverage），能够在原服务站点无法提供服务的情况下，无缝接管并提供必要的应急支持。具体来说，备用覆盖策略确保了应急服务的连续性，可以在关键服务设施暂时无法使用或过于繁忙时，迅速启动备用站点的服务能力。备用覆盖模型如图3.3所示。

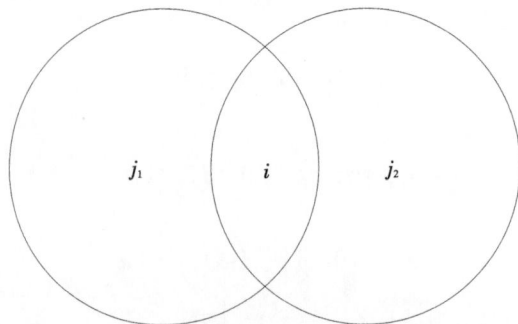

图 3.3　备用覆盖模型示意图

在传统覆盖模式下，当需求点 i 有服务需求时，只有在设施空闲时才能提供服务，若服务设施 j_1 忙碌或中断，则无法为其提供服务。而在备用覆盖场景下，服务设施 j_1 和 j_2 都能覆盖到需求点 i。在大部分情况下，需求点 i 的需求由服务设施 j_1 提供。当 j_1 处于忙碌或中断状态，而 j_2 恰好处于空闲状态时，需求点 i 的备用设施就可以进行应急响应。需求点 i 备用覆盖的设施数量越多，其服务需求被及时响应的可能性就越大。

Hogan 与 ReVelle 对最大覆盖模型进行了创新性扩展，通过引入备用覆盖概念，他们开发了两种新型模型，分别命名为 BACOP1 和 BACOP2。其中，BACOP1 模型的显著特点在于其优化目标：在确保每个需求点至少获得一次基本覆盖的基础上，进一步追求被二次覆盖的总价值最大化。这一优化过程使得在确保服务可及性的同时，能够针对特定的需求点实现更深层次的服务增强。BACOP1 模型的有效性体现在其对资源的高效利用上。通过设立最少数量的设施，该模型确保每个需求点都能至少被满足一次，同时在满足这一前提下，模型致力于最大限度地增加二次覆盖的服务价值。这种策略不仅涉及增量的成本效益评估，还涉及如何合理分配存量资源，以及如何在保障基本服务的条件下提升整体服务效能。

3.5.2　符号定义

i 表示需求点标号；

j 表示物流中心备选点标号；

I 表示需求点集合；

J 表示物流中心备选点集合；

r 表示物流中心的服务半径；

p 表示所要建立的物流中心的个数；

h_i 表示需求点 i 的需求量；

d_{ij} 表示需求点 i 与物流中心 j 之间的距离；

$N_i = \{j: d_{ij} \leq r\}$ 表示可对需求点 i 提供服务的物流中心集合；

$x_j = 1$ 表示物流中心备选点 j 处被选择，否则 $x_j = 0$；

$y_i = 1$ 表示需求点 i 被覆盖两次，否则 $y_i = 0$。

3.5.3　模型构建

$$\max \sum_{i \in I} h_i y_i \qquad (3.28)$$

$$\text{s. t. } \sum_{j \in J} x_j - y_i \geqslant 1, \quad \forall i \in I \tag{3.29}$$

$$\sum_{j \in J} x_j = p \tag{3.30}$$

$$y_i, \ x_j \in \{0, \ 1\}, \quad \forall i \in I, j \in J \tag{3.31}$$

目标函数（3.28）表示被覆盖两次的需求总价值最大；

约束（3.29）保证需求点至少被选定的物流中心设施覆盖到；

约束（3.30）表示被选定的物流中心设施数量为 p；

约束（3.31）定义 y_i 和 x_j 为 0/1 变量。其中，若 $y_i = 0$，表示需求点被覆盖一次；若 $y_i = 1$，表示需求点被覆盖两次。

在实际情况中，由于资金或政策的限制，选取 p 个物流中心后仍存在一些需求不能被覆盖。为此可以使用双目标优化模型，权衡最大化一次覆盖和最大化二次覆盖两个目标，以满足决策者的总目标。

该模型的决策变量如下：

$x_j = 1$ 表示物流中心备选点 j 处被选择，否则 $x_j = 0$；

$y_i = 1$ 表示需求点 i 被覆盖一次，否则 $y_i = 0$；

$z_i = 1$ 表示需求点 i 被覆盖两次，否则 $z_i = 0$；

剩余变量和参数含义保持不变。

建立的备用覆盖模型 BACOP2 的公式如下：

$$\max \left\{ \theta \sum_{i \in I} h_i y_i + (1 - \theta) \sum_{i \in I} h_i z_i \right\} \tag{3.32}$$

$$\text{s. t. } \sum_{j \in N} x_j - y_i - z_i \geqslant 0, \quad \forall i \in I \tag{3.33}$$

$$y_i - z_i \geqslant 0, \quad \forall i \in I \tag{3.34}$$

$$\sum_{j \in J} x_j = p \tag{3.35}$$

$$x_j, \ y_i, \ z_i \in \{0, \ 1\}, \quad \forall i \in I, j \in J \tag{3.36}$$

其中，θ 表示权重，即一次覆盖最大化和二次覆盖最大化两个目标之间的权衡结果，取值为 $[0, 1]$。

目标函数（3.32）表示使被覆盖需求点的权衡价值总和最大；

约束（3.33）表示不要求所有需求点被覆盖；

约束（3.34）表示需求点 i 被选定的物流中心覆盖；

约束（3.35）表示被选定的物流中心设施数量为 p；

约束（3.36）定义 x_j，y_i，z_i 为决策变量。

◆ 3.6 考虑期望覆盖的选址问题

3.6.1 问题描述

考虑单一服务区域内可能出现的双重甚至多重突发状况，这样确定模型可能会造成应急服务设施不能满足救助需求，即系统处于"拥挤"状态，在这种情景下，即便是在服务覆盖范围内，应急服务设施也可能面临无法迅速响应需求的压力，即系统力不从心，陷入"超负荷"困境。为了避免这样的窘境，Daskin 在 1983 年针对传统的最大覆盖问题模型做出了创新，提出了最大期望覆盖选址问题（maximal expected coverage location problem，MEXCLP），并构建了 MEXCLP 模型。MEXCLP 模型的创新之处在于，它将传统的覆盖模型延伸为一种更为灵活的版本，其中不仅引入了需求点的重要性考量，而且加入了不确定性因素来优化选址决策。该模型以提升覆盖期望价值为目标，在满足多种不确定性因素影响下，力求实现效益的最大化。

举例来说，假设某个区域内有多个可能的物流中心备选点，且每个备选点周围都有不同重要性的需求点。传统的最大覆盖模型可能只考虑覆盖到的需求点数量，而忽略了这些需求点的重要性差异。然而，MEXCLP 模型可以根据需求点的重要性加权，选择最优的物流中心位置，使得覆盖到的需求点的期望价值最大化。这样一来，在面对多个紧急情况时，物流中心可以更好地响应重要需求点的需求，从而提高整体的服务水平。这种富有前瞻性的模型更新，不仅凸显了对不确定性因素的容纳与优化，而且提高了应急服务网络的抗压性与应变能力，对面临多突发事件挑战的现代物流服务具有重要战略意义。

3.6.2 符号定义

i 表示需求点标号；

j 表示物流中心备选点标号;

I 表示需求点集合;

J 表示物流中心备选点集合;

r 表示物流中心的服务半径;

d_{ij} 表示需求点 i 与物流中心 j 之间的距离;

p 表示所要建立的物流中心的个数;

h_i 表示需求点 i 的需求量;

q 表示物流中心繁忙的概率;

$N_i = \{j: d_{ij} \leq r\}$ 表示可对需求点 i 提供服务的物流中心集合;

$x_j = 1$ 表示物流中心备选点 j 被选中,否则 $x_j = 0$;

$y_{ik} = 1$ 表示需求点 i 被 k 个物流中心设施覆盖,否则 $y_{ik} = 0$。

3.6.3 模型构建

$$\max \left\{ \sum_{i \in I} \sum_{k \in K} (1-q) q^{k-1} h_i y_{ik} \right\} \tag{3.37}$$

$$\text{s.t.} \ \sum_k y_{ik} \leq \sum_{j \in N} x_j, \ \forall i \in I \tag{3.38}$$

$$\sum_{j \in J} x_j = p \tag{3.39}$$

$$x_j \geq 0, \ \forall j \in J \tag{3.40}$$

$$y_{ik} \in \{0, 1\}, \ \forall i \in I, k \in K \tag{3.41}$$

目标函数(3.37)为最大化概率加权下的覆盖量;

约束(3.38)表示能够对每个需求点提供服务的服务设施数量限制;

约束(3.39)表示被选定的物流中心设施数量为 p;

约束(3.40)和约束(3.41)是变量取值类型条件。

MEXCLP 模型假设了所有设施具有相等的繁忙概率,显然这一假设过于严格,因此后来出现了基于区域范围的服务繁忙概率假定;对于服务设施繁忙相互独立假设,基于排队论的方法则进一步放松了该假设条件。

◆◆ 3.7 LINGO 求解模型

3.7.1 算例设置

某物流公司在某区域拟建 2 个物流中心，这 2 个物流中心主要为 8 个城市提供服务。在该区域内，要求用最低的运输成本来满足该地区的需求。根据物流中心选址的原则和具体选址的主要要求，经过一次评选，初步筛选得到 4 个候选地址，分别为 B1、B2、B3 和 B4。从各候选地址到各城市的运输成本见表 3.1。应该选择哪 2 个地址建立区域物流中心？

表 3.1 运输成本表

城市	候选地址				路程
	B1	B2	B3	B4	D
A1	12	4	20	6	100
A2	10	2	25	10	50
A3	4	3	16	14	120
A4	5	6	9	2	80
A5	12	18	7	3	200
A6	4	14	4	9	70
A7	30	20	2	11	60
A8	12	24	6	22	100

3.7.2　LINGO 代码

上述算例模型的 LINGO 代码如下。

```
sets:
A/1..8/:d;
B/1..4/:n;
! n(j)=1 代表该备选地址成功作为物流中心;
AB(A,B):vc,y;
endsets
data:
d=100 50 120 80 200 70 60 100;! 路程;
vc=12 4 20 6
10 2 25 10
4 3 16 14
5 6 9 2
12 18 7 3
4 14 4 9
30 20 2 11
12 24 6 22;
enddata
@ sum(B:n)=2;
! 一个城市只由一个物流中心送货;
@ for(AB(i,j):y(i,j)<=n(j));
@ for(A(i):@ sum(B(j):y(i,j))=1);
@ for(B:@ bin(n));
min=@ sum(AB(i,j):y(i,j)* vc(i,j)* d(j));
```

3.7.3　运算结果

由计算结果可知，候选地址 B2 和 B3 为物流中心，最低成本为 3030，其 LINGO 运算结果见图 3.4。

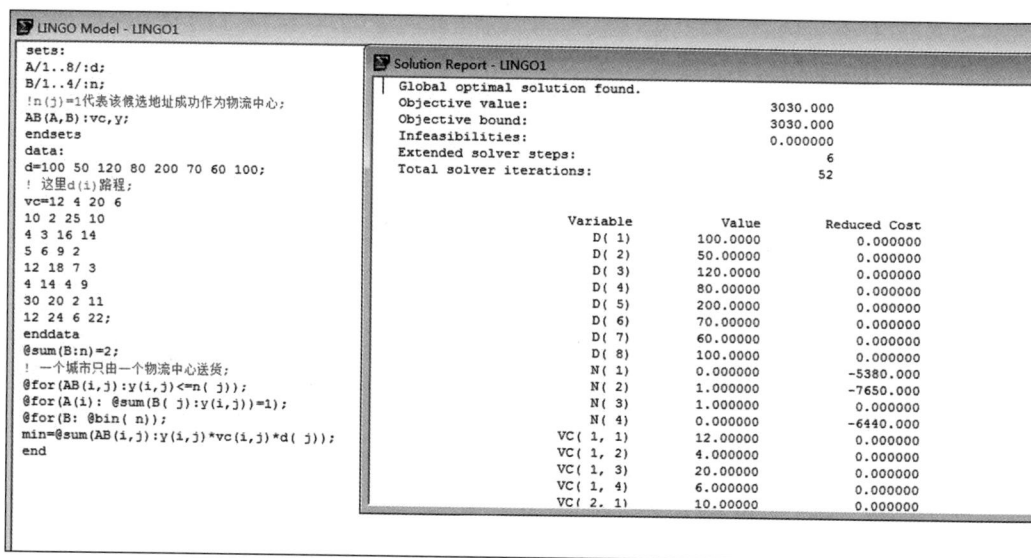

图 3.4 LINGO 软件运算结果图

LINGO 代码的运算结果如下。

```
Global optimal solution found.
    Objective value:                    3030.000
    Objective bound:                    3030.000
    Infeasibilities:                    0.000000
    Extended solver steps:                     6
    Total solver iterations:                  52
```

Variable	Value	Reduced Cost
D(1)	100.0000	0.000000
D(2)	50.00000	0.000000
D(3)	120.0000	0.000000
D(4)	80.00000	0.000000
D(5)	200.0000	0.000000
D(6)	70.00000	0.000000
D(7)	60.00000	0.000000

D(8)	100.0000	0.000000
N(1)	0.000000	−5380.000
N(2)	1.000000	−7650.000
N(3)	1.000000	0.000000
N(4)	0.000000	−6440.000
VC(1,1)	12.00000	0.000000
VC(1,2)	4.000000	0.000000
VC(1,3)	20.00000	0.000000
VC(1,4)	6.000000	0.000000
VC(2,1)	10.00000	0.000000
VC(2,2)	2.000000	0.000000
VC(2,3)	25.00000	0.000000
VC(2,4)	10.00000	0.000000
VC(3,1)	4.000000	0.000000
VC(3,2)	3.000000	0.000000
VC(3,3)	16.00000	0.000000
VC(3,4)	14.00000	0.000000
VC(4,1)	5.000000	0.000000
VC(4,2)	6.000000	0.000000
VC(4,3)	9.000000	0.000000
VC(4,4)	2.000000	0.000000
VC(5,1)	12.00000	0.000000
VC(5,2)	18.00000	0.000000
VC(5,3)	7.000000	0.000000
VC(5,4)	3.000000	0.000000
VC(6,1)	4.000000	0.000000
VC(6,2)	14.00000	0.000000
VC(6,3)	4.000000	0.000000
VC(6,4)	9.000000	0.000000
VC(7,1)	30.00000	0.000000
VC(7,2)	20.00000	0.000000
VC(7,3)	2.000000	0.000000

VC(7,4)	11.00000	0.000000
VC(8,1)	12.00000	0.000000
VC(8,2)	24.00000	0.000000
VC(8,3)	6.000000	0.000000
VC(8,4)	22.00000	0.000000
Y(1,1)	0.000000	0.000000
Y(1,2)	1.000000	0.000000
Y(1,3)	0.000000	0.000000
Y(1,4)	0.000000	0.000000
Y(2,1)	0.000000	0.000000
Y(2,2)	1.000000	0.000000
Y(2,3)	0.000000	0.000000
Y(2,4)	0.000000	0.000000
Y(3,1)	0.000000	0.000000
Y(3,2)	1.000000	0.000000
Y(3,3)	0.000000	0.000000
Y(3,4)	0.000000	0.000000
Y(4,1)	0.000000	0.000000
Y(4,2)	1.000000	0.000000
Y(4,3)	0.000000	0.000000
Y(4,4)	0.000000	0.000000
Y(5,1)	0.000000	360.0000
Y(5,2)	0.000000	60.00000
Y(5,3)	1.000000	0.000000
Y(5,4)	0.000000	0.000000
Y(6,1)	0.000000	0.000000
Y(6,2)	0.000000	220.0000
Y(6,3)	1.000000	0.000000
Y(6,4)	0.000000	240.0000
Y(7,1)	0.000000	2760.000
Y(7,2)	0.000000	760.0000
Y(7,3)	1.000000	0.000000

Y(7,4)	0.000000	640.0000
Y(8,1)	0.000000	480.0000
Y(8,2)	0.000000	480.0000
Y(8,3)	1.000000	0.000000
Y(8,4)	0.000000	1040.000

第 4 章

物流网络优化问题

◆◇ 4.1 本章导读

4.1.1 内容提示

物流网络是现代供应链管理的核心组成部分，连接着供应商、生产商、分销商和最终客户，承担着货物流动和信息传递的重要任务。一个优化的物流网络能够降低运输成本、提高服务水平、增强竞争力，成为企业在市场竞争中取得成功的关键因素之一。本章首先介绍物流网络的基本概念和结构，以帮助读者建立对物流网络的整体认识；然后重点关注几个具有代表性的场景，包括考虑生鲜冷链、应急保障和低碳限制、逆向模式等情景下的物流网络优化问题。

4.1.2 学习目标

➤ 理解物流网络优化的重要性。
➤ 理解物流网络优化问题的目标。
➤ 熟悉物流网络优化问题的不同应用场景。
➤ 了解不同种类物流网络优化问题的建模特点。

4.1.3 思考题

（1）在物流网络优化问题中，你认为最重要的考虑因素是什么？

（2）生鲜冷链在物流网络优化中扮演着关键角色，尤其在保证产品质量和安全方面。如何整合生鲜冷链需求来优化物流网络？

（3）应急保障对于物流网络的鲁棒性和弹性至关重要。基于物流网络规划和应急管理的理论框架，你认为在设计物流网络时应如何有效考虑应急保障？

◆◇ 4.2 问题引入

4.2.1 相关概念

物流网络是指物流过程中由物流停顿节点和物流运动线路组成的网络结构。物流网络系统是由基础设施、信息网络结合形成的信息交织网络服务体系。物流网络的核心价值在于能够实现不同参与者之间信息资源的混合与共享，这恰是解决供应链协调一体化的关键所在。有学者提出，物流网络可以分为物流组织网络、物流基础设施网络和物流信息网络。这三个组成部分协同作业，共同支撑物流网络顺畅与高效地运作。在这样的网络架构中，信息技术的整合与共享发挥着至关重要的作用。这一融合不仅依赖于先进的计算机技术和成熟的通信方式，更仰赖于人力资源的有效管理、环境的塑造和组织的协调。物流网络的成功构建，需要综合考虑人的因素、信息技术的应用、运营环境的调适及组织架构的合理设计。

物流网络的构建是一个复杂的过程，它整合了多种关键要素，以确保物流流程的顺畅性和效率，主要包括以下六个部分。

（1）物流主体。

物流主体扮演着整个物流活动中的核心组织者角色。它们不仅负责协调物流设施和设备，而且管理物流商品、构建网络、管理活动、提供服务，最终实现物流价值的创造。可以认为，物流主体是物流网络中的管理和执行中心。

（2）物流节点。

物流节点是物流过程中物资短暂停靠的场所。它们是物流线路上的关键连接点。物流的七大功能（运输、仓储、包装、装卸搬运、流通加工、配货、信息服务），除了运输以外，其他功能都在物流节点处完成。所以，若脱离物流节点，物流体系将无法完整运作。

（3）物流路径。

物流路径连接着各个物流节点，可通过道路运输、场内移动或生产流水线等形式实现。物流路径分为专用和非专用两种，其中专用路径较为稀缺，因此大多数物流活动依赖于非专用路径。

（4）物流网络的权。

物流网络的权是指赋予节点或路径的具有实际意义的量度，如时间耗费、成本、货物流量等，简称权。这些量度对于评估物流网络的性能至关重要。

（5）物流网络的方向。

物流网络的路径分为两种，分别为单向路径和双向路径。单向路径，也称有向路径，即仅允许货物在一个方向上流动。双向路径，也称无向路径，即允许货物在两个相反方向上流动。这些概念反映到物流网络上，则分为有向网络和无向网络。这些路径的选择直接影响物流网络的效率和灵活性，因此，在构建物流网络时，应根据具体的物流操作需求和实际条件来确定路径的方向性，进而形成有向或无向的网络结构。

（6）物流网络状态。

物流网络具有静态和动态两种网络状态。静态网络主要由不直接产生物流需求的基础设施组成，如中转站和运输路线。这种网络构成了物流流通的物理框架，为通过的货物提供中转、存储和运输服务。与之对应的，动态网络由供需节点、物流流体（即货物）及承载这些货物的运输载体构成。它是以实际的供需关系为基础，通过运输企业在静态网络基础上实现的货物运输和流通的有机组织。动态网络更注重物流活动的实时性和响应性，反映了供需双方在物流系统中的互动和流动特性。

4.2.2 物流网络结构

物流网络的运作效率、水平高低主要取决于物流节点和物流路径的配置。物流节点和物流路径以点线的形态构成了物流网络结构。按照结构分类，物流网络结构一般有四种类型，如图 4.1 所示。

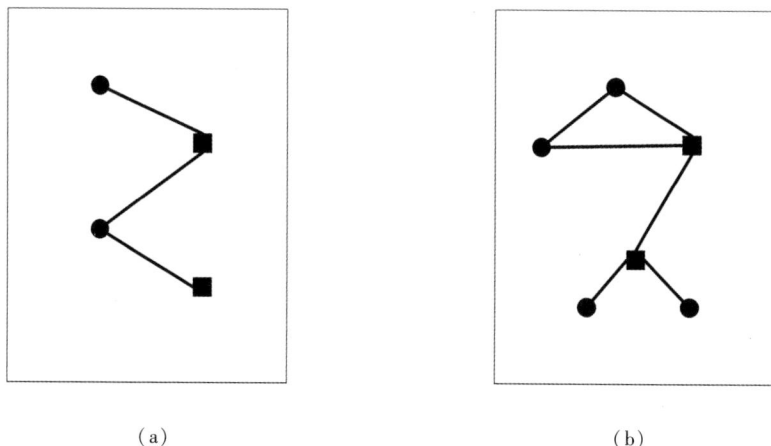

（a）

（b）

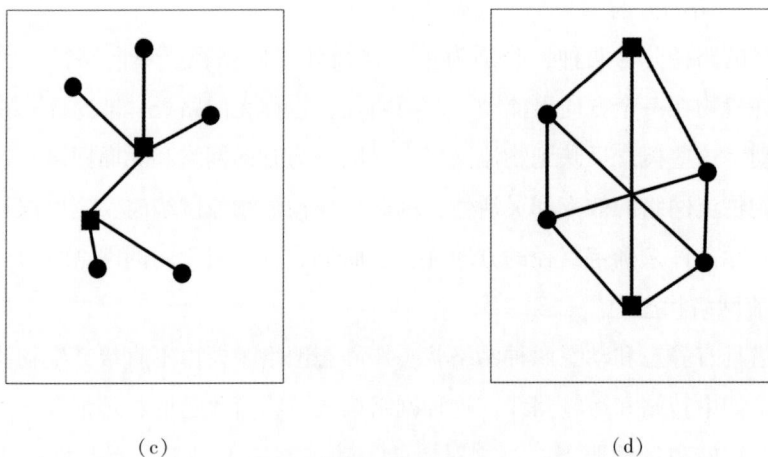

（c）

（d）

图 4.1 四种物流网络基本结构

图 4.1（a）是线状网络结构，节点之间只有一条短线连接，无回路。

图 4.1（b）是圈状网络结构，较线状结构增加了物流节点，并且节点之间出现回路。

图 4.1（c）是树状网络结构，每个节点都有一个或多个其他节点，没有回路，物流成本高。

图 4.1（d）是复杂型网络结构，该结构有利于节点之间的物流控制，物流效率较高，管理较为复杂。

实际应用中，物流网络通常为复杂型网络结构，物流节点与运输路径的选择较多，但从组织方式来看，物流网络分为四种类型，如图 4.2 所示。

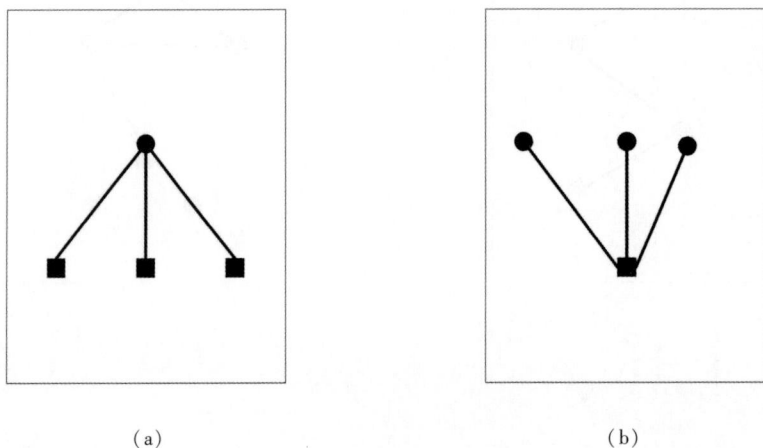

（a）

（b）

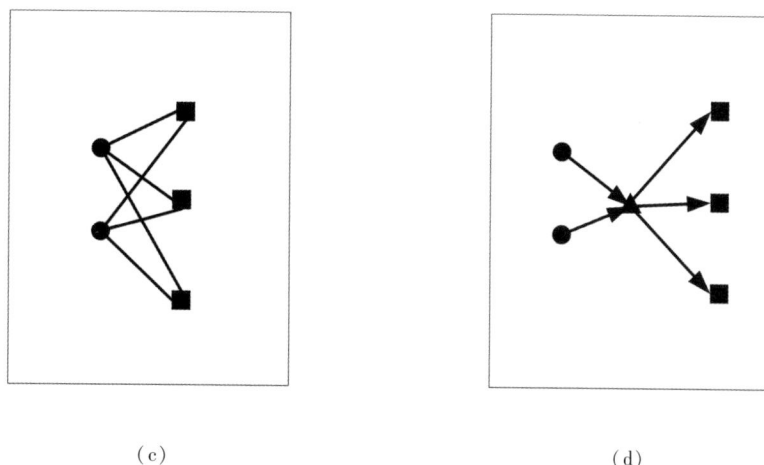

（c）　　　　　　　　　　　　（d）

图 4.2　四种物流网络基本组织方式

图 4.2（a）是一对多型网络结构，代表由一个供应节点配送到多个下一级单位，如物流中心配送给客户节点。一对多型网络结构可以有多个物流层级。

图 4.2（b）是多对一型网络结构，代表多个供应节点给一个需求节点供货，如多个原料供应商给一个工厂供货。

图 4.2（c）是多对多型网络结构，代表多个供应节点给多个需求节点供货。这种结构没有物流中心、配送中心这类中间节点，可以有效节省设施建设成本与运输成本。但分散运输会导致无法整合物流资源，影响物流效率与效益。

图 4.2（d）是中心节点型网络结构，代表在多个供应点和需求点之间增加了物流中心节点，用于处理货物的集散、分拣、加工、流通等。这是一种高效的现代物流网络模式，一般用于大型规模的物流企业。

4.2.3　物流网络规划

物流网络结构对企业的运营效益具有决定性影响。因此，对于网络节点的布局、配送方法和运输路线的精确规划至关重要。在设计物流网络时，需全面考虑整个网络的结构，将客户满意度作为核心指标，以此来确定网络中的关键节点，包括配送中心的数量、选址、规模，以及确定高效的配送路线。物流网络设计在整个供应链管理中具有战略性地位，其核心目标是实现利润最大化和服务质量的优化。物流网络的优化不仅仅是地理位置的选择，还涉及资源的合理配置和流程的高效管理，确保每个环节都能响应市场需求，提升客户体验。在实践中，这意味着不仅是简单地连接供应点与需求点，而是需要通过科学的方法模拟和预测各种物流场景，以适应不断变化的市场条件。

物流网络规划的内容通常包含以下四个方面。

（1）网络结构设计。

配送网络结构设计的目标是以最低的成本来提供最优质的物流服务，在设置此类结构时，必须平衡多个因素（如最短运输距离、最少库存时间和最低装卸频率），以确保整体运营成本的最小化。此外，必须审慎评估并选择最合适的运输方式，这可能会影响整体成本和服务质量。

（2）物流设施选址。

对物流设施的位置分析关键在于确定最具成本效益的设施位置和数量。在选择设施位置的过程中，必须考虑一系列外部因素（如地理位置、消费者需求、政府政策和社区因素）。同时，内部因素（如运输成本和日常运营开销）也扮演着十分关键的角色。

（3）配送路径优化。

根据客户订单需求，选择恰当的运输工具和方式至关重要。常规做法包括根据路线上的配送量来确定适合的运送车辆类型，之后选择一条最快捷、最经济、环节最少的配送线路进行货物运输。在配送路径规划过程中，需要考虑多目标优化问题，其中不同目标之间可能存在冲突，此时需要对时间效率和成本开销之间进行适当的权衡，找出最合适的方案。

（4）运输优化。

运输优化包括运输路径的选择、运输方法的优化及运输的合理配载等。配送中心通常把一条运输路径上不同用户的物品组合起来，配装在同一车辆上运输。这种方式不仅提高了车辆的使用效率，减少了运输车辆的数量，还有助于降低运输成本，提升物流的总体效率。在确定运输路线时，必须考虑到诸多因素，包括行驶距离、交通状况及反向物流的机会等。

在这些核心组成部分中，基本物流网络优化模型主要是基于尽量避免成本最大化的设定。它由一系列约束条件构成，包括但不限于运输和节点容量限制、供应商供应能力、货流量守恒、运输工具和节点数量限制，以及满足网络内的运输需求。为了应对不断变化的市场需求和技术进步，物流网络规划还应加强对未来网络的可扩展性和兼容性的考虑，并注重持续改进的成本控制策略。此外，随着可持续发展成为全球性话题，物流网络规划也应更加注重环境保护和社会影响，这可能为网络带来长期利益和贡献。

◆◇ 4.3 考虑生鲜冷链的物流网络优化

4.3.1 问题描述

在构建针对生鲜农产品的物流网络时，模型的设计需结合产品的独特需求和可持续发展的核心原则，确保物流资源的高效利用与区域发展的均衡。物流网络优化模型需要实现以下目标。①合理配置物流资源：基于对明确网络的约束条件、市场供求关系和区域发展潜力的深入了解，合理设置物流节点的位置与能力，并引导货物在网络中有效流通，在充分利用有限的物流资源、发挥物流网络规模效应的同时避免节点集中在发达地区，推动区域均衡发展。②提高生鲜农产品物流的效率与效益：考虑到生鲜农产品的价值与其新鲜度密切相关，优化网络设计可以减少在途时间，降低运输途中的产品损耗，从而减少成本并提高生鲜产品的市场价值，提高运输的效率和效益。

该模型假设如下。①备选节点的能力、建设费用和需求节点的需求量均已知。②不考虑不同生鲜农产品的区别。③只考虑生鲜农产品在运输过程中的损耗。④运输费用等于车辆行驶里程、货运量与单位运输费用和相关系数的乘积，不考虑车辆的购买、维护、人工成本。节点没有运输能力限制，且所有的生鲜农产品都能采用专业的运输设备进行运输。⑤各个需求点的需求量相互独立。⑥需求节点的需求必须被满足。⑦每个冷链物流配送中心可以服务多个客户点，每个客户点只能由一个冷链物流配送中心服务。

通过这些详细的目标和假设，物流网络模型更贴合实际操作的需求，为生鲜农产品提供一个既高效又可持续的物流解决方案。

4.3.2 符号定义

i 表示需求点标号；

j 表示物流中心备选点标号；

k 表示物流中心车辆；

I 表示需求点集合；

J 表示物流中心备选点集合；

K 表示物流中心车辆集合；

f_j^1 表示物流中心的建设成本；

f_j^2 表示物流中心的单位运营成本；

c_{ij} 表示从物流中心 j 到需求点 i 的单位运输成本；

d_{ij} 表示需求点 i 与物流中心 j 之间的距离；

s_j 表示物流中心 j 的最大容量；

h_i 表示需求点 i 的需求量；

V_k 表示冷藏车的最大载重；

θ_1 表示生鲜商品从物流中心到需求点的完好率；

$x_j = 1$ 表示物流中心备选点 j 处被选择，否则 $x_j = 0$；

$y_{ji} = 1$ 表示需求点 i 被物流中心 j 服务，否则 $y_{ji} = 0$；

$x_{ij}^k = 1$ 表示存在车辆 k 从物流中心 j 驶向需求点 i，否则 $x_{ij}^k = 0$。

4.3.3 模型构建

针对生鲜冷链物流网络，优化目标是最小化总成本，这涉及物流中心选址和运输路径的综合考虑。物流中心选址成本主要包括选址的初期建设费用。这些费用涵盖土地购置、建筑施工、设备安装和初步运营设置等。冷链物流路径优化的运营成本涵盖冷链物流过程中的多项日常支出，主要包括车辆购置成本、固定成本、运输成本、货损成本等。因此，冷链物流网络总成本由物流中心建设成本、运营成本、车辆购置成本、固定成本、运输成本和货损成本等构成。下面主要介绍建设成本、运输成本和货损成本。

（1）建设成本。

建设成本是指建立物流中心时所花费的成本，如土地的购买费用租金、装修人员工资、建筑材料和设备的购置等固定成本。此费用和超市建设数量有关。建设成本的数学公式为：

$$C_1 = \sum_j f_j^1 x_j \qquad (4.1)$$

（2）运输成本。

运输成本是指物流中心向需求点运输生鲜商品的过程中花费的成本，主要包括车辆行驶速度、汽油费用、车辆行驶距离、司机驾驶水平等。将运输过程中产生的成本由一个固定系数代替，即单位距离的运输成本，并假设运输成本只与运输距离呈正相关，即运输成本随运输距离的增加而增加。运输成本的数学公式为：

$$C_2 = \sum_i \sum_j y_{ij} x_j c_{ij} d_{ij} \qquad (4.2)$$

（3）货损成本。

生鲜物流网络中的货损成本是一个重要的经济指标。生鲜商品因天然生物特性（高度易腐和易变质）在运输、仓储及销售环节特别容易遭遇品质退化、物理损失及过期报废等多种损耗事件。这些损耗事件对企业产生综合性经济损失，直接降低产品价值，并间接引起运输、储存与处置过程中的额外成本。生鲜商品的损耗成本主要受其易腐的生物特性和在流通过程中操作不当与经济效益递减规律的影响。通常情况下，这种损耗在一定时间内是较少的。然而，超过一个时间点后，损坏成本会显著增加。冷链技术可以延长农产品的保鲜时间，但并不能从根本上解决损耗问题。因此，从这个角度来看，损耗是不可避免的。Osvald 和 Stirn 提出的生鲜商品质量随时间变化的趋势模型如图 4.3 所示。

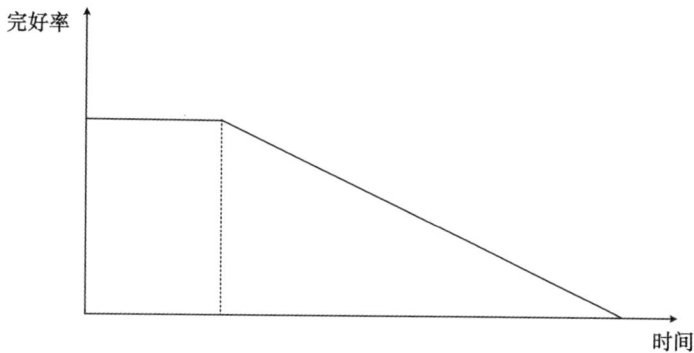

图 4.3 生鲜商品质量随时间变化趋势

在运输过程中，生鲜商品货损成本的数学公式如下：

$$C_3 = \sum_i \sum_j c(1 - a\theta_1)q_{ij} \tag{4.3}$$

综上所述，构建的生鲜物流网络优化模型如下：

$$\min\left\{ \sum_j f_j^1 x_j + \sum_i \sum_j y_{ij}x_j c_{ij} d_{ij} + \sum_i \sum_j c(1 - a\theta_1)q_{ij} \right\} \tag{4.4}$$

$$\sum_{i \in I} h_i y_{ij} \leqslant s_j x_j, \quad \forall j \in J \tag{4.5}$$

$$\sum_j \sum_k x_{ij}^k = 1, \quad \forall i \in I \tag{4.6}$$

$$\sum_j x_{ji}^k = \sum_i x_{ij}^k, \quad \forall k \in K \tag{4.7}$$

$$\sum_i h_i \sum_j x_{ij}^k \leq V_k, \quad \forall k \in K \tag{4.8}$$

$$\sum_j x_{jj}^k = 0, \quad \forall k \in K \tag{4.9}$$

$$x_j, \ y_{ij}, \ x_{ij}^k \in \{0, 1\}, \quad \forall j \in J \tag{4.10}$$

$$q_{mj}, \ q_{ji} \geq 0, \quad \forall i \in I, \ j \in J, \ m \in M \tag{4.11}$$

目标函数（4.4）表示整个冷链物流网络的总成本最低，第一部分为生鲜物流网络中的建设成本，第二部分表示车辆运输成本，第三部分表示生鲜货损成本；

约束（4.5）表示物流中心 j 服务的所有需求点的需求量之和不超过其服务能力；

约束（4.6）表示每个需求点都需要服务到，有且只有一辆车为其服务；

约束（4.7）表示物流配送中心及各个需求点的流量守恒；

约束（4.8）表示需求量之和不超过车辆的最大载重；

约束（4.9）表示上一个需求点的需求被满足后，才可服务下一个需求点；

约束（4.10）和约束（4.11）表示决策变量的取值范围。

◆◇ 4.4 考虑应急保障的物流网络优化

4.4.1 问题描述

近年来，全球频繁发生火山喷发、地震、洪水等自然灾害，以及公共卫生事件和军事袭击等突发性公共事件，这些事件都给人的生命、健康和财产安全带来巨大威胁，并对社会稳定产生破坏性影响。这些紧急情况常常突然发生且迅速发展，迫切需要及时而有效的响应机制来防止潜在的社会恐慌和进一步的不稳定状态，保障国家的持续安全。应急物流作为缓解和减轻灾难影响的重要支撑系统，发挥着不可或缺的作用。它不仅是关键的生命线，确保受影响群体能够获得必要的救援物资，而且要求在资源受限和时间紧迫的情况下，制订出一套合理、高效且具有优先级的应急资源调配方案。

国家为了强化应急物资的运输保障，出台了专门政策，旨在提高运输效率并降低安全风险。具体措施包括优化长途干线和城际支线的连接，以及确保驾驶员与疫情严重区域人员实施"零接触"操作，从而避免病毒传播或感染风险。当前，改变以往重新选址和新建存储应急物资的物流园区的传统方法，转而利用现有的物流园区作为应急物资的集散地，这种方法有利于节省建筑成本和时间，可以在急需时快速启动应急响应。选取合适且已有的物流园区作为物资中转和调度中心，不仅提升了物资转运的效率，而且保障了物资在输送途中的有序性和安全性。在这个基础上，依据先前讨论的应急物流网络特性，可以构建一个结构清晰的三级物流网络。此布局确保了在多级物流结构中，物资能够高效流转。这样的网络架构不仅提升了整体的物资调配效率，而且增强了物流系统的灵活性和应对突发情况的能力，其构成如图4.4所示。

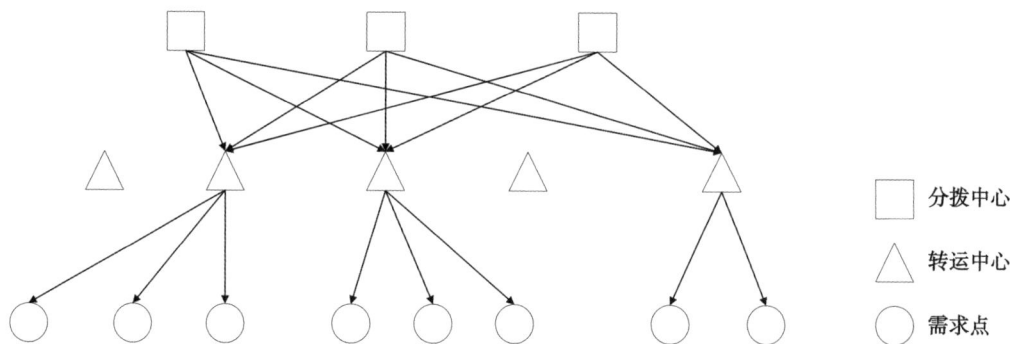

图 4.4　三级物流网络

本节所构建的应急物流网络模型实质上包含两个主要步骤，即应急物资转运中心选址和应急物资分配。决策问题如下：①选择哪些物流园区作为模型中的应急物资转运中心；②如何在一级分拨中心和二级转运中心之间构建多对多的物资分配网络；③被选中的二级转运中心需要负责哪些需求点的应急物资分配；④每个需求点的各种应急物资需求满足情况如何。该模型的假设包括：①分拨中心、备选转运中心和需求点的数量，分拨中心与备选转运中心及备选转运中心与需求点之间的距离，分拨中心各种应急物资总量，以及需求点对各种应急物资的需求量已知；②转运中心可用容量已知；③转运中心可以接受多个分拨中心的应急物资，而需求点只接受一个转运中心的应急物资；④不考虑应急物资运输方式。

4.4.2 符号定义

m 表示分拨中心；

j 表示物流转运中心；

i 表示需求点；

n 表示物资类别；

M 表示分拨中心集合；

J 表示物流转运中心备选点集合；

I 表示需求点集合；

N 表示物资类别集合；

h_i^n 表示需求点 i 的应急物资 n 的需求量；

q_i^n 表示需求点 i 的应急物资 n 的储备量；

d_{mj} 表示从分拨中心 m 到物流转运中心 j 的距离；

d_{ji} 表示从物流转运中心 j 到需求点 i 的距离；

c_1^n 表示从分拨中心到物流转运中心应急物资 n 的单位运输成本；

c_2^n 表示从物流转运中心到需求点应急物资 n 的单位运输成本；

c_3^n 表示单位应急物资 n 的转运成本；

s_m^n 表示分拨中心 m 的应急物资 n 的供应能力；

s_j^n 表示物流转运中心 j 的应急物资 n 的最大容量；

α_i^n 为需求点 i 对于应急物资 n 的满足率；

q_{mj}^n 为分拨中心 m 向物流转运中心 j 分配的应急物资 n 的数量；

q_{ji}^n 为物流转运中心 j 到需求点 i 的应急物资 n 的数量；

$z_{mj}=1$ 表示分拨中心 m 给物流转运中心 j 分配应急物资，否则 $z_{mj}=0$；

$y_{ij}=1$ 表示物流转运中心 j 给需求点 i 提供服务，否则 $y_{ij}=0$；

x_j 表示选择备选物流转运中心 j，否则 $x_j=0$。

4.4.3 模型构建

为了在应急事件发生时能够快速响应和有效调度物资，最大限度地满足受灾区域的需求，并确保物资运输的经济性和高效性，我们构建了双层目标规划模型。在这个模型中，上层目标在灾难或紧急情况发生时，专注于实现受灾地区内各需求点的物资需求最大化满足。上层目标的主要驱动力是保障受灾居民的生存和安全，此目标关注的重点在于确保紧急状况下，物资能够迅速到达需要帮助的人们手中，避免任何形式的需求短缺。而下层目标与上层目标的直接需求不同，下层目标注重于优化物流和运输流程，从而最小化运输成本。它的核心在于采取有效的物流网络和运输策略，以实现一个成本效益高、响应速度快的应急物资运输系统。下层目标追求的是通过精密的规划和物流过程的简化，真正做到资源使用的最优化及运输效率的最大化，进而确保在严格的成本约束下，响应救援任务的能力不受损害。该模型的具体目标函数和相关约束如下。

需求满足最大化：

$$\max \; \sum_i \sum_n \alpha_i^n \tag{4.12}$$

运输成本最小化：

$$\min \left\{ \sum_m \sum_j \sum_n c_1^n x_j q_{mj}^n d_{mj} + \sum_j \sum_i \sum_n c_2^n y_{ij} q_{ji}^n d_{ji} + \sum_m \sum_j \sum_n c_3^n x_j q_{mj}^n \right\} \tag{4.13}$$

模型约束条件如下：

$$\alpha_i^n = \min \left\{ \frac{q_i^n + \sum_j q_{ji}^n}{h_i^n}, \; 1 \right\}, \quad \forall i \in I, \; n \in N \tag{4.14}$$

$$\sum_j q_{mj}^n \leqslant s_m^n, \quad \forall m \in M, \; n \in N \tag{4.15}$$

$$\sum_m x_j q_{mj}^n = \sum_i y_{ji} q_{ji}^n, \quad \forall j \in J, \; n \in N \tag{4.16}$$

$$\sum_j x_j \geqslant 1 \tag{4.17}$$

$$\sum_j y_{ji} = 1, \quad \forall i \in I \tag{4.18}$$

$$\sum_j y_{ji} q_{ji}^n \leqslant h_i^n, \quad \forall i \in I, \; n \in N \tag{4.19}$$

$$z_{mj}, \; y_{ji}, \; x_j \in \{0, \; 1\}, \quad \forall m \in M, \; j \in J, \; i \in I \tag{4.20}$$

$$q_{mj}, \; q_{ji} \geqslant 0, \quad \forall i \in I, \; j \in J, \; m \in M \tag{4.21}$$

目标函数（4.12）表示最大化需求点应急物资需求的满足率的总和；

目标函数（4.13）表示最小化应急物资运输成本，这个成本主要由三个部分组成，分别为第一级分拨中心到各个转运中心的各项应急物资运输费用之和、第二级转运中心到各个需求点的各项应急物资运输费用之和及转运中心的各项应急物资转运运输费用之和；

约束（4.14）表示需求点处各种应急物资满足率，其中满足率的数值是在需求点处的应急物资库存数量与分配到需求点处的应急物资数量总和之和除以需求点处的需求量得到的商；

约束（4.15）表示各分拨中心给转运中心的各类应急物资总量不能多于其本身的储存量；

约束（4.16）表示每个分拨中心所接受的应急物资总量要等于其所分配出去的应急物资总量，为流量守恒约束；

约束（4.17）表示转运中心的数量限制；

约束（4.18）表示每个需求点只有一个转运中心可以提供应急物资；

约束（4.19）表示转运中心分配各个需求点的各类应急物资的总量不能超过其需求量；

约束（4.20）和约束（4.21）表示决策变量的取值范围。

◆◇ 4.5　考虑低碳限制的物流网络优化

4.5.1　问题描述

本节通过构建一个三级物流网络设计模型（该模型以降低包括碳排放在内的总物流运营成本为目标），从而制订科学的决策方案，包括生产厂家的发货点、配送中心的选址及最终需求节点的运输线路和方式。随着全球环保意识的加强，我国正在积极推广碳配额交易机制这一重要的低碳政策。该政策利用市场机制激励企业采用节能减排技术，通过全面的碳排放管理和交易市场，促进环保并实现社会的清洁发展目标。

在这个模型中，物流网络由多个生产工厂、配送中心和客户端组成，形成一个层次分明的三级结构。在设计这种网络时，会特别考虑碳排放的影响，以确保在满足物流需求的同时，也能达到减少环境影响的目的。网络优化不仅涉及配送中心地理位置的选择，还包括如何有效分配运输与配送量，以及如何选择合适的配送路径，以实现运营成本的最小化，这包括建设成本、运输成本和碳排放成本。此外，该模型假设包括：①备选节点的能力、建设费用和需求节点的需求量均已知且不会发生变化；②各个需求点的需求量相互独立；③碳排放相关系数已知；④每个配送中心可以服务多个需求点，每个客户点只能由一个配送中心服务。通过这样的模型设计，可以在保证物流效率的同时，有效控制和减少碳排放，实现物流运营的经济效益与环境效益的双重优化。这种方法不仅符合当前的环保趋势，也为物流行业的可持续发展提供了新的思路。

4.5.2 符号定义

m 表示工厂；

j 表示配送中心；

i 表示需求点；

k 表示物流中心车辆；

M 表示工厂集合；

J 表示配送中心备选点集合；

I 表示需求点集合；

K 表示配送中心车辆的集合；

s_m 表示工厂的供应能力；

s_j 表示配送中心的最大容量；

f_j^1 表示配送中心的建设成本；

c_{mj} 表示从工厂 m 到配送中心 j 的单位运输成本；

c_{ji} 表示从配送中心 j 到需求点 i 的单位运输成本；

d_{mj} 表示工厂 m 到配送中心 j 的运输距离；

d_{ji} 表示配送中心 j 到需求点 i 的运输距离；

h_i 表示需求点 i 的需求量；

q_{mj} 表示工厂 m 向配送中心 j 分配的货运量；

$y_{ij}=1$ 表示配送中心 j 给需求点 i 提供服务，否则 $y_{ij}=0$；

$x_j=1$ 表示选择备选配送中心 j，否则 $x_j=0$；

$x_{ij}^k=1$ 表示存在车辆 k 从配送中心 j 驶向需求点 i，否则 $x_{ij}^k=0$。

4.5.3 模型构建

以物流网络总成本最小为目标，具体包括建设成本、运输成本和碳排放成本等。

（1）建设成本。

建设成本是指建立配送中心时所花费的成本，如土地的购买费用租金、装修人员工资、建筑材料和设备的购置等固定成本。此费用和配送中心建设数量有关。建设成本的数学公式为：

$$C_1 = \sum_j f_j^1 x_j \tag{4.22}$$

（2）运输成本。

运输成本的影响因素包含运输量、运输距离和单位运输成本等。物流网络中的运输成本包含由工厂至物流中心的运输成本和由物流中心配送至需求点的运输成本。假设运输成本与运输距离呈正相关，则运输成本的数学公式可以表示为：

$$C_2 = \sum_m \sum_j c_{mj} q_{mj} d_{mj} + \sum_j \sum_i c_{ji} h_i y_{ij} d_{ji} \tag{4.23}$$

（3）碳排放成本。

物流过程所引发的碳排放主要是由于在物流过程中消耗各种能源和物质所带来的直接和间接二氧化碳（CO_2）排放。本节主要针对运输过程所消耗的石油燃料量来核算 CO_2 排放量，其核算公式为：碳排放量=燃料消耗量×CO_2排放系数。参考现有研究，运输过程中的燃料消耗量与运输距离和载货量等因素有关。在物流网络中，若将货量为 q_{ij} 的商品从节点 i 运输到节点 j，则产生的碳排放成本为：

$$e(x_{ij}) = c_0 e_0 \rho(x_{ij}) d_{ji} \tag{4.24}$$

则物流网络中的碳排放成本可以表示为：

$$C_3 = \sum_m \sum_j e(q_{mj}) + \sum_j \sum_i e(y_{ij} h_i) \tag{4.25}$$

综上所述，构建考虑碳排放的物流网络优化模型如下：

$$\min \left\{ \sum_j f_j^1 x_j + \sum_m \sum_j c_{mj} q_{mj} d_{mj} + \sum_j \sum_i c_{ji} h_i y_{ij} d_{ji} + \sum_m \sum_j e(q_{mj}) + \sum_j \sum_i e(y_{ij} h_i) \right\}$$

$$(4.26)$$

$$\sum_j q_{mj} \leqslant s_m, \quad \forall m \in M \qquad (4.27)$$

$$\sum_m q_{mj} = \sum_i h_i y_{ji}, \quad \forall j \in J \qquad (4.28)$$

$$\sum_j x_j \geqslant 1 \qquad (4.29)$$

$$\sum_i h_i y_{ji} \leqslant s_j x_j, \quad \forall j \in J \qquad (4.30)$$

$$\sum_j y_{ji} = 1, \quad \forall i \in I \qquad (4.31)$$

$$\sum_j \sum_k x_{ij}^k = 1, \quad \forall i \in I \qquad (4.32)$$

$$\sum_j x_{ji}^k = \sum_i x_{ij}^k, \quad \forall k \in K \qquad (4.33)$$

$$y_{ji}, \ x_j \in \{0, \ 1\}, \quad \forall i \in I, \ j \in J \qquad (4.34)$$

$$q_{mj} \geqslant 0, \quad \forall m \in M, \ j \in J \qquad (4.35)$$

目标函数（4.26）表示物流网络系统总成本最低，前两项表示在运输及配送过程中所产生的碳排放成本；

约束（4.27）表示工厂供应能力限制；

约束（4.28）表示物流中心的货物流入量与流出量达到平衡；

约束（4.29）表示物流中心数量限制；

约束（4.30）表示物流中心的能力可满足需求；

约束（4.31）表示每个需求点由一个物流中心提供服务；

约束（4.32）表示每个需求点都需要服务到，有且只有一辆车为其服务；

约束（4.33）表示物流配送中心及各个需求点的流量守恒；

约束（4.34）和约束（4.35）表示决策变量的取值范围。

◆◇ 4.6 考虑逆向模式的物流网络优化

4.6.1 问题描述

逆向物流网络优化涉及调整产品退货、再制造和废弃物处理等流程，以实现多方面的优化目标，包括成本降低、效率提升、资源最优化利用、服务质量改善及环境影响缩减。此优化通过重新设计物流路径、减少库存和简化操作流程来减少企业的运营成本。同时，此优化提升了逆向物流过程的整体效率，加快了退货处理和废弃物的再利用，进一步节约了资源与时间。进一步地，通过优化逆向物流网络，不仅可以更有效地重新利用资源，还可以推动废弃物的再制造和重新分配，极大地减少了资源浪费。此外，此优化还包括提升服务质量，确保退货和问题产品得到及时、有效的处理，以增强消费者满意度和企业品牌信誉。从环境角度来看，通过更高效的废弃物处理和降低能源消耗，优化的逆向物流网络也有助于减轻企业的环境足迹，促进其可持续发展。

图4.5展示了基于初始回收点、回收中心、分销点的三级回收物流网络。逆向物流网络优化中主要包括三种成本：①回收中心、加工处理中心、分销中心三部分的建设成本；②回收点到回收中心的运输成本、回收中心到分销点的运输成本；③以碳税形式将逆向物流网络中碳排放转化成的经济成本。结合当下现实背景中的回收实际情况对模型进行简化与假设：①初始回收点与分销点的位置已知；②初始回收点到回收中心的距离已知，回收中心到分销点的距离已知；③初始回收点的回收量需满足分销点的需求量；④单位运输成本已知，与运输距离和运输量呈线性相关；⑤单位碳排放系数已知，与运输距离和运输量呈线性相关；⑥由于回收中心碳排放量较小，所以这里碳排放来源只考虑回收运输环节。这种综合考虑经济和环境因素的逆向物流网络优化模型，不仅有助于企业降低成本、提升效率，而且能在全球日益加剧的环境压力下展示企业的社会责任感和前瞻性。

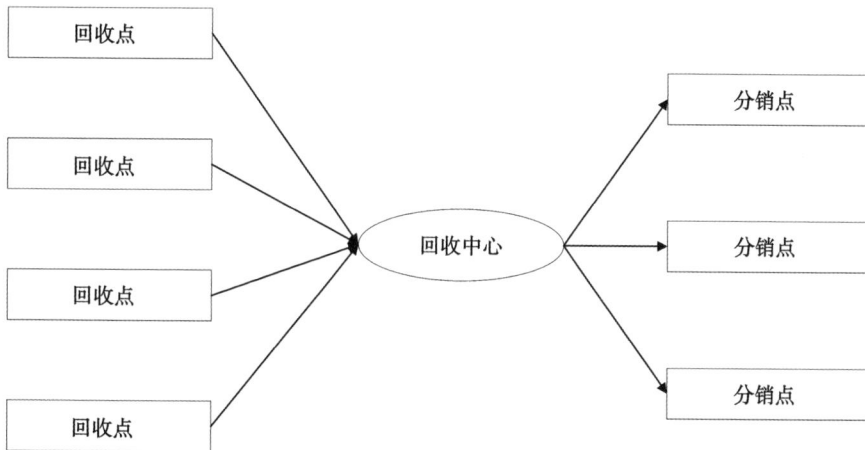

图 4.5　基于初始回收点、回收中心、分销点的三级回收物流网络

4.6.2　符号定义

m 表示回收点；

j 表示回收中心；

i 表示分销点；

M 表示回收点集合；

J 表示回收中心备选点集合；

I 表示分销点集合；

f_j^1 为回收中心 j 的建设成本；

f_j^2 为回收中心 j 的单位运营成本；

B_j 为回收中心的最大处理能力；

h_i 为分销点 i 的需求量；

C_{mj} 为回收点 m 到回收中心 j 的单位运输成本；

C_{ji} 为回收中心 j 到分销点 i 的单位运输成本；

d_{mj} 为初始回收点 m 到回收中心 j 的运输距离；

d_{ji} 为回收中心 j 到分销点 i 的运输距离；

α 为运输过程中的单位排放量；

β 为碳税的税率；

$x_j = 1$ 表示回收中心 j 被选中，否则 $x_i = 0$；

q_{mj} 为回收点 m 到回收中心 j 的运输量；

q_{ji} 为回收中心 j 到分销点 i 的运输量。

4.6.3　模型构建

优化逆向物流网络的目标是最小化整体成本，这包括回收中心的建设成本、运营成本、逆向运输成本及环境税负（如碳税）等。具体而言，回收中心的建设成本包括选址策略、设施的建立和必要设备的采购。其运营成本涉及人员工资、设施维护和日常管理开支。逆向物流的运输成本由运输距离、货物的种类及选择的运输方式共同决定。此外，碳税成本根据逆向物流过程中的实际碳排放量来计算，并作为企业环境责任的一部分。这种对成本结构的详细分析有助于企业在规划逆向物流网络时全面考量经济与环境因素，从而做出成本效益最优的决策。下面主要介绍建设成本、运输成本、运营成本和碳税成本。

（1）建设成本。

建设成本是指建立回收中心时所花费的成本，如土地的购买费用租金、装修人员工资、建筑材料和设备的购置等固定成本。此费用和回收中心的建设数量有关。建设成本的数学公式为：

$$C_1 = \sum_j f_j^1 x_j \tag{4.36}$$

（2）运输成本。

运输成本包含由回收点到回收中心和从回收中心到需求点共两部分成本。将运输过程中产生的成本由一个固定系数代替，即单位距离的运输成本，并假设运输成本只与运输距离呈正相关，即运输成本随运输距离的增加而增加。运输成本的数学公式为：

$$C_2 = \sum_m \sum_j c_{mj} q_{mj} d_{mj} + \sum_j \sum_i c_{ji} q_{ji} d_{ji} \tag{4.37}$$

（3）运营成本。

逆向物流网络中的回收中心运营成本包括设施租赁、人力、运输、设备维护和废物处理等费用。将运营成本设置为单位运营成本和回收中心货运量的乘积，其数学公式为：

$$C_3 = f_j^2 \sum_m \sum_j q_{mj} \tag{4.38}$$

（4）碳税成本。

碳税是指对企业或个人的碳排放征收税费的政策措施，旨在鼓励减少温室气体排放并推动低碳经济转型。在本节构建的逆向物流网络优化中，主要考虑在运输环节中产生的碳税成本，其数学公式为：

$$C_4 = \alpha\beta \left(\sum_m \sum_j q_{mj}d_{mj} + \sum_j \sum_i q_{ji}d_{ji} \right) \tag{4.39}$$

综上所述，逆向物流网络中的成本包括建设成本、运输成本、运营成本和碳税成本，构建的模型表达式如下：

$$\min\left\{ \sum_j f_j^1 x_j + \sum_m \sum_j c_{mj}q_{mj}d_{mj} + \sum_j \sum_i c_{ji}q_{ji}d_{ji} + f^2\sum_m \sum_j q_{mj} + \alpha\beta\left(\sum_m \sum_j q_{mj}d_{mj} + \sum_j \sum_i q_{ji}d_{ji} \right) \right\} \tag{4.40}$$

$$\sum_j q_{mj} \leqslant S_m, \quad \forall m \in M \tag{4.41}$$

$$\sum_m q_{mj} = \sum_i q_{ji}, \quad \forall j \in J \tag{4.42}$$

$$\sum_j x_j \geqslant 1 \tag{4.43}$$

$$\sum_m q_{mj} \leqslant B_j x_j, \quad \forall j \in J \tag{4.44}$$

$$\sum_j q_{ji} = h_i, \quad \forall i \in I \tag{4.45}$$

$$x_j \in \{0, 1\}, \quad \forall j \in J \tag{4.46}$$

$$q_{mj}, q_{ji} \geqslant 0, \quad \forall i \in I, j \in J, m \in M \tag{4.47}$$

目标函数（4.40）表示逆向物流网络总成本最小，包含回收中心建设成本、回收过程中的运输成本和运营成本与碳税成本之和；

约束（4.41）表示初始回收点 m 到回收中心 j 的运输量不能超过初始回收点 m 的最大回收量；

约束（4.42）表示初始回收点 m 到回收中心 j 的运输量等于回收中心 j 到分销点 i 的运输量；

约束（4.43）表示回收中心数量限制；

约束（4.44）表示初始回收点 m 到回收中心 j 的运输量不能超过被选回收中心 j 的最大处理能力；

约束（4.45）表示分销点的需求应该被满足；

约束（4.46）和约束（4.47）表示决策变量的取值范围。

◆◇ 4.7 MATLAB 求解模型

4.7.1 算例设置

假设有三个候选设施位置，每个设施有固定的建设成本；同时有五个客户需要服务，每个客户的需求不同，有两辆固定容量的运输车辆可用。问题的目标是在最小化总建设和运输成本的同时，确保每个客户得到满足，并且考虑车辆的容量限制。设施 1 的建设成本为 10，设施 2 的建设成本为 15，设施 3 的建设成本为 20。客户 1 的需求量为 5，客户 2 的需求量为 10，客户 3 的需求量为 15，客户 4 的需求量为 10，客户 5 的需求量为 5。有两辆运输车辆可用，每辆车的容量限制为 20。设施与客户之间的运输成本如表 4.1 所列。

表 4.1 设施与客户之间的运输成本表

设施	客户				
	客户 1	客户 2	客户 3	客户 4	客户 5
设施 1	2	3	1	4	2
设施 2	3	1	3	2	3
设施 3	4	2	2	1	4

4.7.2　MATLAB 代码

上述算例模型的 MATLAB 代码如下。

```
% 参数定义
numFacilities=3;
numCustomers=5;
facilityCost=[10,15,20];
customerDemand=[5,10,15,10,5];
vehicleCapacity=20;
numVehicles=2;


% 运输成本矩阵
serviceCost=[
    2,3,1,4,2;
    3,1,3,2,3;
    4,2,2,1,4
];


% 利用遗传算法求解
% 遗传算法参数
populationSize=50;
numGenerations=100;
crossoverRate=0.8;
mutationRate=0.1;


% 初始化种群
individualLength=numFacilities+numFacilities * numCustomers;
population=randi([0,1],populationSize,individualLength);


% 遗传算法主循环
```

```matlab
bestFitness=inf;
bestSolution=[];

for gen=1:numGenerations
    fitnessValues=zeros(1,populationSize);
    for i=1:populationSize
        fitnessValues(i)=evaluateFitness(population(i,:),numFacili-
ties, numCustomers, facilityCost, customerDemand, serviceCost, vehi-
cleCapacity,numVehicles);
    end

    [minFitness,minIdx]=min(fitnessValues);
    if minFitness < bestFitness
        bestFitness=minFitness;
        bestSolution=population(minIdx,:);
    end

    newPopulation=selection(population,fitnessValues);

    for i=1:2:populationSize
        parent1=newPopulation(i,:);
        parent2=newPopulation(i+1,:);

        offspring1=crossover(parent1,parent2,crossoverRate);
        offspring2=crossover(parent2,parent1,crossoverRate);

        offspring1=mutation(offspring1,mutationRate);
        offspring2=mutation(offspring2,mutationRate);

        population(i,:)=offspring1;
        population(i+1,:)=offspring2;
    end
```

```
    fprintf('Generation % d:Best Fitness =% f \n',gen,bestFitness);
end


fprintf('Best Solution Found:% s \n',mat2str(bestSolution));
fprintf('Best Fitness:% f \n',bestFitness);


% 适应度函数定义
function fitness = evaluateFitness(individual,numFacilities,numCus-
tomers,facilityCost,customerDemand,serviceCost,vehicleCapacity,num-
Vehicles)
    selectedFacilities =individual(1:numFacilities);% 选中的设施
    customerAssignments = reshape(individual(numFacilities +1:end),
numCustomers,numFacilities)';% 客户分配


    if sum(selectedFacilities) ==0
        fitness =inf;% 如果没有选中任何设施,适应度为无穷大
        return;
    end


    % 计算设施建设成本
    totalCost =sum(selectedFacilities.* facilityCost);


    % 计算运输成本
    for i=1:numFacilities
        if selectedFacilities(i) ==1
            for j=1:numCustomers
                if customerAssignments(i,j) ==1
                    totalCost =totalCost+serviceCost(i,j);
                end
            end
        end
```

```
    end


    % 检查需求满足和车辆容量限制
    for j=1:numCustomers
        if sum(customerAssignments(:,j))==0
            fitness=inf;% 有未分配的客户,适应度为无穷大
            return;
        end
    end


    for i=1:numFacilities
        if selectedFacilities(i)==1
            assignedCustomers=customerAssignments(i,:).* customer-
            Demand;
            if sum(assignedCustomers)>vehicleCapacity * numVehicles
                fitness=inf;% 超过车辆容量限制,适应度为无穷大
                return;
            end
        end
    end


    fitness=totalCost;
end


% 选择操作(轮盘赌)
function selected=selection(population,fitnessValues)
    totalFitness=sum(1./fitnessValues);
    selectionProb=(1./fitnessValues)/totalFitness;
    cumProb=cumsum(selectionProb);
    selected=zeros(size(population));


    for i=1:size(population,1)
```

```
        r=rand;
        selectedIdx=find(cumProb>=r,1);
        if isempty(selectedIdx)
            selectedIdx=randi(size(population,1));% 随机选择一个个体
        end
        selected(i,:)=population(selectedIdx,:);
    end
end
```

```
% 交叉操作(单点交叉)
function offspring=crossover(parent1,parent2,crossoverRate)
    if rand < crossoverRate
        point=randi(length(parent1));
        offspring=[parent1(1:point),parent2(point+1:end)];
    else
        offspring=parent1;
    end
end
```

```
% 变异操作
function mutated=mutation(individual,mutationRate)
    for i=1:length(individual)
        if rand < mutationRate
            individual(i)=1-individual(i);
        end
    end
    mutated=individual;
end
```

4.7.3 运行结果

MATLAB 运行结果截取部分如下。

…………

Generation 100:Best Fitness=10.000000

Best Solution Found:[1 0 0 0 0 0 0 1 1 0 0 1 0 1 1 1 0]

Best Fitness:10.000000

第 2 篇

智能优化算法

优化算法，本质上是一种基于特定思想和机制的搜索过程或规则，通过一定的途径或规则找到满足用户需求的解决方案。在物流优化问题中，常常面临复杂且规模庞大的问题，这些问题用传统方法难以有效解决。因此，自20世纪80年代初以来，智能优化算法逐渐兴起，成为现代优化算法的重要分支，主要包括禁忌搜索算法、模拟退火算法、遗传算法和粒子群算法等。这些智能优化算法为解决大规模物流优化问题提供了强有力的工具。

智能优化算法通常具有自组织性和自适应性、并行处理能力和机理分析的灵活性，使其在应对动态变化的物流环境和大规模数据处理时展现出独特优势。这些算法能够显著提升物流系统的效率和效益，解决复杂约束和多目标需求。本书第1篇详细探讨了物流系统中的各种优化问题，而本篇将展示如何利用智能优化算法解决这些问题，帮助读者理解如何将理论应用于实践，以实现物流系统的高效、低成本运作，提高服务水平和客户满意度。

算法引入

智能优化算法因其全局搜索、并行高效、鲁棒性和通用性强等优点，在计算机科学、优化调度、运输问题、组合优化、工程优化设计等领域得到广泛应用。主要的智能优化算法包括禁忌搜索算法（tabu search，TS）、模拟退火算法（simulated annealing，SA）、遗传算法（genetic algorithms，GA）和粒子群算法（particle swarm optimization，PSO）。

近年来，智能优化算法迅速发展。这些算法虽然在理论上的完备性还不及传统优化方法，且通常不能保证解的最优性，因此常被视为"只是一些启发式方法"，但是这些算法突破了传统优化的思维模式。例如，遗传算法模拟了生物种群繁殖中的竞争思想，使其在复杂优化问题中表现出色。

智能优化算法的优势在于它们不要求目标函数和约束条件的连续性和凸性，甚至不需要解析表达式。此外，它们对计算过程中数据的不确定性具有很强的适应能力，并且计算速度快。这些特点使得智能优化算法在实际应用中表现出色，并迅速得到广泛认可和应用。

综上所述，智能优化算法虽然在理论完善性方面仍需提高，但其独特的优势和在实际应用中的优越表现，使其成为现代优化技术的重要组成部分。在智能优化算法领域，有四个基本概念值得介绍。

（1）算法设计（algorithm design）。

算法是解决优化问题的程序化方案，它提供了一系列步骤和指令以找到问题的答案。一个算法如果能够在有限步骤内为每个实例找到一个解，那么称其为可以求解该优化问题的算法。如果该算法能为任意实例找到一个可行解，那么称其为近似算法；如果这个可行解的目标值总是等于最优解值，那么称其为精确解算法。

例如，单纯形算法用于线性规划问题的精确解，表上作业法用于运输问题的精确解，匈牙利算法用于指派问题的精确解。然而，对于大多数现实中的优化问题，求解精确解是非常困难的，甚至是不可能或不必要的，原因包括几个方面：简化模型与实际问题的吻合度的差异；可行解的探索空间巨大；求解时间过长、成本过高；实际约束过于苛刻，可行解构造困难；约束条件及可行解的动态变化；解的评价标准的动态变化；等等。

虽然很多管理领域的优化问题属于离散的组合优化问题，并且理论上可以通过穷举法找到最优解，但这种方法计算量巨大，不适用于求解实际规模的问题。这时，智能优化算法便成为重要工具，它们能够近似求解这些复杂问题，在实际应用中表现出色。

（2）搜索空间（search space）。

在许多情况下，解决问题的过程可以视为从大量数据中寻找一个解，而这个解通常隐藏在数据之中。所有满足约束条件的解称为可行解（feasible solution），这些可行解组成的空间被称为搜索空间（或状态空间）。搜索空间中的每个点都是一个可行解，并且每个可行解都可以通过其函数值或适应度来标记。问题的解就是搜索空间中的一个特定点，因此，我们的目标是从搜索空间中找到这个点。

在求解问题时，搜索空间可以被认为是我们需要探索的区域。尽管在某些情况下搜索空间是完全已知的，但通常情况下我们只知道一些孤立的点，然后逐渐生成其他点。这个搜索过程可能非常复杂，我们甚至可能不知道去哪里搜索或者从哪些区域开始搜索。

搜索空间在问题求解中起着关键作用，求解过程可以视为在搜索空间中寻找极值点（最大值点或最小值点）。然而，搜索空间往往是庞大且复杂的，完全穷举所有可能的解通常是不现实的。因此，我们依赖于各种搜索和优化算法来有效地探索搜索空间。

多种方法可以用来寻找合适的解（注意：不一定是最优解），包括爬山法（fill climbing）、禁忌搜索算法、模拟退火算法、遗传算法等。这些方法在搜索空间中采用不同的策略找到较优解。爬山法逐步改进当前解以寻找局部最优解，禁忌搜索算法通过避免重复搜索已探索区域来突破局部最优，模拟退火算法通过接受次优解以避免陷入局部最优，而遗传算法通过模拟生物进化过程在种群中搜索最优解。

遗传算法等智能优化算法通常只能找到一个较好的解，因为我们无法证明它是全局最优解。然而，这些算法在处理复杂搜索问题时展现出独特的优势，尤其在搜索空间巨大且目标函数复杂的情况下，它们能够在合理的计算时间内找到令人满意的解决方案。

（3）计算复杂性（computational complexity）。

算法的时间复杂性和空间复杂性是评估计算性能的两个基本概念，对计算机解决问题的能力有着重大影响。时间复杂性是指算法在执行过程中的所需时间，而空间复杂性是指算法在执行过程中所占用的存储空间。在算法分析和设计中，我们通常采用实用性的复杂性概念，将关键操作（如加法、减法、乘法、比较等）视为基本操作，并根据这些基本操作的次数来定义算法的时间复杂性。算法执行期间占用的存储单元则定义为算法的空间复杂性。

问题的复杂性通常表示为问题规模 n 的函数。对于许多组合优化问题，理论上可以通过完全枚举的方法求得最优解。然而，这种方法在实际应用中往往不可行。例如，在旅行商问题中，如果固定一个城市为起点，则需要枚举路径数量为 $(n-1)!$。假设计算机每秒可以完成 24 个城市所有路径的枚举，对于 25 个城市的路径枚举需要 24 秒。但随着城市数量增加，计算时间会呈指数级增长，当城市数增加到 31 个时，计算时间约为 10.8 年，这在实际计算中是不可接受的。

这种指数级增长表明，传统算法在处理大规模组合优化问题时面临计算量巨大的挑战。理解和分析算法的时间复杂性和空间复杂性对于设计高效的计算方法至关重要。时间复杂性和空间复杂性的概念帮助我们识别和预测算法在不同问题规模下的表现，从而选择或设计适当的算法以满足实际应用的需求。智能优化算法通过在复杂搜索空间中高效搜索近似解，有效应对了计算复杂性的挑战。

（4）NP 难题（NP hard）。

按照计算复杂性理论，问题求解的难易程度可以分为 P 类、NP 类和 NP 完全类。1971 年，Stephen Cook 提出并证明了一类具有以下性质的问题：① 至今未找到多项式时间算法；② 如果其中一个问题有多项式时间算法，那么这类问题都有多项式时间算法。这类问题被记为 NPC 或 NP-C（NP-complete），其中 NP 表示非确定性多项式（non-deterministic polynomial）。

许多问题可以通过快速算法（多项式算法）解决，但有大量问题无法在多项式时间内解决。事实上，已证明许多问题在多项式时间内是无法解决的。NP-C 问题具有重要的实际意义和工程背景，目前已有许多问题被证明为 NP-C 问题，如一些常见的组合优化问题，即背包问题、装箱问题、旅行商问题等。在无法应用精确算法的情况下，人们通常寻找替代算法，而智能优化算法正是常用的方法之一。

智能优化算法（如模拟退火算法、遗传算法和禁忌搜索算法）在寻找全局最优解方面表现出色，它们的共同特点是模拟了自然过程。模拟退火算法的灵感来自物理学中固体物质的退火过程，遗传算法借鉴了自然界中优胜劣汰的进化机制，禁忌搜索算法则模拟了人类具有记忆功能的智力过程。

具体来说，模拟退火算法通过模仿物质在高温下逐渐冷却达到最低能量状态的过程，探索解空间中的全局最优解；遗传算法通过模拟自然选择和基因变异过程，在种群中进行搜索和优化；禁忌搜索算法通过利用禁忌表避免在搜索过程中陷入局部最优，从而提高搜索的广度和深度。这些算法之间具有紧密的联系，通过将它们有机地结合，可以取长补短，从而提高算法性能。例如，将遗传算法的全局搜索能力与模拟退火算法的局部优化能力相结合，可以设计出混合智能算法，进一步提高求解复杂问题的效率和效果。

第 5 章

禁忌搜索算法

◈ 5.1 本章导读

5.1.1 内容提示

在解决复杂的优化问题时，传统的算法往往难以找到全局最优解，尤其是在搜索空间巨大且存在多个局部最优解的情况下。禁忌搜索算法作为一种强有力的元启发式算法，可通过引入禁忌表的方式来避免陷入局部最优解，从而有效地探索更广泛的解空间。本章将深入探讨禁忌搜索算法的基本原理、实现步骤及典型应用场景，为读者提供一种有效的优化工具，以解决实际物流问题中的复杂挑战。

5.1.2 学习目标

➤ 理解禁忌搜索算法的基本概念和工作原理。
➤ 掌握禁忌表的作用和使用方法。
➤ 学习如何实现禁忌搜索算法，并应用于实际问题中。
➤ 了解禁忌搜索算法的改进方法。

5.1.3 思考题

（1）请解释禁忌搜索算法中的记忆机制是如何帮助避免局部最优解的陷阱的。
（2）在禁忌搜索算法中，禁忌表的长度对算法性能有何影响？
（3）选择一个物流优化问题，详细描述禁忌搜索算法在该问题中的具体应用过程。

◈ 5.2 算法概述

5.2.1 产生背景

禁忌搜索算法（TS）是邻域搜索算法的扩展，最早由 Fred Glover 在 1987 年提出。邻域搜索算法是基于贪婪思想持续地在当前解的邻域中进行搜索，虽然算法易理解、易实现，但是其搜索性能完全依赖于邻域结构和初始解。为避免陷入局部极小并找到"全局最优解"，不应执着于某一个特定的区域。禁忌搜索算法通过引入记忆机制和禁忌策略，有意识地避开部分局部最优解，从而扩展搜索范围。禁忌搜索算法模仿了人类记忆机制，通过引入一个灵活的存储结构和相应的禁忌准则来避免迂回搜索，并通过特赦准则（aspiration criterion）来赦免一些被禁忌的优良状态，进而保证多样化的有效探索，以最终实现全局优化。禁忌表（tabu list）记录最近访问过的解，以防止算法回到这些解并陷入循环。然而，当某些被禁忌的解具有显著优越性时，可以通过特赦准则来允许这些解重新进入搜索过程，从而保证多样化和有效的探索。迄今为止，禁忌搜索算法在组合优化、生产调度、机器学习、电路设计和神经网络等领域取得了很大的成功，其成功得益于自身的灵活性和强大的搜索能力。

下面举例说明禁忌搜索算法的搜索过程。假设一群兔子在寻找最高的山峰（全局最优解）。当兔子们之中的一只找到了一座高山（局部最优解）时，这只兔子会留守在这里。当兔子们再寻找的时候，一般会有意识地避开这座高山，这就是禁忌搜索中禁忌表的含义。那只留在高山的兔子不会一直停留在那里，它会在一定时间后重新回到寻找高山的队伍中，这个归队时间在禁忌搜索中叫作禁忌长度（tabu length）。如果在搜索过程中，留守高山的兔子还没有归队，但找到的地方都是比较低的地方（次优解），兔子们就不得不再次考虑这座高山。当一个有兔子留守的地方的优越性太突出，超过了当前的最优解（称为"best so far"状态），则不顾及这个地方有没有兔子留守，都把这个地方考虑进来，这就叫特赦准则。最后，通过比较找到的几个高山，最终确定最高的一座高山（全局最优解）。这一过程展示了禁忌搜索算法如何通过禁忌表和特赦准则进行有效的全局搜索。

5.2.2 算法原理

邻域搜索算法可以描述为：从给定的初始解出发，利用邻域函数在当前解的邻域中搜索改进解，并用改进后的邻域解代替当前解，重复此过程直至满足终止条件为止。邻域搜索算法的性能依赖于邻域结构和初始解，邻域结构设计不当或初始解的选取不合理，有可能导致算法的性能较差。同时，搜索过程中的贪婪策略无疑会使算法丧失全局优化能力，在搜索过程中常陷入局部最优。为了实现全局优化，禁忌搜索算法应运而生。

设 X 是优化问题 $\min f(x)$ 的解空间向量。禁忌搜索算法开始于一个初始可行解 $x_0 \in X$，其邻域候选解集为 $N(x_0)$，从邻域候选解集中找到一个能改进当前解 x_0 的移动 $x_1 = N(x_0)$，再从新的当前解 x_1 开始，继续做邻域移动，找到 $x_2 = N(x_0)$，重复此

搜索过程。传统的邻域搜索算法从 x_i 移动到 x_j 时，只选择比当前解好的移动。图 5.1
展示了邻域移动的过程，在第 4 步邻域搜索之后，下一步搜索很可能又回到邻域解 x_1，
导致搜索过程陷入"循环"状态。

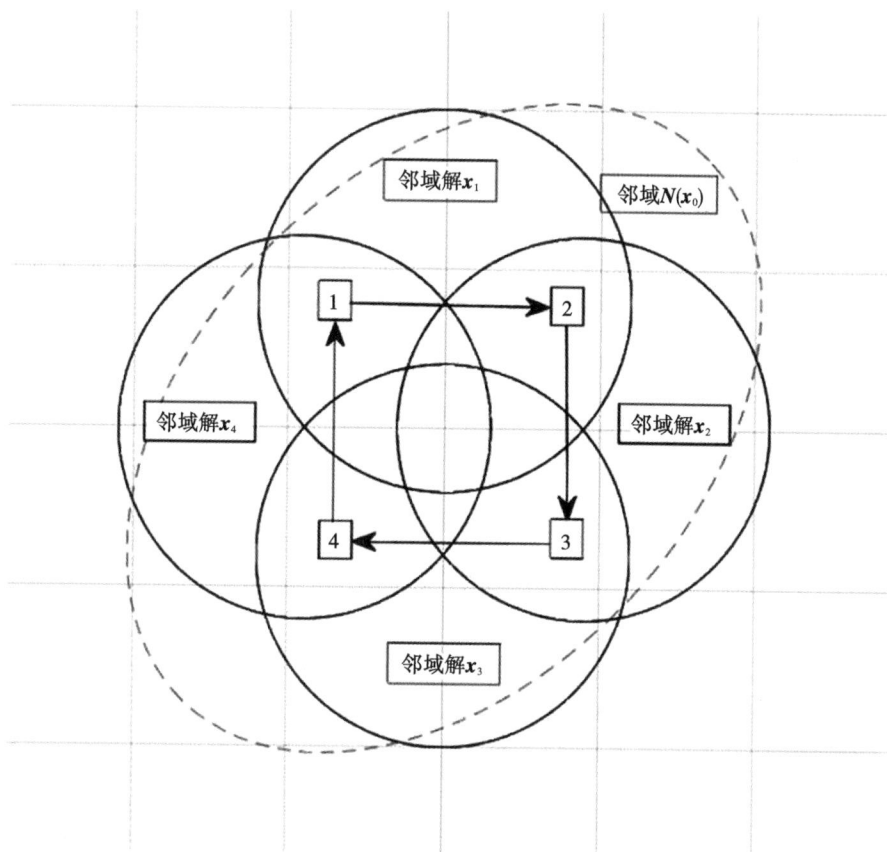

图 5.1 邻域搜索陷入"循环"状态

　　为避免陷入"循环"状态，考虑采用禁忌搜索算法。构造一个禁忌表，它是一个
先进先出、长度为 1 的循环表，表中存放刚刚进行过的前 t 步移动内容。在搜索过程
中，初始解 x_1 首先放入禁忌表中，接着是 x_2，x_3，…，x_t。图 5.2 展示了禁忌表长度为
$t=4$ 的情况，第 4 步搜索之后，原本下一步回到 x_1，但 x_1 当前在禁忌表中被禁，此次
移动不被接受，故选择未被禁忌的邻域解 x_5，这样做改变了搜索方向，就有可能跳出
"循环"状态。

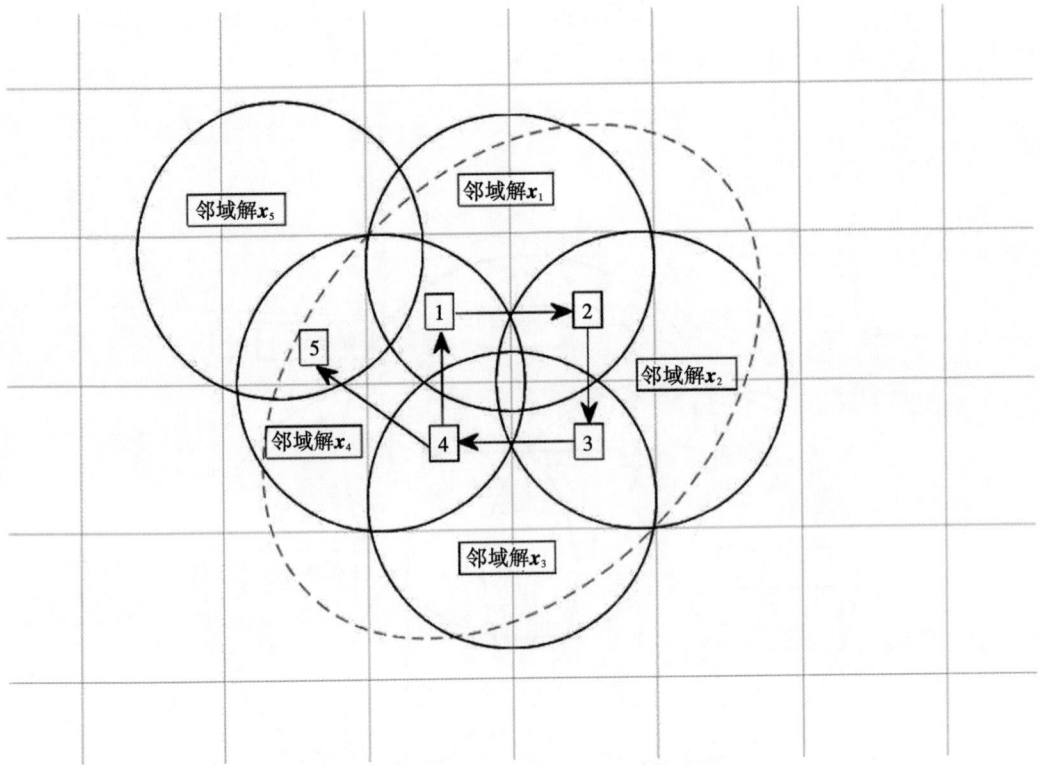

图 5.2　改变搜索方向跳出"循环"状态

5.2.3　算法特点

禁忌搜索算法是人工智能中广泛应用的一种优化技术，它是对局部邻域搜索方法的扩展。禁忌搜索算法的核心思想是在搜索过程中标记已发现的局部最优解，并在后续迭代中尽量避开这些标记的解，从而避免循环搜索，确保探索更多不同的有效路径。

禁忌搜索算法涉及多个关键概念，包括邻域函数、禁忌表和禁忌对象、禁忌长度、候选解和藐视准则等。

①邻域函数：沿用局部邻域搜索的方法，用于在解空间中进行邻域搜索。

②禁忌表和禁忌对象：记录已搜索到的解，避免算法在搜索过程中反复回到这些解，体现了算法避免迂回搜索的特点。

③藐视准则：在某些情况下允许选择被禁忌的解，如果这些解能显著改善当前状态，从而放松禁忌策略对优良状态的限制。

禁忌搜索算法的主要优点如下。

①高效解选取：新解不是在当前解的邻域中随机产生，而是要么优于当前的最优解，要么为非禁忌的最佳解。因此，选取优良解的概率远远大于其他劣质解的概率。

②灵活的记忆功能和藐视准则：由于禁忌搜索算法具有灵活的记忆功能和藐视准则，并且在搜索过程中可以接受劣质解，所以具有较强的"爬山"能力。算法搜索时能够跳出局部最优解，转向解空间的其他区域，从而增大获得更好的全局最优解的概率。

然而，禁忌搜索算法也存在一些不足，其改进方向如下。

①对初始解的依赖性：禁忌搜索算法对初始解的质量较为敏感，好的初始解可使算法在解空间中搜索到更优解，而较差的初始解会降低算法的收敛速度。为此，可以将禁忌搜索算法与遗传算法、模拟退火算法等优化算法结合，先生成较优的初始解，再进行禁忌搜索优化。

②串行搜索的限制：迭代搜索过程通常是串行的，仅移动单一状态，而非并行搜索。为进一步改善禁忌搜索算法的性能，可以通过改进算法的操作和参数选取，对算法的初始化、参数设置等方面实施并行策略，开发出各种类型的并行禁忌搜索算法。此外，将禁忌搜索算法与遗传算法、神经网络算法及基于问题信息的局部搜索相结合，也能增强算法的性能。

③搜索的集中性与多样性不足：在集中性与多样性搜索并重的情况下，多样性搜索常常不足。集中性搜索策略用于对当前搜索的优良解的邻域进行更为充分的探索，以期找到全局最优解；多样性搜索策略则用于拓宽搜索区域，特别是在搜索陷入局部最优时，通过改变搜索方向跳出局部最优，从而找到全局最优解。

◆ 5.3 算法实现

5.3.1 流程说明

禁忌搜索算法的基本思想是在给定当前解（初始解）和一种邻域的情况下，通过在当前解的邻域中确定若干候选解来进行搜索。如果最佳候选解的目标值优于当前的最优解，则忽略其禁忌特性，将其作为新的当前解和最优解，并将相应的对象加入禁忌表，同时更新禁忌表中各对象的任期。如果没有满足藐视准则的候选解存在，那么从非禁忌的候选解中选择最佳状态作为新的当前解，并更新禁忌表。这样重复迭代搜索过程，直到满足停止准则为止。

基于上述描述，禁忌搜索算法的基础步骤可描述如下。

①给定算法参数，随机产生初始解 x，置禁忌表为空。

②判断算法终止条件是否满足。若是，则结束算法并输出优化结果；否则，继续以下步骤。

③利用当前解 x 的邻域函数产生其所有（或若干）邻域解，并从中确定若干候选解。

④对候选解判断藐视准则是否满足。若成立，则用满足藐视准则的最佳状态 y 替代 x 成为新的当前解，即赋值 $x=y$，并用与之对应的禁忌对象替换最早进入禁忌表的禁忌对象，同时用 y 替换 "best so far" 状态，然后转到步骤⑥；否则，继续以下步骤。

⑤判断候选解对应的各对象的禁忌属性，选择候选解集中非禁忌对象对应的最佳状态为新的当前解，同时用与之对应的禁忌对象替换最早进入禁忌表的禁忌对象元素。

⑥转到步骤②。

禁忌搜索算法的流程如图 5.3 所示。

显而易见，邻域函数、禁忌对象、禁忌表和藐视准则是禁忌搜索算法的核心要素。其中，邻域函数延续了局部邻域搜索的思想，用于定义解空间中的邻域结构，以便进行邻域搜索；禁忌表和禁忌对象的设定体现了算法避免陷入循环搜索的特性，通过记录已经搜索过的解来避免重复搜索；而藐视准则是对于优良状态的一种奖励机制，它允许在一定条件下接受比当前状态更好的解，从而放宽了禁忌策略的限制。

需要强调的是，上述算法仅仅是禁忌搜索算法的简单框架，对于其中各关键环节的具体设计和调整，可以根据具体问题的复杂性和多样性来构造不同的禁忌搜索算法。同时，禁忌搜索算法流程中所涉及的禁忌对象，可以是搜索状态，也可以是特定的搜索操作，甚至可以是搜索目标值等，这取决于问题的特点和需求。

5.3.2 算法要素

（1）初始解。

禁忌搜索算法的初始解既可以通过随机产生获得，也可以结合问题的信息和启发式方法生成一个较优的初始解，以促进后续搜索过程的进行。

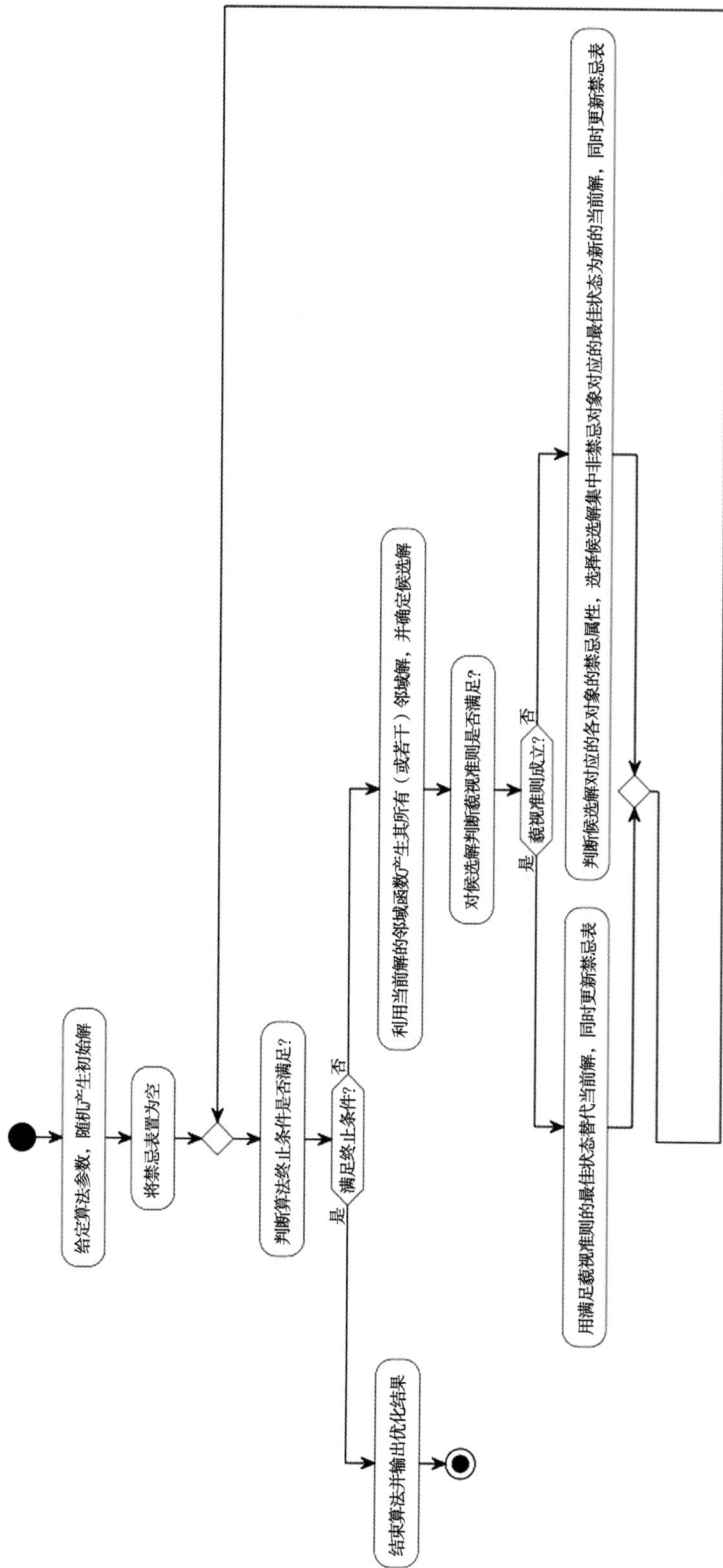

图5.3 禁忌搜索算法的流程图

（2）邻域结构。

邻域结构是基于当前解，按照指定的邻域操作方法生成一定数量的邻域解。这一过程旨在扩展搜索空间，期望在生成的邻域解中找到比当前解更优的解。邻域解的数量称为邻域规模，大规模的邻域解提供了更多的搜索机会，但伴随着更大的计算成本。

（3）禁忌对象。

禁忌对象是在若干步迭代内被禁止再次移动并加入禁忌表中的元素。通常可以选择解本身的移动、解分量的移动或目标函数值的变化作为禁忌对象。具体来说，可以采用以下三种方式选择禁忌对象。

①以解本身的移动为禁忌对象，将整个可行解视为最基本的单位。例如，函数 $f(x)$ 自变量从当前解 x_1 移动到一组邻域解 x_2，x_3，…，x_i，…，x_n。其中，假设 x_i 结果最好，并被选为下一步搜索起始点。此时，解 x_i 被禁忌，在若干步迭代内禁止再次出现。这种禁忌对象是把问题的解看成移动变化的最基本单位，将一个可行解完整地列为禁忌对象。

②以状态分量的变化为禁忌对象，以问题解向量的分量移动为基本单位。例如，整数编码表达状态 (1, 2, 3, 4, 5) → (1, 2, 5, 4, 3)，其中 5 和 3 的交换在若干迭代步数内被禁忌。这种禁忌对象以问题解向量分量 5 和 3 的移动为基本单位。

③以目标函数值的变化为禁忌对象，将一个目标值作为基本单位。例如，目标函数 $f(x)=x^2$ 的目标值从 1 变到 4，隐含四种变化的可能：x 由 −1→−2，−1→2，1→2，1→−2 都导致目标值为 4，故这四组移动都会被禁。这种禁忌对象是将一个目标值作为基本单位，被禁忌目标值的所有解的组合都被禁忌。

综上，单就禁忌对象的选择和状态变化而言，方式①比方式②和方式③的禁忌范围要小，但给予了较大的搜索范围；方式②和方式③比方式①的禁忌范围要大，但当变量较多时，禁忌范围过大则难以起到禁忌作用。

（4）禁忌表。

禁忌表记录邻域移动状态。禁忌表是一个循环表，每迭代一次就将最近的一次移动记录到禁忌表，禁止在规定的次数内被移动，而先前记录的所有移动均减少一次，最前端的记录被解禁。

禁忌表长度 t 是指禁忌对象被禁忌的迭代次数。较大的 t 有利于广域搜索，但计算时间增加，效率下降；较小的 t 有利于局域搜索，但禁忌效果有可能尚未充分发挥。因此，t 的选取要适中。经验数据一般取 $t=\sqrt{n}$，其中 n 为问题规模。t 的取值也可以在给定的 $[t_{\min}, t_{\max}]$ 区间内，随算法整体循环迭代次数的改变而动态变化。t 的大小主要依据实际问题、实验结果和设计者的经验而定。

（5）藐视准则。

藐视准则又称特赦准则、渴望水平、破禁水平或破禁策略。有时会出现某个比当前解更好的候选解，有时当前所有候选解都被禁。此时，可利用藐视准则进行破禁，以实现更高效的全局搜索。藐视准则常用的方式有以下三种。

①基于适值的准则：若本次移动比当前最好的适值更好，则破禁并允许本次移动。例如，上一次 1，3 交换改进了适值并在禁忌表中禁止 1，3 在若干步内交换；但此次 1，3 交换又改进了适值，则允许破禁。破禁后移动 1，3 要重新写入禁忌表中。

②基于影响力的准则：发现某候选解影响较大（如适值变化剧烈），可选择破禁。

③基于最佳破禁准则：当所有候选解都被禁，可从中选择一个相对最好的候选解破禁。

（6）选择策略及候选解集。

选择策略是指从候选解集中选择一个比较好的解作为下一次迭代的初始解。但是，如果这个比较好的解已经被禁，并且不符合破禁策略，可依次选择下一个候选解，直到出现未被禁的候选解为止。因此，在候选解集中，应准备足够的候选解供选择。候选解集规模一般由经验确定，候选解集过大会增加计算时间，过小有可能较早陷入局部最优。

（7）停止准则。

算法的停止准则可根据需要从下列项中做出选择。

①达到最大迭代次数。

②适值多次迭代仍没有改进。

③一个解或解分量禁忌频率超过某一阈值。

④适值与最优值的偏差达到或小于某一规定值。

5.3.3　应用示例

四个城市非对称 TSP 如图 5.4 所示。

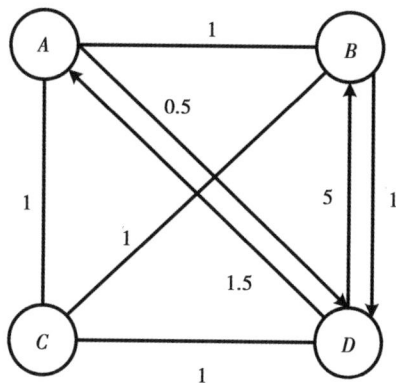

图 5.4　四个城市非对称 TSP 示意图

距离矩阵 $\boldsymbol{D}$ 为

$$\boldsymbol{D}=(d_{ij})=\begin{bmatrix} 0 & 1 & 0.5 & 1 \\ 1 & 0 & 1 & 1 \\ 1.5 & 5 & 0 & 1 \\ 1 & 1 & 1 & 0 \end{bmatrix}$$

假设城市 A 为起点和终点，初始解是 $\boldsymbol{x}^0=(ABCD)$ 且目标函数值为 $f(\boldsymbol{x}^0)=4$，局部搜索为两个城市位置相互交换。此时，邻域 $\boldsymbol{N}(\boldsymbol{x}^0)=\{(ACBD),(ADCB),(ABDC)\}$。比较初始解和其邻域解，目前最好解是 $\boldsymbol{x}^0=(ABCD)$。根据局部搜索策略，算法运行结束。这里，找到的最好解实际上是局部最优解，而全局最优解是 $\boldsymbol{x}^{\text{best}}=(ACDB)$ 且目标函数值为 $f(\boldsymbol{x}^{\text{best}})=3.5$。

在禁忌搜索算法中，不要求每次迭代产生的新解都优于原来的解。此时，可以从邻域 $\boldsymbol{N}(\boldsymbol{x}^0)=\{(ACBD),(ADCB),(ABDC)\}$ 中选择一个最好的解，即 $\boldsymbol{x}^1=(ABDC)$ 且 $f(\boldsymbol{x}^1)=4.5$。虽然此时目标函数值变大，但是有助于算法扩大搜索范围。禁忌搜索算法第一步如图 5.5 所示。图中 $*$ 表示被选中邻域的对换。

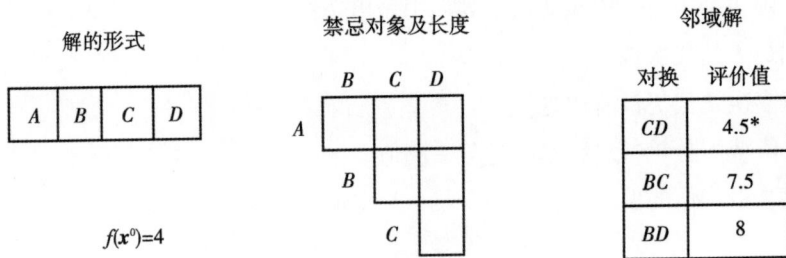

图 5.5　禁忌搜索算法第一步

禁忌搜索算法第二步如图 5.6 所示。因为在该算法第一步中选择了 C 和 D 互换，所以希望在后续过程中避免重复操作，设置 CD 为禁忌对象，并限定在 3 次迭代中不允许 CD 或者 DC 互换，同时在表中对应位置记为 3，用 T 表示禁忌对象。

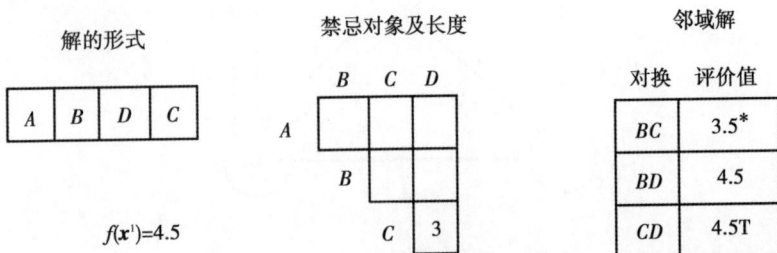

图 5.6　禁忌搜索算法第二步

禁忌搜索算法第三步如图 5.7 所示。CD 互换被禁忌 1 次后还有 2 次，而新入选的 BC 互换也将被禁忌。可以发现，这里产生的邻域解的函数值都变差，但是为了进一步扩大搜索范围，同时考虑到 CD 和 BC 为禁忌对象，所以只能选择 BD 互换。

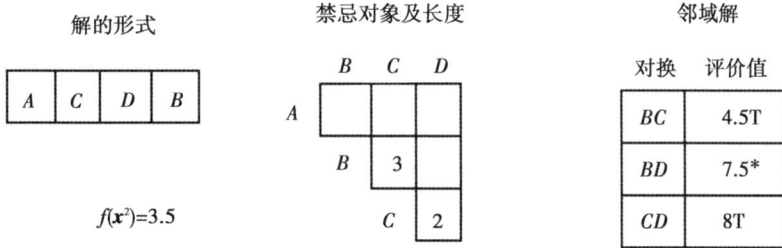

解的形式

| A | C | D | B |

$f(\boldsymbol{x}^2)=3.5$

禁忌对象及长度

	B	C	D
A			
B	3		
C	2		

邻域解

对换	评价值
BC	4.5T
BD	7.5*
CD	8T

图 5.7 禁忌搜索算法第三步

禁忌搜索算法第四步如图 5.8 所示。此时，所有邻域解的对换都被禁忌，算法无法继续。如果将禁忌次数由 3 次改为 2 次，继续迭代又返回初始解为 x^0，出现循环。为解决上述问题，可以在所有被禁忌的邻域解中选择一个最好解来破除禁这种方法，即特赦准则。在算法第四步中，可以将被禁忌的 BD 对换解禁，得到的解为 $ACDB$，实际上该解已经是全局最优解。

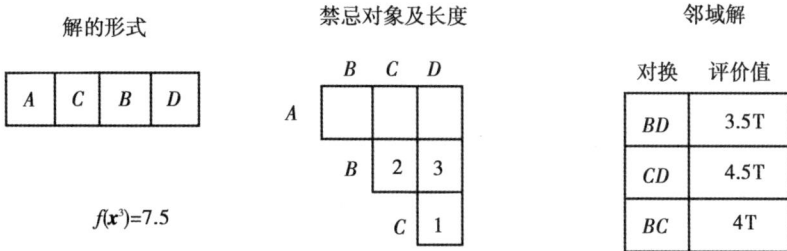

解的形式

| A | C | B | D |

$f(\boldsymbol{x}^3)=7.5$

禁忌对象及长度

	B	C	D
A			
B	2	3	
C	1		

邻域解

对换	评价值
BD	3.5T
CD	4.5T
BC	4T

图 5.8 禁忌搜索算法第四步

◆ 5.4 TSP 求解

5.4.1 算例设置

根据本书 1.2.2 节所构建的 TSP 基础模型，本节用禁忌搜索算法开展算例的编码与计算。旅行商需要经过 20 个城市，各城市的 X，Y 坐标见表 5.1，据此计算各城市间的欧氏距离。

表 5.1　20 个城市的 X，Y 坐标（1）

序号	X 坐标	Y 坐标	序号	X 坐标	Y 坐标
1	2.4000	1.8300	11	0.8500	2.7330
2	2.0100	2.1830	12	1.7833	3.2833
3	2.1830	1.0110	13	1.9833	4.3833
4	1.8330	1.5330	14	1.2000	1.6167
5	2.0500	0.9833	15	1.5167	1.9000
6	2.2500	2.1300	16	1.9833	2.5833
7	2.3330	1.4160	17	1.6833	3.2833
8	1.9170	1.5330	18	1.7833	3.1167
9	2.2500	2.1670	19	1.1833	3.0500
10	1.5830	1.0000	20	2.9000	2.7833

5.4.2　搜索主函数

```
clc;% 清理屏幕
clear all;% 清理数据
close all;

%% 赋值参数
CityNum=20;% 城市数量
% 计算距离矩阵。Clist 为位置表,dislist 为距离表
[dislist,Clist]=tsp(CityNum);
```

```
Tlist=zeros(CityNum);% 禁忌表(tabu list),置为空
cl=50;% 保留前 cl 个最好候选解
bsf=Inf;
tl=50;% 禁忌长度(tabu length)
l1=100;% 候选解个数(candidate),不大于 n* (n-1)/2(全部邻域解个数)

S0=randperm(CityNum);% 随机产生初始解
S=S0;
BSF=S0;
Si=zeros(l1,CityNum);% 候选解集合
StopL=2000;% 终止步数
p=1;
%  clf;% 清空图窗
%  figure(1);

%%  迭代循环
while(p<StopL+1)% 未达到迭代次数

    % 错误判断
    if l1>CityNum* (CityNum)/2
        disp('候选解个数,不大于 n* (n-1)/2(全部邻域解个数)! 系统自动退出!
');
        l1=(CityNum* (CityNum)/2)^.5;
        break;% 跳出 while 循环
    end

    %% 计算路径里程,再记录每代里程
    ArrS(p)=CalDist(dislist,S);

    %% 邻域结构/邻域函数,生成候选解标号集合 A
    i=1;A=zeros(l1,2);
    while i<=l1 % 为每个候选解赋值
```

```
    M=CityNum* rand(1,2);% 随机两个城市标号
    M=ceil(M);% ceil 函数向上取整
    if M(1)~=M(2)% 如果两标号不一致
        m1=max(M(1),M(2));% 最大标号
        m2=min(M(1),M(2));% 最小标号
        A(i,1)=m1;A(i,2)=m2;
        if i==1
            isdel=0;
        else
            for j=1:i-1
                % 标号集合 A 内不能有重复候选解
                if A(i,1)==A(j,1) && A(i,2)==A(j,2)
                    isdel=1;
                    break;
                else
                    isdel=0;
                end
            end
        end
        if ~isdel
            i=i+1;
        else
            i=i;
        end
    else % 如果两标号一致
        i=i;  % 本条不赋值
    end
end


%% 生成候选解集合 Si,用于后续更新当前解 S
for i=1:11
    % 用当前解 S、候选标号集 A,生成候选解集合 Si
```

```
        Si(i,:)=S;
        Si(i,[A(i,1),A(i,2)])=S([A(i,2),A(i,1)]);
        % 临时矩阵四列,依次是序号、里程、A 大标号、A 小标号
        CCL(i,1)=i;
        CCL(i,2)=CalDist(dislist,Si(i,:));% 计算路径里程
        CCL(i,3)=S(A(i,1));
        CCL(i,4)=S(A(i,2));
end
[fs fin]=sort(CCL(:,2));% 按里程由小到大排序
for i=1:cl % 里程短的前 cl 个解
        CL(i,:)=CCL(fin(i),:);
end


%% 藐视准则(aspiration criterion)
if CL(1,2)<bsf % 如果最短距离有更新
        bsf=CL(1,2);% 更新最优解
        S=Si(CL(1,1),:);
        BSF=S;
        for m=1:CityNum
            for n=1:CityNum
                if Tlist(m,n)~=0 % 禁忌表非空
                    Tlist(m,n)=Tlist(m,n)-1;% 禁忌长度减 1
                end
            end
        end
        Tlist(CL(1,3),CL(1,4))=tl;% 初始赋值禁忌长度
else % 如果最短距离没更新
        for i=1:cl % 里程短的前 cl 个解
            if Tlist(CL(i,3),CL(i,4))==0 % 如果已达到禁忌长度
                S=Si(CL(i,1),:);
                for m=1:CityNum
                    for n=1:CityNum
```

```
                    if Tlist(m,n)~=0
                        Tlist(m,n)=Tlist(m,n)-1;% 禁忌长度减1
                    end
                end
            end
            Tlist(CL(i,3),CL(i,4))=tl;% 初始赋值禁忌长度
            break;
        end
    end
end


Arrbsf(p)=bsf;
drawTSP(Clist,BSF,bsf,p,0);
p=p+1;   % 迭代次数累加

end

%% 结果输出
BestShortcut=BSF   % 最优路径
theMinDistance=bsf   % 最短里程
figure(2);
plot(Arrbsf,'r');hold on;
plot(ArrS,'b');grid;
title('搜索过程');
legend('最优解','当前解');
```

5.4.3 搜索子函数

```
%% 子函数:根据各城市位置计算城市间距离
function [DLn,cityn]=tsp(n)
```

```
if n==20
city20=[2.4,1.83;2.01,2.183;2.183,1.011;1.833,1.533;2.05,0.9833;2.25,
2.13;2.333,1.416;1.917,1.533;2.25,2.167;1.583,1.000;0.85,2.733;
1.7833,3.2833;1.9833,4.3833;1.200,1.6167;
        1.5167,1.90;1.9833,2.5833;1.6833,3.2833;1.7833,3.1167;1.1833,
3.05;2.90,2.7833];
    for i=1:20
        for j=1:20
            DL20(i,j)=((city20(i,1)-city20(j,1))^2+(city20(i,2)-
city20(j,2))^2)^0.5;
        end
    end
    DLn=DL20;
    cityn=city20;
end
```

```
%% 子函数:根据城市间距离表,计算路径的总里程
function F=CalDist(dislist,s)
T=[0,4.48,4.08,4.38,4.33,4.35,5.01,5.18,5.95,6.23,6.30,5.68,5.80,
5.95,6.18,3.20,5.30,4.67,4.20,3.38;
    4.48,0,1.73,1.27,1.17,1.47,1.85,2.95,2.72,3.00,3.42,2.82,2.92,
3.07,3.93,2.08,4.45,3.37,2.95,2.27;
    4.08,1.73,0,1.15,1.01,1.12,1.87,2.95,2.72,3.00,3.07,2.45,2.55,
2.68,3.20,1.68,3.47,2.25,2.03,1.87;
    4.38,1.27,1.15,0,0.25,0.73,1.25,2.05,1.82,2.10,2.40,1.78,1.90,
2.52,3.05,2.03,4.03,2.80,2.38,2.22;
    4.33,1.17,1.01,0.25,0,0.75,1.03,2.12,1.88,2.17,2.40,1.80,1.90,
2.43,2.95,1.93,3.92,2.70,2.32,2.13;
    4.35,1.47,1.12,0.73,0.75,0,1.75,2.03,1.80,2.08,2.15,1.53,1.65,
2.08,2.61,2.00,3.70,2.77,2.37,2.20;
```

```
    5.01,1.85,1.87,1.25,1.03,1.75,0,2.33,2.10,2.38,2.98,2.37,2.48,
3.16,3.70,2.75,4.78,3.52,3.10,2.93;
    5.18,2.95,2.95,2.05,2.12,2.03,2.33,0,2.50,2.78,2.33,2.06,2.23,
3.98,4.52,3.90,5.60,4.67,4.25,4.08;
    5.95,2.72,2.72,1.82,1.88,1.80,2.10,2.50,0,0.62,2.82,1.57,1.73,
3.67,4.20,3.58,5.28,4.35,3.93,3.77;
    6.23,3.00,3.00,2.10,2.17,2.08,2.38,2.78,0.62,0,3.12,1.87,2.01,
3.96,4.50,3.88,5.57,4.65,4.23,4.07;
    6.30,3.42,3.07,2.40,2.40,2.15,2.98,2.33,2.82,3.12,0,1.73,1.90,
3.07,2.85,3.92,4.12,4.68,4.27,4.10;
    5.68,2.82,2.45,1.78,1.80,1.53,2.37,2.06,1.57,1.87,1.73,0,0.22,
2.58,3.25,3.33,4.50,4.10,3.68,3.52;
    5.80,2.92,2.55,1.90,1.90,1.65,2.48,2.23,1.73,2.01,1.90,0.22,0,
2.68,3.33,3.43,4.60,4.20,3.78,3.62;
    5.95,3.07,2.68,2.52,2.43,2.08,3.16,3.98,3.67,3.96,3.07,2.58,
2.68,0,2.05,3.28,3.13,3.37,3.90,3.73;
    6.18,3.93,3.20,3.05,2.95,2.61,3.70,4.52,4.20,4.50,2.85,3.25,
3.33,2.05,0,3.32,2.47,3.40,4.17,3.80;
    3.20,2.08,1.68,2.03,1.93,2.00,2.75,3.90,3.58,3.88,3.92,3.33,
3.43,3.28,3.32,0,2.98,1.87,1.33,0.67;
    5.30,4.45,3.47,4.03,3.92,3.70,4.78,5.60,5.28,5.57,4.12,4.50,
4.60,3.13,2.47,2.98,0,1.83,4.03,3.40;
    4.67,3.37,2.25,2.80,2.70,2.77,3.52,4.67,4.35,4.65,4.68,4.10,
4.20,3.37,3.40,1.87,1.83,0,2.85,2.48;
    4.20,2.95,2.03,2.38,2.32,2.37,3.10,4.25,3.93,4.23,4.27,3.68,
3.78,3.90,4.17,1.33,4.03,2.85,0,1.28;
    3.38,2.27,1.87,2.22,2.13,2.20,2.93,4.08,3.77,4.07,4.10,3.52,
3.62,3.73,3.80,0.67,3.40,2.48,1.28,0];

DistanV=0;
n=size(s,2);
```

```
for i=1:(n-1)
    DistanV=DistanV+dislist(s(i),s(i+1))* T(s(i),s(i+1));
end
DistanV=DistanV+dislist(s(n),s(1))* T(s(n),s(1));
F=DistanV;
```

%% 子函数,绘制线路图

```
function m=drawTSP(Clist,BSF,bsf,p,f)
CityNum=size(Clist,1);
for i=1:CityNum-1
    plot([Clist(BSF(i),1),Clist(BSF(i+1),1)],[Clist(BSF(i),2),Clist
(BSF(i+1),2)],'ms-','LineWidth',2,'MarkerEdgeColor','k','Marker-
FaceColor','g');
    hold on;
end
plot([Clist(BSF(CityNum),1),Clist(BSF(1),1)],[Clist(BSF(CityNum),
2),Clist(BSF(1),2)],'ms-','LineWidth',2,'MarkerEdgeColor','k',
'MarkerFaceColor','g');
title([num2str(CityNum),'城市 TSP']);
if f==0
    text(5,5,['第 ',int2str(p),'步',' 最短距离为 ',num2str(bsf)]);
else
    text(5,5,['最终搜索结果:最短距离 ',num2str(bsf)]);
end
hold off;
pause(0.05);
```

5.4.4　运算结果

由计算结果可知，最优路线为"3—5—10—9—6—1—2—16—20—19—18—17—12—13—11—15—14—4—8—7"，最短距离为23.6372。

```
% 最优路径
BestShortcut =    3    5    10    9    6    1    2    16    20    19
    18    17    12    13    11    15    14    4    8    7
% 最短距离
theMinDistance =    23.6372
```

禁忌搜索算法的结果改善过程见图5.9，最优路径见图5.10，迭代过程见图5.11。

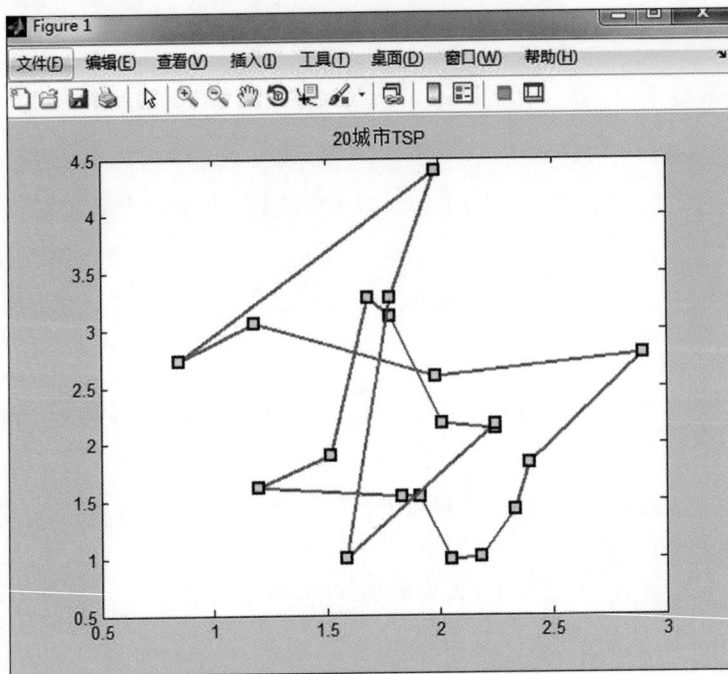

图 5.9　禁忌搜索算法结果改善过程

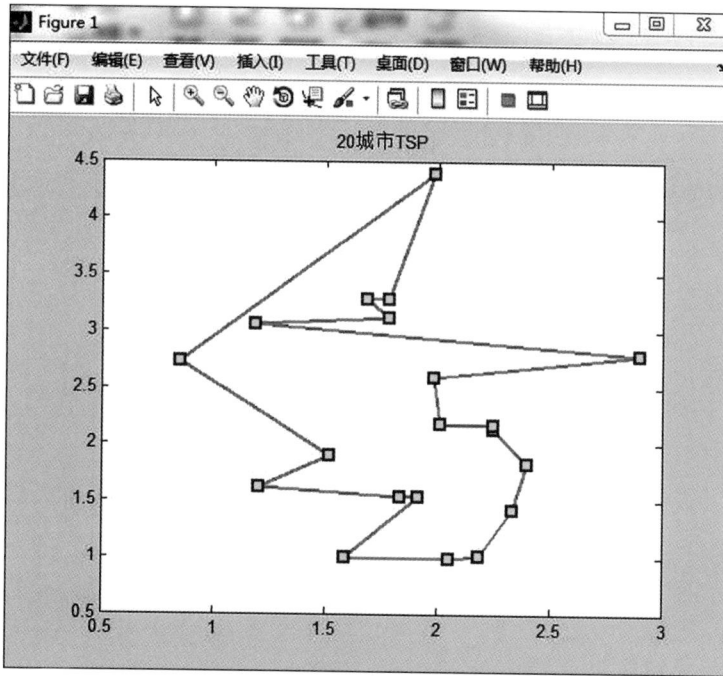

图 5. 10 禁忌搜索算法最优路径图

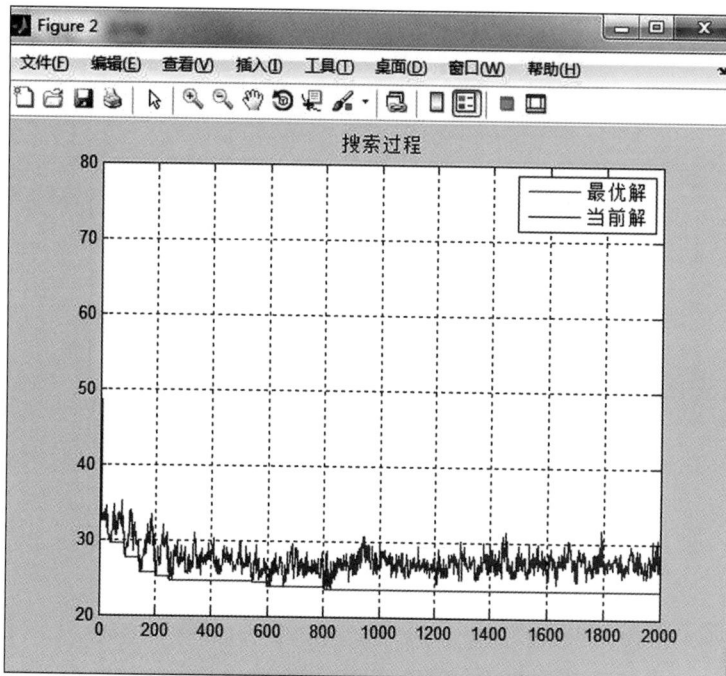

图 5. 11 禁忌搜索算法迭代过程图

◆ 5.5 复杂函数求解

5.5.1 算例设置

下面使用禁忌搜索算法求解式（5.1）的最优化函数。

$$\max f(x,\ y)=3\ (1-x)^2\exp\left(-x^2-(y+1)^2\right)-10\left(\frac{x}{5}-x^3-y^5\right)\exp\left(-x^2-y^2\right)-\frac{1}{3^{\exp(-(x+1)^2-y^2)}}$$

$$(5.1)$$

函数绘制代码如下，函数解空间图见图 5.12。

```
%% 函数理论图像的绘制
x=-3:0.1:3;xlim=[x(1),x(length(x))];
y=-3:0.1:3;ylim=[y(1),y(length(y))];
xL=max(x)-min(x);
yL=max(y)-min(y);
[X,Y]=meshgrid(x,y);
ff=f1(X,Y);
figure(1);
surf(X,Y,ff);
```

5.5.2 搜索主函数

```
clear all;
clc;
% 设置禁忌搜索算法的初始参数
h=0.1;% 步长,代表整个禁忌搜索的整个邻域的精度
SL=5;% 搜索邻域的长度(本算法中邻域生成方法必须保证 SL 为奇数)
```

144

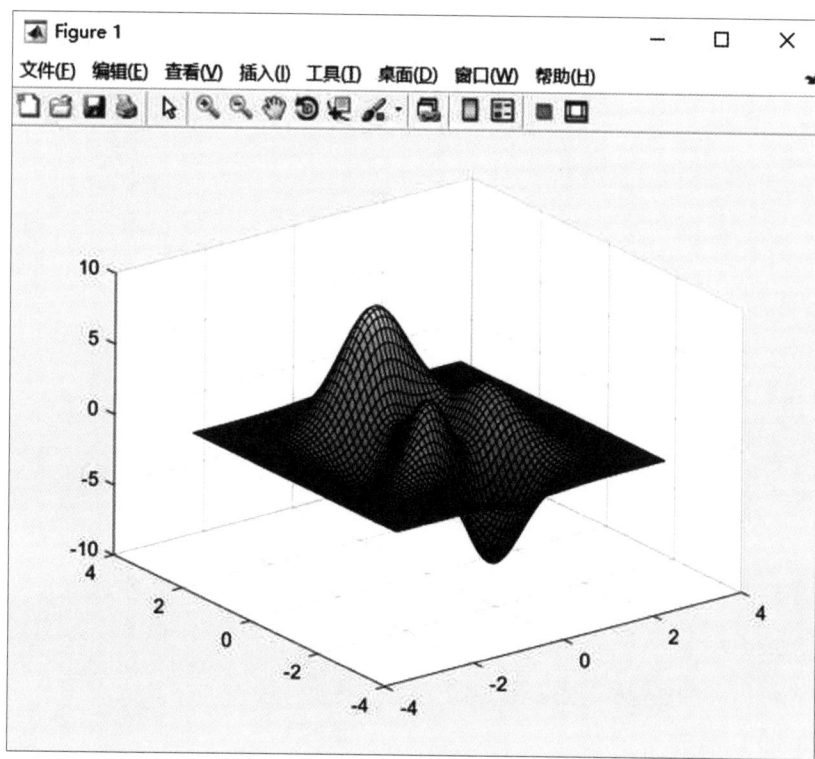

图 5.12　函数解空间（1）

```
N=10;% 禁忌候选解的个数
L=500;% 禁忌表的长度
K=100;% 迭代次数
E=1e-6;
% 所求函数的理论图像
x=-3:0.1:3;xlim=[x(1),x(length(x))];
y=-3:0.1:3;ylim=[y(1),y(length(y))];
xL=max(x)-min(x);
yL=max(y)-min(y);
[X,Y]=meshgrid(x,y);
ff=f1(X,Y);
figure(1);
surf(X,Y,ff);
```

```
% 初始化禁忌表
tabu=cell(L,3);
for i=1:L
    tabu{i,1}=inf;
    tabu{i,2}=0;
    tabu{i,3}=1;
end
tab=tabu;
% 设置搜索初始点
initial_x=0.4;initial_y=0.4;

best_x=initial_x;
best_y=initial_y;
beststatus(1)=f(best_x,best_y);
now_x=initial_x;
now_y=initial_y;
for k=1:K
    linyu=producelinyu(now_x,now_y,h,SL);
    n=selectpoint(linyu,tab,SL,N,L,xlim,ylim);
    op=ifexitpoint(n);
    kstart=0;kop=1;
    % clear shiyin;
    partbest=-inf;
    shiyin=-inf* ones(floor(SL^2/N)+1,N,k);
    while(op~=0)
        for i=1:N
            if n{i}(1)==inf
                continue;
            end
            shiyin(kop,i,k)=f(n{i}(1),n{i}(2));
        end
```

```
        [next_max,tp]=max(shiyin(kop,:,k));
        next_x=n{tp}(1);next_y=n{tp}(2);
        if next_max>partbest
            partbest=next_max;
            partbest_x=next_x;
            partbest_y=next_y;
        end
        if partbest>=beststatus(k)
            beststatus(k+1)=next_max;
            best_x=next_x;
            best_y=next_y;
            now_x=next_x;
            now_y=next_y;
            n{tp}=inf;
            tab=tabutable(L,n,tab);
            kstart=1;
            break;
        else
            kop=kop+1;
            tab=tabutable(L,n,tab);
            n=selectpoint(linyu,tab,SL,N,L,xlim,ylim);
            op=ifexitpoint(n);
            if kop>=floor(SL^2/N)+1
                break;
            end
        end
    end
end
if kstart==1
    continue;
else
    now_x=partbest_x;
    now_y=partbest_y;
```

```
        beststatus(k+1)=beststatus(k);
    end
    [SL,edgepoint{k,1}]=changelinyu(beststatus,SL,E);
end
figure(2);
plot(1:K+1,beststatus);
```

5.5.3 搜索子函数

```
%% 算法中的目标函数
function h=f(x,y)
h=3* (1-x)^2* exp(-x^2-(y+1)^2)-10* (x/5-x^3-y^5)* exp(-x^2-y^2)-
1/3^exp(-(x+1)^2-y^2);
end
```

```
%% 画图用到的目标函数
function h=f1(x,y)
h=3* (1-x).^2.* exp(-x.^2-(y+1).^2)-10* (x./5-x.^3-y.^5).* exp
(-x.^2-y.^2)-1./3.^exp(-(x+1).^2-y.^2);
end
```

```
%% 邻域生成函数
function s=producelinyu(x,y,h,SL)
s=cell(SL,SL);
m=(SL+1)/2;
for i=1:SL
    for j=1:SL
        s{i,j}=[x+h* (i-m),y+h* (j-m)];
    end
end
```

```
s{m,m}=inf;
end
```

```
%% 邻域搜索选点,生成点序列函数
function n=selectpoint(linyu,tab,SL,N,L,xlim,ylim)
for i=1:SL
    for j=1:SL
        if linyu{i,j}(1)==inf||linyu{i,j}(1)<xlim(1)||linyu{i,
j}(1)>xlim(2)||linyu{i,j}(2)<ylim(1)||linyu{i,j}(2)>ylim(2)
            linyu{i,j}=inf;
        end
    end
end
tp=1;tpmax=(SL+1)^2;
for i=1:N
    kp=randi(SL,1,2);
    while(linyu{kp(1),kp(2)}(1)==inf||panduan(linyu,kp(1),kp
(2),tab,L)==0)
        kp=randi(SL,1,2);
        tp=tp+1;
        if tp>tpmax
            break;
        end
    end
    if tp>tpmax
        n{i}=inf;
        continue;
    end
    n(i)=linyu(kp(1),kp(2));
    linyu{kp(1),kp(2)}=inf;
    tp=1;
```

```
    end
    end
```

%% 禁忌表函数

```
function tab=tabutable(L,n,tab1)
tab=tab1;
N=length(n);
for i=1:N
    if n{i}==inf
        continue;
    end
    for j=1:L
        if tab{j,2}==0||tab{j,3}==L+1
            kj=j;
            break;
        end
    end
    tab(kj,1)=n(i);tab{kj,2}=1;
    for j=1:L
        if tab{j,2}==1;
            tab{j,3}=tab{j,3}+1;
        end
        if tab{j,3}==L+2
            tab{j,3}=2;
        end
    end
end
```

```matlab
%% 在邻域中搜某一点时,判断是否在禁忌表函数中
function op=panduan(linyu,ki,kj,tab,L)
num=0;
for i=1:L
    if tab{i,1}==inf
        num=num+0;
    else
        num=num+1;
    end
end

if num==0
    op=1;
else
    for i=1:L
        if tab{i,1}(1)==inf
            continue;
        end
        if linyu{ki,kj}(1)==tab{i,1}(1)&&linyu{ki,kj}(2)==tab
{i,1}(2)
            op=0;
            break;
        else
            op=1;
        end
    end
end
end
```

```matlab
%% 判断某一邻域是否全部搜索完函数
function op=ifexitpoint(n)
num=0;
```

```
for i=1:length(n)
    if n{i}==inf
        num=num+0;
    else
        num=num+1;
    end
end
end
op=num;
end
```

```
%%邻域动态变化函数
function [sl,edgepoint]=changelinyu(beststatus,SL,E)
num=1;k=1;
for i=1:length(beststatus)-1
    if abs(beststatus(i)-beststatus(i+1))<=E
        num=num+1;
        knum=num;
        ki(k)=i+1;
    else
        num=1;
        continue;
    end
    if knum>9
        k=k+1;
    end
end
if knum>9&&knum<14
    sl=SL+6;
else
    sl=SL;
end
for i=1:length(ki)
```

```
    edgepoint(i)=beststatus(ki(i));
end
end
```

5.5.4 运算结果

由于禁忌搜索算法属于近似解算法，所以重复调用时计算结果未必一致。本次试验中，第一次调用禁忌搜索算法的迭代效果见图 5.13，第二次调用禁忌搜索算法的迭代效果见图 5.14。虽然第一次运算的收敛过程快于第二次运算的收敛过程，但两次运算的因变量最大值皆为 7.14。

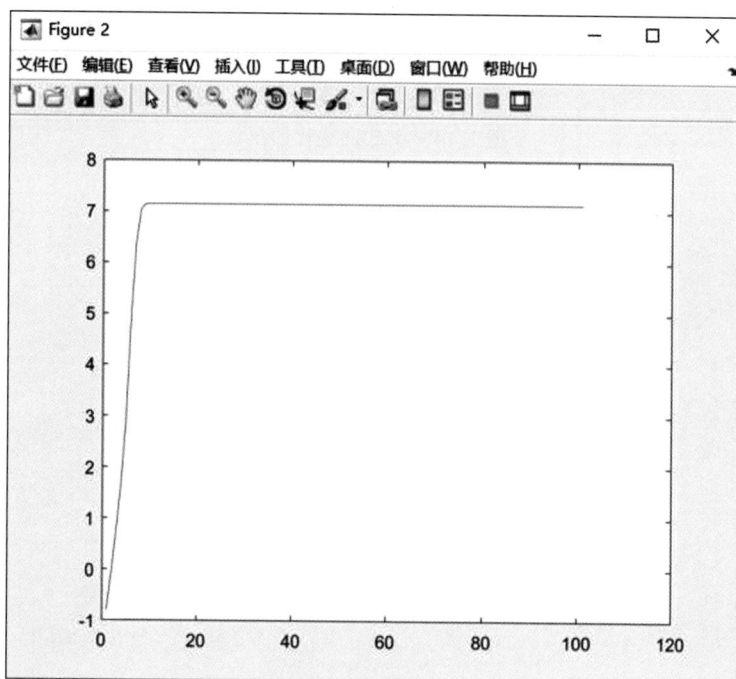

图 5.13 第一次迭代效果

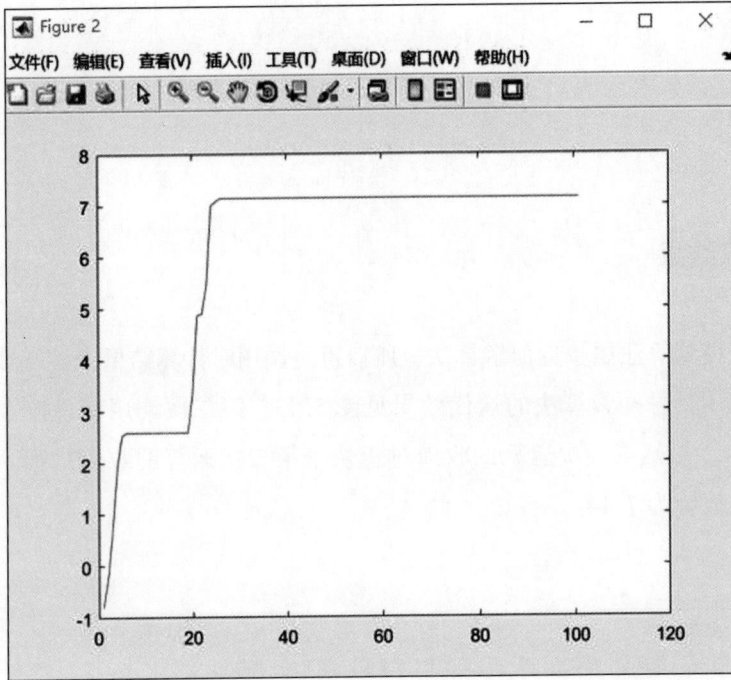

图 5.14　第二次迭代效果

第 6 章

模拟退火算法

◆ 6.1 本章导读

6.1.1 内容提示

想象一个科学家在实验室中，通过控制温度将炽热的金属逐渐冷却，最终获得一种完美稳定的晶格结构。这正是模拟退火算法的灵感来源。不同于传统的确定性优化方法，模拟退火算法借助这一物理过程，通过在逐渐降低"温度"的过程中允许解空间中的随机跳跃，从而寻找全局最优解。模拟退火算法将物理世界的退火过程巧妙地应用于计算领域，成为解决复杂优化问题的重要工具。本章将系统地介绍模拟退火算法的基本概念和实现步骤，以及其在不同应用场景中的实际案例。

6.1.2 学习目标

- ➤ 理解模拟退火算法的物理背景和启发。
- ➤ 学习模拟退火算法的工作原理。
- ➤ 学习如何实现模拟退火算法，并应用于实际问题。
- ➤ 了解模拟退火算法的优势、劣势和改进方法。

6.1.3 思考题

（1）模拟退火算法中温度参数的作用是什么？温度参数如何影响算法的搜索过程和结果？

（2）简要说明模拟退火算法如何避免陷入局部最优解，以及该算法与其他局部搜索算法有何区别。

（3）简要概述模拟退火算法的优点和局限性，以及在什么情况下适合使用该算法解决物流优化问题。

◆◇ 6.2 算法概述

6.2.1 物理学背景

模拟退火算法（SA）的原理来源于固定的物理退火过程，该过程可以分为升温过程、降温过程和等温过程三个部分，如图 6.1 所示。在热力学和统计物理中，先将固体加温至融化状态，再慢慢冷却使其最后凝固成规整晶体的过程称为物理退火，也称固体退火。

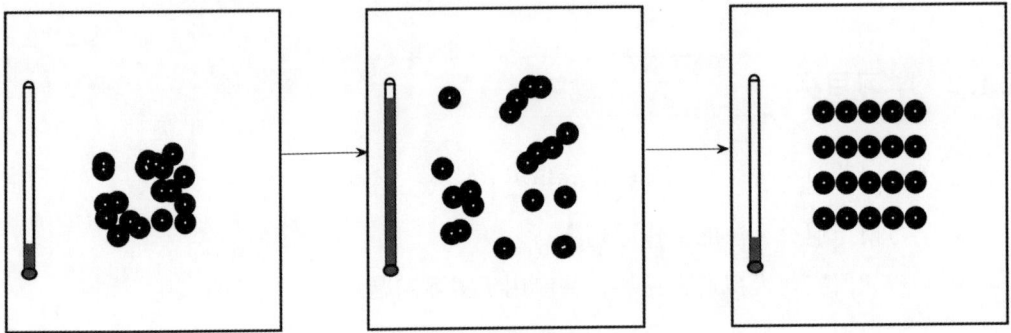

图 6.1 物理退火过程

（1）升温过程。

在物理退火中，加热过程伴随着固体粒子的热运动逐渐增强，能量随之增加。当温度升高到熔解温度时，固体转变为液体。此时，粒子从有序的晶态变为无序的液态，这一过程消除了固体内可能存在的非均匀态，使得随后进行的降温过程以一个相对均匀的状态为起点。熔解过程和熵增过程相联系，系统能量也随温度的升高而增加。

（2）降温过程。

在冷却过程中，随着温度的逐步降低，液体粒子的热运动减弱，并逐渐趋向有序状态。当温度降低至结晶温度时，粒子的运动形式转变为围绕晶体格点的微小振动，最终液体凝固成固体的晶态。在这个降温过程中，系统的自由能不断减小，能量随着温度的降低而逐渐趋于最小值。然而，如果降温速度过快，系统可能会冷凝成非均匀的亚稳态，导致系统能量无法达到全局最小值。

（3）等温过程。

在物理退火中，等温过程描述了系统在每个温度下达到热平衡状态的过程。等温过程是一种热力学过程，指在恒定温度下发生的各种物理或化学变化。通过在每个温度阶段保持系统的等温状态，系统能够充分进行内部调整，达到热平衡状态，从而逐步接近固体的基态。根据热平衡定律，对于与环境进行热量交换但温度保持恒定的封闭系统，系统的自发变化总是朝自由能减少的方向进行。当系统的自由能达到最小值时，系统达到平衡态。在模拟退火算法中，这一原则同样适用，确保系统在每个温度下都能够进行足够的状态转移，以逼近全局最优解。

6.2.2 算法原理

在工程实践中，许多实际优化问题的目标函数通常是非凸的，这意味着它们存在多个局部最优解。随着优化问题规模的扩大，局部最优解的数目会迅速增加。因此，寻找非凸目标函数的全局最优解成为一个重大挑战，需要借助智能优化算法来实现。在这些智能优化算法中，模拟退火算法因其独特的物理学原理而备受关注。

1953 年，Metropolis 等人首次提出了模拟退火的思想。1983 年，Kirkpatrick 等人将这一算法引入了组合优化领域。模拟退火算法的核心思想源自物理学中的热力学退火过程。具体来说，该算法模拟了将固体加热到高温并逐渐冷却的过程。在高温下，固体内的粒子变得无序，内能增加；而在缓慢冷却过程中，粒子逐渐趋于有序状态。理论上，如果冷却过程足够缓慢，固体在任何时刻都能达到热平衡状态，并最终在低温下达到最低内能状态。这一过程提供了一种有效的近似算法，可以解决 NP 难问题，克服其他优化算法容易陷入局部最小值的缺陷及对初始值的敏感性。

在模拟退火过程中，关键步骤是确保系统在任一恒定温度下能够达到热平衡。这一过程通常通过蒙特卡罗（Monte Carlo）算法来模拟。尽管这需要大量地采样，计算量较大；但是，由于物理系统总是趋向于能量最低状态，而分子热运动倾向于打破这种低能状态，只需关注对系统能量贡献较大的状态即可获得较好的优化效果。因而 Metropolis 提出了这样一个重要性采样的方法：设从当前状态 i 生成新状态 j，若新状态的内能小于状态 i 的内能（即 $E_j < E_i$），则接受新状态 j 作为新的当前状态；否则，以概率 $\exp\left(\dfrac{-(E_j-E_i)}{kT}\right)$ 接受状态 j，其中 k 为玻尔兹曼（Boltzmann）常量。

在把模拟退火算法应用于最优化问题时，一般可以将温度 T 当作控制参数，目标函数值 f 视为内能 E，而固体在某温度 T 时的一个状态对应一个解 x_i。然后模拟退火算法试图随着控制参数 T 的降低，使目标函数值 f（内能 E）也逐渐降低，直至趋于全局最小值（退火中低温时的最低能量状态），就像固体退火过程一样。

6.2.3 算法特点

模拟退火算法的核心思想是通过迭代过程不断改进当前的最优解，从而避免"早熟"现象，逐步接近全局最优解。这一过程可以通过不断循环来实现，因为在初始温度足够高且降温速度足够慢的情况下，采用 Metropolis 抽样准则可以不断接受或抛弃一系列新解，进行全局搜索，从而增加找到全局最小值的可能性，最终近似得到最优解。总体来说，模拟退火算法相较于其他近似方法，具有鲁棒性强、操作简单灵活、求解质量高和应用面广等优点，展现出无可比拟的优势。

模拟退火算法和传统算法相比有着很多天然的优势。①无须辅助信息：模拟退火算法不需要其他辅助信息，仅需在邻域结构内选取相邻解，并利用目标函数进行评估。这使得该算法能够在无须了解问题的具体特性的情况下进行优化。②概率性搜索：模拟退火算法采用概率变迁来指导搜索方向，而不是确定性规则。这种概率机制引导搜索过程向更优解区域移动，有效避免陷入局部最优解。③温度控制参数：模拟退火算法引入类似于退火温度的控制参数，将优化过程划分为若干阶段。每个阶段依据当前温度决定随机状态的取舍标准，从而有效控制搜索过程。

尽管模拟退火算法具有显著优势，但仍存在如下不足之处。①收敛速度慢：如果降温过程足够缓慢，那么得到的解的质量较高，但收敛速度较慢，可能导致计算时间过长。②全局最优解风险：如果降温过程过快，可能无法找到全局最优解，影响最终的优化效果。③参数依赖性强：模拟退火算法对控制参数的选择高度敏感，参数选择不当会显著影响求解质量。④大规模问题：在处理大规模优化问题时，模拟退火算法的计算时间相对较长，优化效率较低。针对这些不足中的部分缺点进行改进，通过对算法的改良来改善模拟退火算法先天的缺陷，才能使模拟退火算法的研究更进一步。

为了克服以上不足，可以采取以下改进措施。①自适应降温策略：采用自适应降温策略，根据搜索过程中的反馈动态调整降温速率，平衡解的质量和收敛速度。这样可以在不同阶段灵活调整温度，提升算法的整体性能。②混合算法：将模拟退火算法与其他优化算法（如遗传算法、粒子群算法）结合，利用多种算法的优势，提高全局搜索能力和收敛速度。例如，在初始阶段使用遗传算法进行全局搜索，然后使用模拟退火算法进行局部优化。③参数优化：利用交叉验证或其他参数优化技术，自动选择和调整控制参数，减少人为干预，提高算法的鲁棒性和适应性。可以通过实验或机器学习方法来优化参数设置，使算法在不同问题上表现更好。④并行计算：利用并行计算技术，分布式执行模拟退火算法的多个独立实例，加速大规模问题的求解过程。通过并行化处理，可以显著减少计算时间，提高优化效率。通过上述改进措施，可以有效提升模拟退火算法的性能，扩展其在工程优化中的应用范围和实际效果。模拟退火算法以独特的物理学原理和概率性搜索方法，在解决复杂优化问题时进行了出色的表现。然而，为了进一步提升该算法的性能，还需要针对其不足之处进行改进。

6.3 算法实现

6.3.1 基础流程

基于对固体物理退火过程的模拟，模拟退火算法在优化过程中的各个阶段可以类比如下。①加温过程对应于算法的初始温度设定。通过设定足够高的初始温度，算法能够广泛探索解空间，避免过早陷入局部最优解。②等温过程对应于算法中的 Metropolis 抽样过程。在这个阶段，算法在当前温度下进行多次迭代，通过 Metropolis 准则决定是否接受新解。该准则允许以一定概率接受较差的解，从而帮助算法跳出局部最优陷阱，增加找到全局最优解的可能性。③冷却过程对应于控制参数（温度）的逐步下降。随着温度的逐渐降低，算法的搜索范围逐渐缩小，逐步逼近全局最优解。能量的变化则对应目标函数值的变化，其目的是使目标函数值达到最小，即找到全局最优解。这里能量的变化就是目标函数，要得到的最优解就是能量最低态。Metropolis 准则是模拟退火算法收敛于全局最优解的关键所在。该准则允许算法以一定概率接受能量（目标函数值）增加的解，即"恶化解"。这种机制使得模拟退火算法能够跳离局部最优解，避免陷入局部最优陷阱，从而提高全局搜索能力。通过这种方式，模拟退火算法不仅能够在初期高温阶段进行广泛的全局搜索，还能够在后期低温阶段进行精细的局部搜索，并逐步逼近最优解。因此，模拟退火算法在解决复杂的优化问题时表现出色，其核心思想和过程受到了物理退火过程的启发，具有较强的鲁棒性和适应性。

模拟退火算法的基础流程如下。

①令 $T=T_0$，即开始退火的初始温度，随机生成一个初始解 x_0，并计算相应的目标函数值 $E(x_0)$。

②令 T 等于冷却进度表中的下一个值 T_i。

③根据当前解 x_i 进行扰动（扰动方式可以自行设计），产生一个新解 x_j，计算相应的目标函数值 $E(x_j)$，得到 $\Delta E = E(x_j) - E(x_i)$。

④若 $\Delta E < 0$，则新解 x_j 被接受，作为新的当前解；若 $\Delta E > 0$，则新解 x_j 按照概率

$\exp\left(-\dfrac{\Delta E}{T_i}\right)$ 接受，T_i 为当前温度。

⑤在温度 T_i 下，重复 L_k 次的扰动和接受过程，即执行步骤③与④。

⑥判断 T_i 是否已到达 T_f。若是，则终止算法；若否，则转到步骤②继续执行。

模拟退火算法实质上分两层循环：一是外循环，其会根据冷却进度表不断降低温度，并判断当前温度是否满足终止条件；二是内循环，其在任一温度随机扰动产生新解，并计算目标函数值的变化，决定是否被接受。

外层循环由一组初始参数即冷却进度表（cooling schedule）控制，其核心是尽量使系统达到准平衡，以使算法在有限的时间内逼近最优解。冷却进度表包括如下内容。

①控制参数的初值 T_0：冷却开始的温度。

②控制参数 T 的衰减函数：计算机能够处理的都是离散数据，因此，需要把连续的降温过程离散化成降温过程中的一系列温度点，衰减函数即计算这一系列温度点的表达式。

③控制参数 T 的终值 T_f（终止准则）。

内层循环。即任一温度 T 的迭代次数，取决于马尔可夫（Markov）链的长度 L_k。Markov 链的长度选取原则是：在控制参数 T 的衰减函数已选定的前提下，L_k 应能使在控制参数 T 的每一取值上达到准平衡。从经验上来说，对于简单的情况，可以令 $L_k =$ 100n（n 为问题规模）。

模拟退火算法停止准则的具体内容如下。分析 Metropolis 准则中的接受函数 $\exp\left(\dfrac{-(E_j-E_i)}{kT}\right)$ 可知，在 T 比较大的高温情况，指数上的分母比较大，而这是一个负指数，所以整个接受函数可能会趋于 1，即比当前解 x_i 更差的新解 x_j 也可能被接受，因此就有可能跳出局部极小而进行广域搜索，以搜索解空间的其他区域。而随着冷却的进行，T 减小到一个比较小的值时，接受函数分母小了，整体也变小了，即难于接受比当前解更差的解，也就是不太容易跳出当前的区域。但即便此时的接受概率比较小，仍不排除有接受更差解的可能，因此，一般都会把退火过程中的历史最优解记录下来，与终止算法前最后一个被接受解一并输出。

6.3.2　关键参数

模拟退火算法通过模拟物理退火过程来解决优化问题，其关键在于对各个核心组件的设计与实现。以下是对各个组件的详细说明及改进策略。

（1）状态产生函数。

设计状态产生函数（邻域函数）的出发点应是尽可能保证产生的候选解遍布全部解空间。通常，状态产生函数由两部分组成，即产生候选解的方式和候选解产生的概率分布。前者由当前解生成候选解的具体方式，这通常依据问题的性质来决定，在当前状态的邻域结构内以一定概率方式产生候选解。后者决定在当前解产生的候选解中选择不同状态的概率。常见的概率分布包括均匀分布、正态分布、指数分布、柯西分布等。通过多样化设计邻域函数和概率方式，可以提高算法的全局搜索能力，避免陷入局部最优解。

（2）状态接受函数。

状态接受函数一般以概率的方式给出，不同接受函数的差别主要在于接受概率的形式不同。设计状态接受概率，应该遵循以下原则。

①固定温度下：接受使目标函数值下降的候选解的概率要大于使目标函数值上升的候选解的概率。

②温度下降过程中：接受使目标函数值上升的解的概率应逐渐减小。

③温度趋于零时：只能接受目标函数值下降的解。

状态接受函数的引入是模拟退火算法实现全局搜索的最关键因素，但实验表明，状态接受函数的具体形式对算法性能的影响不显著。因此，模拟退火算法中通常采用 $\min[1, \exp(-\Delta'/T)]$ 作为状态接受函数。

（3）初温 T_0。

求解全局优化问题的随机搜索算法一般采用大范围的粗略搜索与局部的精细搜索相结合的搜索策略。只有在初始的大范围搜索阶段找到全局最优解所在的区域，才能逐渐缩小搜索的范围，最终求出全局最优解。模拟退火算法是通过控制参数 T 的初值 T_0 和其衰减变化过程来实现大范围的粗略搜索与局部的精细搜索的。一般来说，只有足够大的 T_0 才能满足算法要求（但对于不同的问题，"足够大"的含义也不同，有的可能 100 就可以，有的则要 1000）。在问题规模较大时，过小的 T_0 往往导致算法难以跳出局部陷阱，从而达不到全局最优。但为了减少计算量，T_0 不宜取得过大，而应与其他参数折中选取。

（4）温度衰减函数。

温度衰减函数可以有多种形式，一个常用的温度衰减函数是 $T_{k+1} = \alpha T_k$，$k = 0$，1，2，…。其中，α 是常数，可以取为 $0.50 \sim 0.99$，它的取值决定了降温的过程。小的衰减量可能导致算法进程迭代次数的增加，从而使算法进程接受更多的变换，访问更多的邻域，搜索更大范围的解空间，返回更好的最终解。同时，由于在 T_k 值上已经达到准平衡，所以在 T_{k+1} 时只需少量的变换就可达到准平衡。这样就可选取较短长度的 Markov

链来减少算法时间。

（5）内循环终止准则。

内循环终止准则，或称 Metropolis 抽样稳定准则，用于决定在各温度下产生候选解的数目。收敛性条件要求在每个温度下产生候选解的数目趋于无穷大，以使相应的 Markov 链达到平稳概率分布。显然这在实际应用算法时是无法实现的。常用的抽样稳定准则如下。

①目标函数均值稳定：检验目标函数的均值是否稳定。

②目标值变化小：连续若干步的目标值变化较小。

③固定步数抽样：按一定的步数抽样。

（6）外循环终止准则。

外循环终止准则，即算法终止准则，用于决定算法何时结束。设置温度终值 T_f 是一种简单的方法。模拟退火算法的收敛性理论中要求温度终值趋于零，这显然是不实际的。通常的做法如下。

①设置终止温度阈值：当温度降至预定阈值时终止。

②设置外循环迭代次数：达到预定迭代次数时终止。

③最优值保持不变：算法搜索到的最优值连续若干步保持不变时终止。

④系统熵稳定：检验系统熵是否稳定。

由于模拟退火算法的一些环节在实际设计时难以实现，所以该算法往往无法获得全局最优解，并且其结果可能存在波动。尽管许多学者试图为选择"最佳"模拟退火算法参数提供理论依据，但所得结论与实际应用仍有一定差距，特别是在连续变量函数优化方面。目前，模拟退火算法参数的选择依赖于启发式准则和待求问题的具体性质。模拟退火算法具有较强的通用性，且易于实现。然而，要真正实现高质量和高可靠性的优化效果，同时具备初值鲁棒性，还需克服计算时间较长、效率较低和参数选择依赖经验的挑战。尽管模拟退火算法在理论和应用方面都取得了一定的进展，但是要在实际应用中实现高效、可靠的优化效果，并适用于规模较大的问题，仍需进行大量深入的研究工作。通过改进算法结构和参数选择方法，可以进一步提升模拟退火算法的性能，使其更广泛地应用于实际优化问题。

6.3.3 应用示例

下面用经典的 TSP 来说明模拟退火算法的应用。TSP 简单描述为：一名商人要到 n 个不同的城市去推销商品，每 2 个城市 i 和 j 之间的距离为 d_{ij}，如何选择一条路径使得商人每个城市走一遍后回到起点，所走的路径最短。

（1）求解 TSP 的算法流程。

模拟退火算法求解 TSP 的流程见图 6.2。

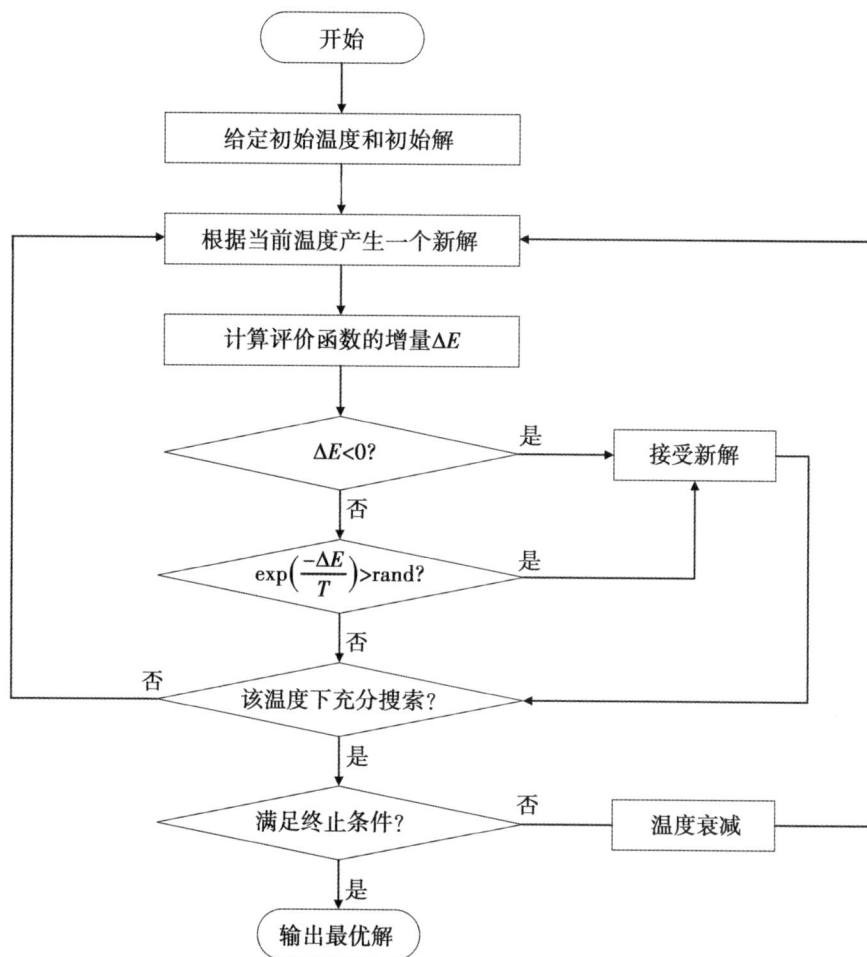

图 6.2 模拟退火算法求解 TSP 流程图

（2）解空间和初始解。

TSP 的解空间 S 是每个城市恰好访问一次的所有回路，是所有城市排列的集合。TSP 的解空间 S 可表示为 $\{1, 2, \cdots, c_n\}$ 的所有排列的集合，即 $S = \{(c_1, c_2, \cdots, c_n) \mid (c_1, c_2, \cdots, c_n)$ 为 $\{1, 2, \cdots, n\}$ 的排列$\}$。其中，每个排列 s_i 表示遍访 n 个城市的一个路径，$c_i = j$ 表示第 i 次访问城市 j。模拟退火算法的最优解和初始状态没有强的依赖关系，故初始解为随机函数生成一个 $\{1, 2, \cdots, n\}$ 的随机排列，记作 s_0。

如求解 10 个城市的 TSP$\{1, 2, 3, 4, 5, 6, 7, 8, 9, 10\}$，则 $\{1, 10, 2, 4, 5,$

6，8，7，9，3丨就是一个合法的解，采用产生随机排列的方法产生一个初始解。

（3）目标函数。

TSP 的目标函数即访问所有城市的路径总长度，也称代价函数，其计算方法见式（6.1）：

$$C(c_1, c_2, \cdots, c_n) = \sum_{i=1}^{n-1} d(c_i, c_{i+1}) + d(c_1, c_n) \tag{6.1}$$

现在，TSP 的求解就是通过模拟退火算法求出目标函数 $C(c_1, c_2, \cdots, c_n)$ 的最小值，相应地，$S = (c_1^*, c_2^*, \cdots, c_n^*)$ 即 TSP 的最优解。

（4）新解产生。

新解的产生对问题的求解非常重要。新解可通过分别或者交替使用以下两种方法来产生。

①二变换法：任选序号 u，v（设 $u < v < n$），交换 u 和 v 之间的访问顺序。

②三变换法：任选序号 u，v，w（设 $u \leq v < w$），将 u 和 v 之间的路径插到 w 之后访问。

如求解 10 个城市的 TSP 时，随机产生两个 [1，10] 的位置 4 和 7。之后，将所产生的位置 4 和 7 之间的访问顺序调换，则丨1，10，2，4，5，6，8，7，9，3丨变化为丨1，10，2，8，6，5，4，7，9，3丨。

（5）目标函数差。

计算变换前的解和变换后目标函数的差值：

$$\Delta C' = C(s_i') - C(s_i) \tag{6.2}$$

（6）Metropolis 接受准则。

以新解与当前解的目标函数差定义接受概率，即总里程缩短时 $\Delta C' \leq 0$ 完全接受新解，总里程增加时 $\Delta C' > 0$ 也有一定概率接受新解。接受概率的计算方法见式（6.3）：

$$P = \begin{cases} 1, & \Delta C' \leq 0 \\ \exp\left(-\dfrac{\Delta'}{T}\right), & \Delta C' > 0 \end{cases} \tag{6.3}$$

（7）温度降低。

利用降温速率 α 进行降温，即 $T_{k+1} = \alpha T_k$，$k = 0, 1, 2, \cdots$。若 T_{k+1} 小于结束温度 T_f，则停止迭代输出当前状态；否则，持续迭代。

◆◇ 6.4 TSP 求解

6.4.1 算例设置

根据 1.2.2 所构建的 TSP 基础模型，本节用模拟退火算法进行算例的编码与计算。旅行商需要经过 20 个城市，各城市的 X，Y 坐标见表 6.1，据此计算各城市间欧氏距离。

表 6.1　20 个城市的 X、Y 坐标（2）

序号	X 坐标	Y 坐标	序号	X 坐标	Y 坐标
1	2.4000	1.8300	11	0.8500	2.7330
2	2.0100	2.1830	12	1.7833	3.2833
3	2.1830	1.0110	13	1.9833	4.3833
4	1.8330	1.5330	14	1.2000	1.6167
5	2.0500	0.9833	15	1.5167	1.9000
6	2.2500	2.1300	16	1.9833	2.5833
7	2.3330	1.4160	17	1.6833	3.2833
8	1.9170	1.5330	18	1.7833	3.1167
9	2.2500	2.1670	19	1.1833	3.0500
10	1.5830	1.0000	20	2.9000	2.7833

6.4.2　退火主函数

```
clc;% 清理屏幕
clear all;% 清理数据
close all;

%% 赋值参数
CityNum=20;% 城市数量
% 计算距离矩阵。Clist 为位置表,dislist 为距离表
[dislist,Clist]=tsp(CityNum);

tf=0.01;% 终止温度
alpha=0.80;% 温度衰减率
L=100* CityNum;% Markov 链的长度,任一温度的迭代次数限制
% 用于求初始温度
for i=1:100
    route=randperm(CityNum);
    fval0(i)=CalDist(dislist,route);
end
t0=-(max(fval0)-min(fval0))/log(0.9);% 初始温度
% 第 100 个作为初始解
fval=fval0(100);
route_best=route;
fval_best=fval;
t=t0;
ii=0;

%% 迭代循环
while t>tf % 外层温度 t 循环


    for i=1:L % 内层 Markov 链循环
```

```
    % 改善解,基因片段倒位
    [fval_after,route_after]=exchange(route,dislist);


    % 概率保留劣解
    if fval_after<fval   % 如果内能更小,一定保留
        route=route_after;
        fval=fval_after;
    elseif exp((fval-fval_after)/t)>rand
    % 如果内能更大,一定概率保留
        % 随着 t 接近 tf,保留概率进一步减少。
        route=route_after;
        fval=fval_after;
    end
  end


  ii=ii+1;% 迭代次数
  drawTSP(Clist,route,fval,ii,0);
  if fval<fval_best
      route_best=route;
      fval_best=fval;
  end
  fval_sequence(ii)=fval;


  % 外层温度衰减
  t=alpha* t;

end

%% 结果输出
drawTSP(Clist,route_best,fval_best,ii,1);
figure(2);
plot(1:ii,fval_sequence);
title('搜索过程');
```

6.4.3　退火子函数

%% 子函数:根据各城市位置计算城市间距离

```
function [DLn,cityn]=tsp(n)

if n==20

city20=[2.4,1.83;2.01,2.183;2.183,1.011;1.833,1.533;2.05,0.9833;2.25,
2.13;2.333,1.416;1.917,1.533;2.25,2.167;1.583,1.000;0.85,2.733;
1.7833,3.2833;1.9833,4.3833;1.200,1.6167;
       1.5167,1.90;1.9833,2.5833;1.6833,3.2833;1.7833,3.1167;1.1833,
3.05;2.90,2.7833];
    for i=1:20
        for j=1:20
            DL20(i,j)=((city20(i,1)-city20(j,1))^2+(city20(i,2)-
city20(j,2))^2)^0.5;
        end
    end
    DLn=DL20;
    cityn=city20;
end
```

%% 子函数:根据城市间距离表,计算路径的总里程

```
function F=CalDist(dislist,s)
T=[0,4.48,4.08,4.38,4.33,4.35,5.01,5.18,5.95,6.23,6.30,5.68,5.80,
5.95,6.18,3.20,5.30,4.67,4.20,3.38;
    4.48,0,1.73,1.27,1.17,1.47,1.85,2.95,2.72,3.00,3.42,2.82,2.92,
3.07,3.93,2.08,4.45,3.37,2.95,2.27;
    4.08,1.73,0,1.15,1.01,1.12,1.87,2.95,2.72,3.00,3.07,2.45,2.55,
2.68,3.20,1.68,3.47,2.25,2.03,1.87;
```

4.38,1.27,1.15,0,0.25,0.73,1.25,2.05,1.82,2.10,2.40,1.78,1.90,
2.52,3.05,2.03,4.03,2.80,2.38,2.22；

4.33,1.17,1.01,0.25,0,0.75,1.03,2.12,1.88,2.17,2.40,1.80,1.90,
2.43,2.95,1.93,3.92,2.70,2.32,2.13；

4.35,1.47,1.12,0.73,0.75,0,1.75,2.03,1.80,2.08,2.15,1.53,1.65,
2.08,2.61,2.00,3.70,2.77,2.37,2.20；

5.01,1.85,1.87,1.25,1.03,1.75,0,2.33,2.10,2.38,2.98,2.37,2.48,
3.16,3.70,2.75,4.78,3.52,3.10,2.93；

5.18,2.95,2.95,2.05,2.12,2.03,2.33,0,2.50,2.78,2.33,2.06,2.23,
3.98,4.52,3.90,5.60,4.67,4.25,4.08；

5.95,2.72,2.72,1.82,1.88,1.80,2.10,2.50,0,0.62,2.82,1.57,1.73,
3.67,4.20,3.58,5.28,4.35,3.93,3.77；

6.23,3.00,3.00,2.10,2.17,2.08,2.38,2.78,0.62,0,3.12,1.87,2.01,
3.96,4.50,3.88,5.57,4.65,4.23,4.07；

6.30,3.42,3.07,2.40,2.40,2.15,2.98,2.33,2.82,3.12,0,1.73,1.90,
3.07,2.85,3.92,4.12,4.68,4.27,4.10；

5.68,2.82,2.45,1.78,1.80,1.53,2.37,2.06,1.57,1.87,1.73,0,0.22,
2.58,3.25,3.33,4.50,4.10,3.68,3.52；

5.80,2.92,2.55,1.90,1.90,1.65,2.48,2.23,1.73,2.01,1.90,0.22,0,
2.68,3.33,3.43,4.60,4.20,3.78,3.62；

5.95,3.07,2.68,2.52,2.43,2.08,3.16,3.98,3.67,3.96,3.07,2.58,
2.68,0,2.05,3.28,3.13,3.37,3.90,3.73；

6.18,3.93,3.20,3.05,2.95,2.61,3.70,4.52,4.20,4.50,2.85,3.25,
3.33,2.05,0,3.32,2.47,3.40,4.17,3.80；

3.20,2.08,1.68,2.03,1.93,2.00,2.75,3.90,3.58,3.88,3.92,3.33,
3.43,3.28,3.32,0,2.98,1.87,1.33,0.67；

5.30,4.45,3.47,4.03,3.92,3.70,4.78,5.60,5.28,5.57,4.12,4.50,
4.60,3.13,2.47,2.98,0,1.83,4.03,3.40；

4.67,3.37,2.25,2.80,2.70,2.77,3.52,4.67,4.35,4.65,4.68,4.10,
4.20,3.37,3.40,1.87,1.83,0,2.85,2.48；

4.20,2.95,2.03,2.38,2.32,2.37,3.10,4.25,3.93,4.23,4.27,3.68,
3.78,3.90,4.17,1.33,4.03,2.85,0,1.28；

```
    3.38,2.27,1.87,2.22,2.13,2.20,2.93,4.08,3.77,4.07,4.10,3.52,
3.62,3.73,3.80,0.67,3.40,2.48,1.28,0];

DistanV=0;
n=size(s,2);
for i=1:(n-1)
    DistanV=DistanV+dislist(s(i),s(i+1))* T(s(i),s(i+1));
end
DistanV=DistanV+dislist(s(n),s(1))* T(s(n),s(1));
F=DistanV;
```

```
%% 子函数:随机两位置间倒位,产生新解
function [fval_after,route_after]=exchange(route,d)

n=length(d);    % 矩阵长度
location1=ceil(n* rand);    % 随机位置 1
location2=location1;
while location2==location1
    location2=ceil(n* rand);% 随机位置 2
end

loc1=min(location1,location2);% 标号小的
loc2=max(location1,location2);% 标号大的

% 基因片段倒位
middle_route=fliplr(route(loc1:loc2));
route_after=[route(1:loc1-1)middle_route route(loc2+1:n)];
% 计算里程和
fval_after=CalDist(d,route_after);

end
```

```
%% 子函数,绘制线路图
function m=drawTSP(Clist,BSF,bsf,p,f)
CityNum=size(Clist,1);
for i=1:CityNum-1
    plot([Clist(BSF(i),1),Clist(BSF(i+1),1)],[Clist(BSF(i),2),
Clist(BSF(i+1),2)],'ms-','LineWidth',2,'MarkerEdgeColor','k
','MarkerFaceColor','g');
    hold on;
end
plot([Clist(BSF(CityNum),1),Clist(BSF(1),1)],[Clist(BSF(City-
Num),2),Clist(BSF(1),2)],'ms-','LineWidth',2,'MarkerEdgeColor
','k','MarkerFaceColor','g');
title([num2str(CityNum),'城市 TSP']);
if f==0
    text(5,5,['第',int2str(p),'步','   最短距离为',num2str
(bsf)]);
else
    text(5,5,['最终搜索结果:最短距离',num2str(bsf)]);
end
hold off;
pause(0.05);
```

6.4.4 运算结果

MATLAB 运行过程中会不断改善路径,初始存在路径重叠,逐渐变化为最短路径。算法迭代中,前期大概率接受劣解,故最短路径的里程有所增加;后期小概率接受劣解,故最短路径的里程快速下降后趋于稳定。模拟退火算法的结果改善过程见图 6.3,最优路径见图 6.4,迭代过程见图 6.5。

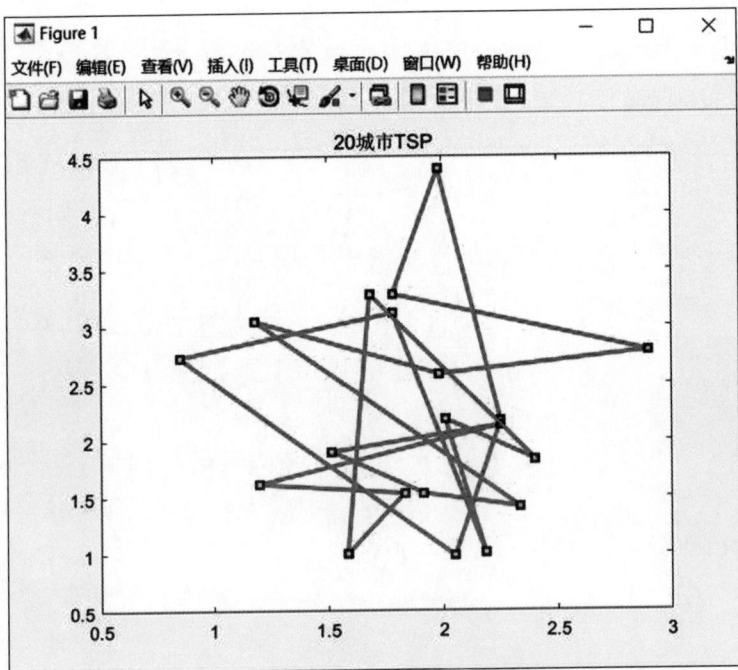

图 6.3 模拟退火算法结果改善过程

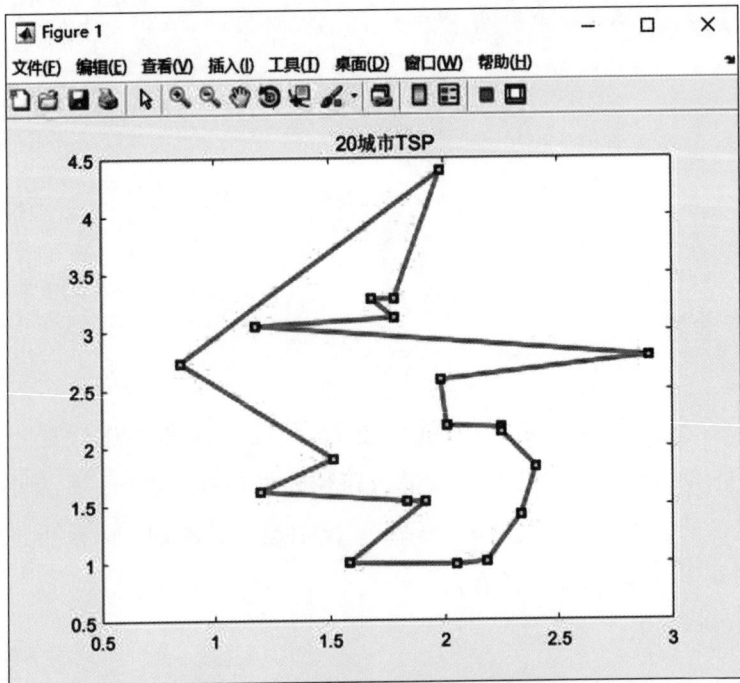

图 6.4 模拟退火算法最优路径图

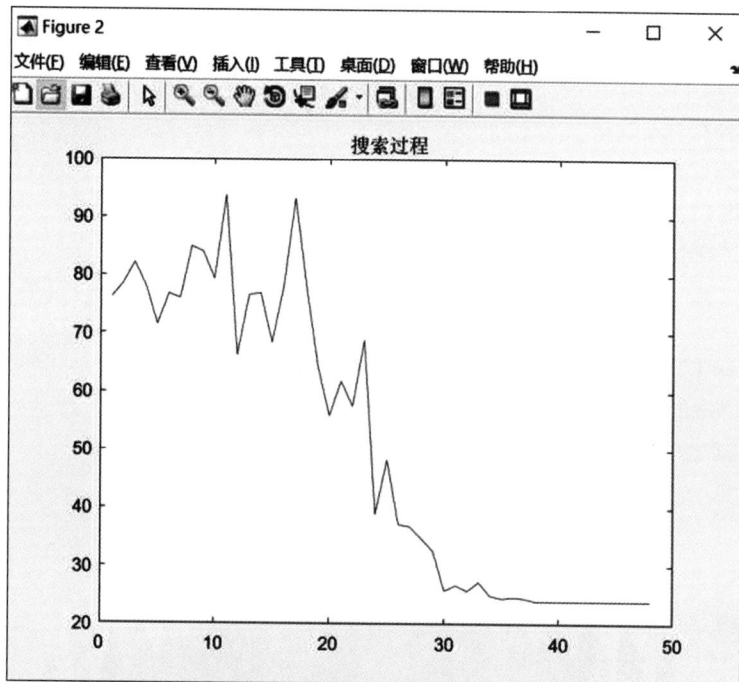

图 6.5 模拟退火算法迭代图

◆ 6.5 MATLAB 工具箱

6.5.1 算例设置

在 R2019a 版本中,MATLAB 自带模拟退火算法工具箱(simulated annealing toolbox)。本节拟使用模拟退火算法工具箱,求解式(6.4)的最优化函数。

$$
\begin{aligned}
&\min\ y = 20 + x_1^2 + x_2^2 - 10(\cos 2\pi x_1 + \cos 2\pi x_2)\\
&\mathrm{s.\,t.}\ \ x_1 \in [-5,\ 5],\ x_2 \in [-5,\ 5]
\end{aligned}
\tag{6.4}
$$

该函数绘制代码如下。

```
%%用下述代码绘制函数图。
x1=-5:0.1:5;
x2=-5:0.1:5;
```

```
[x1,x2]=meshgrid(x1,x2);
x3=20+x1^2+x2^2-10* (cos(2* pi* x1)+cos(2* pi* x2));
surfc(x1,x2,x3)
colormap hsv
```

该函数解空间图见图 6.6。

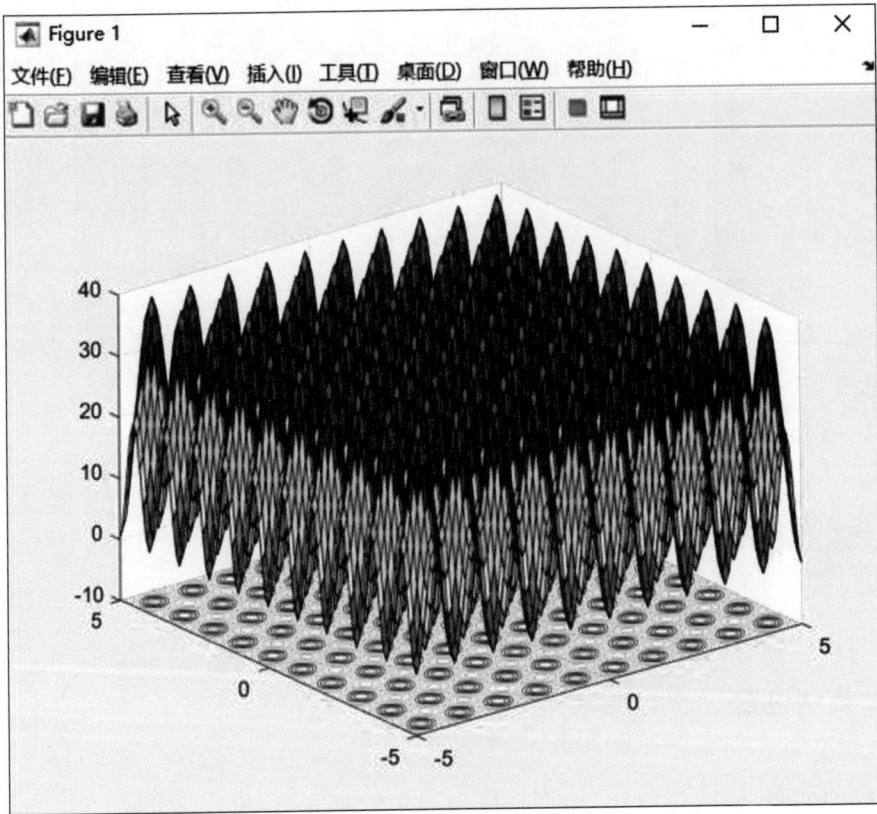

图 6.6　函数解空间（2）

6.5.2　工具箱操作

运行 Optimization Tool 可以打开工具箱，工具箱界面如图 6.7 所示。为了求解上述最优化函数，在界面左侧的 Solver 处选择 "simulannealbnd-Simulated annealing algorithm"，代表需要调用模拟退火算法。在左侧 Objective function 处填写 "@ fitness"，代表求解下述自编函数。在 Start point 处填写 "[1 1]" 代表两个自变量初值皆为 1。在

Bounds 的 Lower 处填写"［-5 -5］"，代表两个自变量下限皆为-5。在 Bounds 的 Upper 处填写"［5 5］"，代表两个自变量上限皆为5。在界面右侧 Stopping criteria 下的 Max iterations 处选择"Specify"并填写"500"，代表迭代次数上限为500。

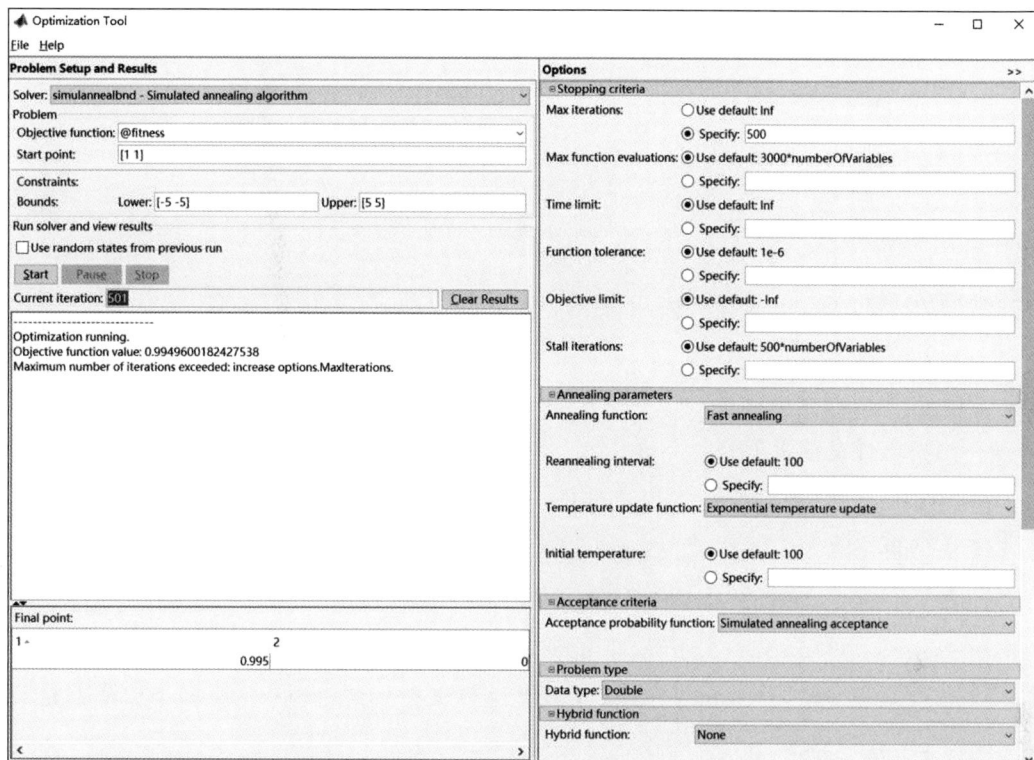

图 6.7 工具箱界面（1）

在运行工具箱之前，需要自编函数 fitness，代码如下：函数输入参数为二维变量 a，a（1）为自变量 x_1，a（2）为自变量 x_2。fitnessVal 为因变量 y，"20+a(1)^2+a(2)^2-10 *（cos(2 * pi * a(1))+cos(2 * pi * a(2)))"即所需求解函数。将函数存于默认路径下，工具箱即可自动调用函数。之后，在界面 Run solver and view result 下点击"Start"按钮，模拟退火算法开始运行；若点击"Clear Results"按钮，则清空计算结果。

```
function fitnessVal=fitness(a)
  fitnessVal=20+a(1)^2+a(2)^2-10* (cos(2* pi* a(1))+cos(2* pi* a
(2)));
end
```

6.5.3 代码调用

除了在工具箱界面进行操作，也可以通过编写代码来调用算法。运算所需参数、函数、终止条件赋值，与工作箱界面操作基本一致。具体代码如下。

```
clear
clc


%% 参数设置
ObjectiveFunction=@ fitness;% 所求解函数
X0=[1 1];% 自变量初始点
lb=[-5 -5];% 自变量下限
ub=[5 5];% 自变量上限


%% 算法调用
options=saoptimset('MaxIter',500,'AnnealingFcn',@ annealingfast,
'PlotFcns',{@ saplotbestx,@ saplotbestf,@ saplotx,@ saplotf,@ sap-
lottemperature});% option 设置了最大迭代次数'MaxIter',选择了需绘制结果
图'PlotFcns'
% 开始运行模拟退火求解
[x,fval]=simulannealbnd(ObjectiveFunction,X0,lb,ub,options);
```

6.5.4 运算结果

上述参数及设置的工具箱运算结果见图 6.8。函数解空间较大，导致迭代次数超 500 次没穷尽可行解，最终极小值为 0.99496。用代码运行算法工具时，同样显示"Maximum number of iterations exceeded：increase options. MaxIterations."，结果展示见图 6.9。值得说明的是，由于模拟退火算法属于近似解算法，所以以重复调用时计算结果未必一致。

Run solver and view results

☐ Use random states from previous run

[Start] [Pause] [Stop]

Current iteration: 501   [Clear Results]

```
----------------------------
Optimization running.
Objective function value: 0.9949600182427538
Maximum number of iterations exceeded: increase options.MaxIterations.

----------------------------
Optimization running.
Objective function value: 2.3172646121238927E-4
Maximum number of iterations exceeded: increase options.MaxIterations.

----------------------------
Optimization running.
Objective function value: 0.2177455246442861
Maximum number of iterations exceeded: increase options.MaxIterations.
```

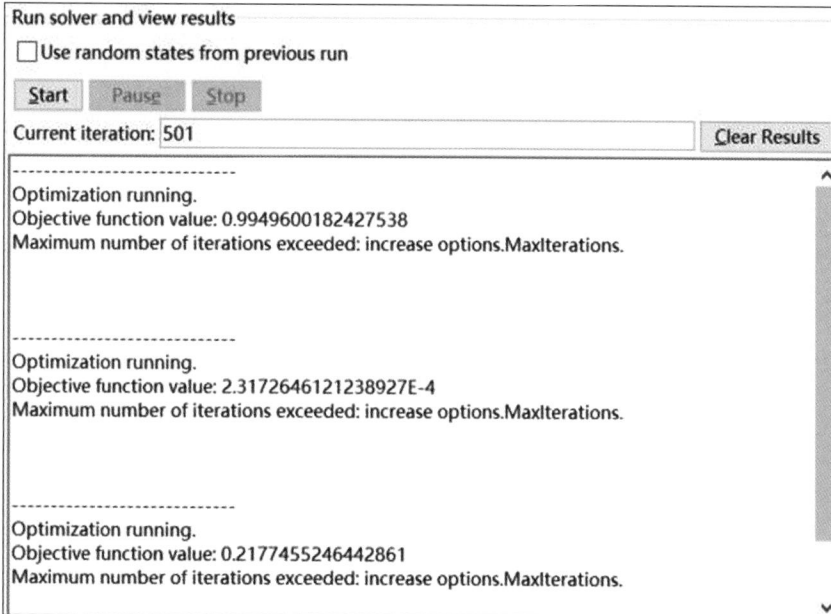

图 6.8　工具箱运算结果（1）

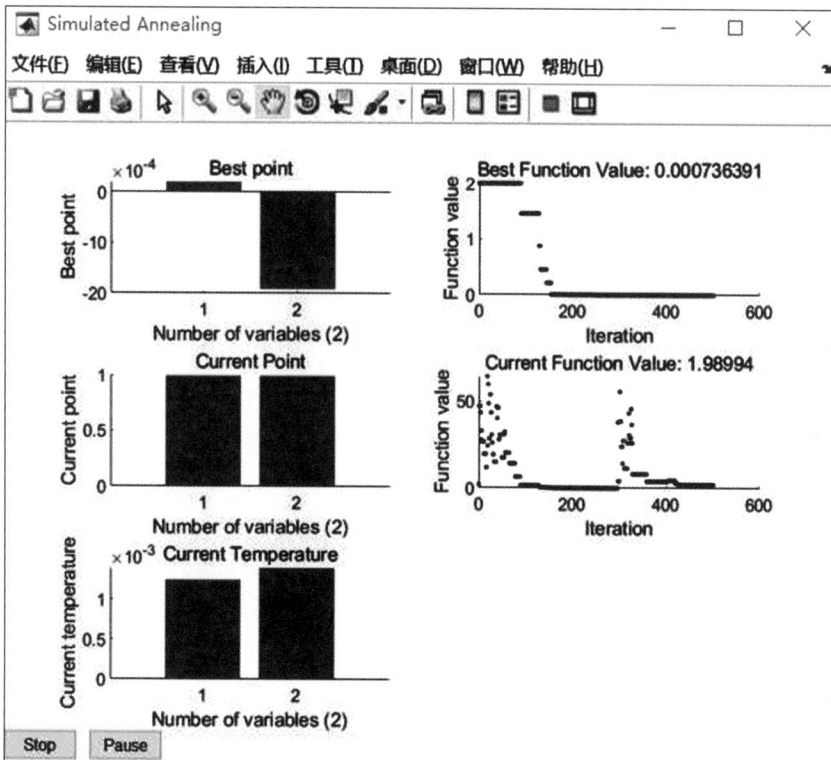

图 6.9　结果展示图（1）

第 7 章

遗传算法

◆ 7.1 本章导读

7.1.1 内容提示

大自然通过进化和选择创造出多样化和高度适应环境的生物体，这一过程启发了遗传算法的设计。遗传算法是一种基于自然选择和遗传机制的搜索算法，通过模拟生物进化过程中的选择、交叉和变异等操作，逐步优化问题的解。该算法已被广泛应用于各种复杂的优化和搜索问题。在本章中，我们将深入探讨遗传算法的基本原理、实现步骤及典型应用。通过具体案例分析和实验演示，读者将全面了解遗传算法如何在实际问题中发挥作用。

7.1.2 学习目标

➤ 理解遗传算法的基本概念和工作原理。
➤ 掌握遗传算法的基础流程。
➤ 掌握遗传算法的参数设置。
➤ 学习应用遗传算法解决实际问题。

7.1.3 思考题

（1）请简述遗传算法的基本原理，并解释选择、交叉和变异操作在优化过程中的作用。

（2）比较遗传算法与模拟退火算法在解决同一个优化问题（如旅行商问题）时的表现。

（3）遗传算法在解决复杂优化问题时可能面临着早熟收敛和局部最优的问题。请提出一种改进策略来克服这些问题，并说明该策略的优势和局限性。

◆ 7.2 算法概述

7.2.1 生物学背景

在一定时间内，假设有一群兔子，这些兔子中有些比其他兔子跑得更快、更聪明，因此它们被狐狸捕食的可能性较小。这些跑得较快、较聪明的兔子存活下来，并繁殖更多的后代。然而，一些跑得慢且不太聪明的兔子也可能由于幸运而存活下来。这些存活的兔子开始繁衍后代，其基因得以传播和融合：一些跑得慢的兔子可能会生出跑得快的后代，一些跑得快的兔子可能会生出更快的后代，一些聪明的兔子也可能生出不太聪明的后代，等等。

在更高层次上，自然界不断地引发基因突变，从而产生变异的兔子。总体而言，这些变异的兔子通常比原始群体更快、更聪明，因为它们的父母大多是成功逃脱狐狸捕猎的兔子。同样，狐狸也经历类似的进化过程，否则兔子可能会进化得过于快速和聪明，以至于狐狸无法捕捉到它们。

兔子的生存策略体现了现代生物进化理论的核心，即自然选择学说。该理论的基本观点是：种群是生物进化的基本单位，生物进化的本质是种群基因频率的变化。基因突变和基因重组、自然选择及隔离是物种形成过程的三个基本环节。通过这些环节的综合作用，种群发生分化，最终导致新物种的形成。在这一过程中，基因突变和基因重组提供了生物进化的原材料，自然选择使种群的基因频率定向改变并决定生物进化的方向，而隔离是新物种形成的必要条件。

这种进化机制在遗传算法中得到了模拟和应用。遗传算法通过模拟生物进化过程中的选择、交叉和变异等操作，以解决复杂的优化问题。通过不断选择适应度高的个体进行繁殖和变异，遗传算法能够逐步逼近最优解。这一算法的基础正是来源于自然界中生物进化的基本原理。兔子的进化过程不仅展示了自然选择在生物进化中的作用，也为遗传算法的设计提供了理论依据。通过研究和模拟这些自然过程，我们能够开发出更有效的算法来解决各种复杂问题。

7.2.2 算法原理

遗传算法的英文缩写为 GA（genetic algorithm），该算法是 1962 年由美国密歇根（Michigan）大学的 J. Holland 教授在其著作 *Adaptation in Natural and Artificial Systems* 中提出的。遗传算法是一种通过模拟自然进化过程来搜索最优解的方法，基于达尔文生物进化论的自然选择和孟德尔遗传学机理的生物进化过程。尽管 J. Holland 教授提出的遗传算法属于简单遗传算法，处于遗传算法发展进程的初级阶段，但它具有里程碑式的意义，为后续相关研究奠定了基础。

遗传算法所基于的自然选择学说包括以下三个方面。

①遗传：生物的普遍特征，即亲代将生物信息传递给子代，子代通常具有与亲代相同或相似的性状。正是因为这一特征，物种才能稳定存在。

②变异：亲代与子代之间及子代不同个体之间的差异。变异是随机发生的，是生命多样性的根源。通过选择和积累有益的变异，生物得以不断适应环境的变化。

③生存斗争和适者生存：具有适应性变异的个体被保留下来，而不具有适应性变异的个体被淘汰。通过生存环境的选择作用，性状逐渐演变为新的物种。

遗传算法将"优胜劣汰，适者生存"的生物进化原理应用于优化问题求解。该算法通过将优化参数编码为染色体，形成一个种群，并根据适应度函数对这些个体进行评价。遗传算法使用复制、交叉和变异操作筛选及繁殖个体，使得适应度较高的个体得以保留并产生后代，形成新的种群。其中，复制操作选择适应度较高的个体进行复制，传递其优良基因；交叉操作模拟基因重组，通过交换染色体部分片段产生新个体，混合父代特性；变异操作引入随机变化，增加基因多样性，防止陷入局部最优。

新的种群继承了上一代的遗传信息，并通过这些操作提高整体适应度。随着这一过程的不断重复，种群中个体的适应度逐步提高，且逐步逼近最优解。迭代过程持续进行，直到满足预设的停止条件，如最大迭代次数或找到足够高的适应度解。通过这一进化过程，遗传算法能够在复杂搜索空间中有效找到近似最优解。它具有较强的全局搜索能力和鲁棒性，适用于多种类型的优化问题，包括非线性、非凸、多峰和离散优化问题。

综上所述，遗传算法通过选择、交叉和变异机制，将个体的优良特性传递给后代，并在不断迭代中提高种群整体适应度。这一过程实现了信息的传递和保留，促进了群体多样性和进化，最终找到近似最优解。遗传算法在理论研究和实际应用中展现出巨大的潜力及广泛的应用前景。

7.2.3　算法特点

同传统优化算法相比，遗传算法具有以下特点。

（1）编码作用。

遗传算法对问题参数的编码进行操作，而非直接处理参数本身。该算法将要优化的问题参数转换成固定长度的染色体，这些染色体由有限符号组成。这种编码方式使得遗传算法能够处理各种复杂问题的优化。

（2）群体搜索。

遗传算法从初始种群开始搜索，而非从单个点出发。传统优化算法通常从搜索空间的一个点开始，通过某些转换规则确定下一个点。这种逐点搜索方法在多峰值优化问题中可能会陷入局部最优。而遗传算法通过在整个搜索空间中随机选择初始群体，显著增加了找到全局最优解的概率。

（3）适应度函数。

遗传算法在搜索过程中仅依赖适应度函数，而不需要导数或其他辅助信息。传统优化算法通常需要针对不同问题设计不同的辅助信息，而遗传算法在优化过程中不使用这些辅助信息，从而具备广泛的适应性，能够解决各种类型的优化问题。

（4）概率转换规则。

遗传算法使用概率转换规则来调整搜索方向，而不是确定性规则。尽管遗传算法使用随机转换作为工具，但这并不意味着它属于随机算法范畴。相反，遗传算法通过概率转换规则，引导搜索过程逐步逼近目标函数的最优区域。这种方法有效地避免了陷入局部最优的风险。

与传统方法相比，遗传算法的优越性主要表现在以下四个方面。

①全局搜索能力：在遗传算子的作用下，遗传算法具有很强的全局搜索能力，能够以较大概率找到问题的全局最优解。

②并行处理能力：遗传算法固有的并行性，使得它能够同时处理多个解，适用于大规模复杂问题的优化。这种并行处理能力使得遗传算法在处理复杂和大规模问题时具有显著优势。

③适应性强：遗传算法不依赖于问题的具体性质，因此可以广泛应用于各种类型的优化问题，包括非线性、非凸、多峰和离散优化问题。

④鲁棒性高：遗传算法对初始值不敏感，能够在搜索空间中随机选取初始种群，从而提高算法的鲁棒性和搜索效率。

◆◇ 7.3 算法实现

7.3.1 流程说明

遗传算法的基础流程如下。

（1）构造满足约束条件的染色体。

由于遗传算法不能直接处理解空间中的解，所以必须通过编码将解表示成适当的染色体。实际问题的染色体有多种编码方式，常见的包括二进制编码、实数编码和排列编码。选择适当的编码方式，且该编码方式应尽可能地符合问题约束条件，否则会影响计算效率和算法性能。

（2）随机产生初始群体。

初始群体是搜索开始时的一组染色体，其数量（即种群大小）应适当选择。种群规模过小，可能导致搜索不充分，容易陷入局部最优；种群规模过大，则增加了计算开销。通常通过经验或实验来确定合适的种群规模。

（3）计算每条染色体的适应度。

适应度是反映染色体优劣的唯一指标，代表解的质量。适应度函数是根据问题的具体需求进行设计的，目的是找到适应度最大的染色体。适应度值越高，表示该解越接近问题的最优解。

（4）使用选择、交叉和变异算子产生子群体。

选择、交叉和变异这三个算子是遗传算法的基本操作。其中，选择算子根据适应度值选择染色体进行复制。适应度高的染色体有更大概率被选择，体现了"优胜劣汰"的自然规律。常用的方法包括轮盘赌选择、锦标赛选择和排名选择。交叉算子模拟生物有性繁殖，通过交换两条染色体的部分基因片段，产生新的后代染色体。交叉操作有单点交叉、多点交叉和均匀交叉等方式。变异算子模拟基因突变，通过随机改变染色体的某些基因值，引入基因多样性，避免种群早熟收敛。变异操作有单点变异和多点变异等方式。

（5）重复步骤（3）与（4）直到满足终止条件为止。

不断迭代计算每条染色体的适应度，并通过选择、交叉和变异操作来更新种群。终止条件可以是达到预设的迭代次数上限，或者适应度达到某个阈值。常见的终止条件包括：

①迭代次数达到预设上限；

②种群中最优个体的适应度达到预期目标；

③种群适应度在多代之间变化很小，收敛到稳定状态。

遗传算法的伪代码如下。

```
BEGIN
    t=0;                        % 遗传代数
    初始化 P(t);                 % 初始化种群或染色体
    计算 P(t)的适应值;
    while(不满足停止准则)do
        begin
        t=t+1;
        从 P(t-1)中选择 P(t);     % 选择
        重组 P(t);               % 交叉和变异
        计算 P(t)的适应值;
    end
END
```

7.3.2　步骤介绍

（1）编码。

遗传算法的编码有浮点数编码和二进制编码两种。浮点数编码相对简单，如旅行商问题的解方案编码为 1—2—3—4—1。本节主要介绍二进制编码，其既符合计算机处理信息的原理，也方便了对染色体进行遗传、编译和突变等操作。设某一参数的取值范围为 (L,U)，使用长度为 k 的二进制编码表示该参数，则它共有 2^k 种不同的编码。该参数编码时的对应关系为：

$$00000000000000000000 = 0 \longrightarrow L$$
$$00000000000000000001 = 1 \longrightarrow L+\delta$$
$$00000000000000000010 = 2 \longrightarrow L+2\delta$$
$$00000000000000000011 = 3 \longrightarrow L+3\delta$$
$$\cdots\cdots\cdots$$
$$11111111111111111111 = 2^k-1 \longrightarrow U$$

易知

$$\delta = \frac{U-L}{2^k-1} \qquad (7.1)$$

（2）解码。

解码的目的是将不直观的二进制数据串还原成十进制。设某一个体的二进制编码为 $b_k b_{k-1} b_{k-2} \cdots b_3 b_2 b_1$，则对应的解码公式为：

$$x = L + \left(\sum_{i=1}^{k} b_i 2^{i-1} \right) \frac{U-L}{2^k-1} \qquad (7.2)$$

例如，设有参数 $x \in [2, 4]$，现用 5 位二进制数对 x 进行编码，可得 $2^5 = 32$ 条染色体：

00000, 00001, 00010, 00011, 00100, 00101, 00110, 00111
01000, 01001, 01010, 01011, 01100, 01101, 01110, 01111
10000, 10001, 10010, 10011, 10100, 10101, 10110, 10111
11000, 11001, 11010, 11011, 11100, 11101, 11110, 11111

对于任意二进制数据串只要代入解码公式，就可以得到对应的解码。例如 $x_{22} = 10101$，它对应的十进制值为：

$$\sum_{i=1}^{5} b_i 2^{i-1} = 1 \times 2^0 + 0 \times 2^1 + 1 \times 2^2 + 0 \times 2^3 + 1 \times 2^4 = 21$$

则对应参数的 x 值为：

$$x = 2 + 21 \times \frac{4-2}{2^5-1} = 3.3548$$

遗传算法的编码和解码在宏观上可以对应生物的基因型和表现型，在微观上可以对应 DNA 的转录和翻译两个过程。

（3）交叉（交配）。

交叉算子是使用单点或多点进行交叉的算子。首先用随机数产生一个或多个交配点位置，然后两个个体在交配点位置互换部分基因码，形成两个子个体。

例如，有两条染色体 $S_1 = 01001011$，$S_2 = 10010101$，交换其后 4 位基因可得 $S_1' = 01000101$，$S_2' = 01001011$，可以被看成原染色体 S_1 和 S_2 的子代染色体。

（4）变异（突变）。

变异算子是使用基本位进行基因突变。为了避免在算法迭代后期出现种群过早收敛，对二进制的基因码组成的个体种群，实行基因码的小概率翻转。对于二进制编码来说，即 0 变为 1，1 变为 0。

例如，将染色体 S_3 = 11001101 第 3 位上的 0 变为 1，即变成 S_3' = 11101101。S_3' 可以被看成原染色体 S_3 的子代染色体。

（5）倒位。

在遗传算法中，除了交配和变异之外，对于某些复杂问题可能还需要使用"倒位"操作，其对应的运算称为倒位算子。倒位是指染色体某一区段的基因顺序发生 180°颠倒，从而重新排列染色体内的 DNA 序列。

倒位操作可以分为两种情况：倒位纯合体和倒位杂合体。倒位纯合体是指染色体内的某一区段发生倒位，但不影响个体的生存能力。倒位纯合体主要是改变了染色体上相邻基因的位置，从而导致某些表现型的变化。通过多次倒位操作和自交，倒位纯合体可以形成不同的倒位序列，这些新的倒位序列可能与原来的物种产生生殖隔离，从而形成新的族群或变种。倒位杂合体是指在个体的染色体对中，一条染色体发生倒位，而另一条染色体未发生倒位。倒位杂合体通常会导致个体的生育力降低，因为在减数分裂过程中，同源染色体无法正确配对，使配子形成受到影响。

倒位运算是与倒位概念相似的运算规则，通过倒位运算，染色体某一区段的基因顺序发生颠倒。例如，染色体 S_4 = 11100001 经过全体基因倒位运算后得到 S_4' = 10000111。S_4' 可以看成原染色体 S_4 的子代染色体。

（6）个体适应度评价。

在自然界中，能够适应环境的生物往往具有更高的存活机会。这种筛选机制可以通过图 7.1 中的现象来类比。在由正六边形构成的三角形区域顶部投掷光滑的木块，这些木块通过白色的缝隙坠落到底部。显而易见，落在底部中间区域的木块比两端区域的木块多，因为木块有更多的路径可以坠落在中间区域，因此落在中间区域的概率更大。

这一现象在遗传算法中反映了个体适应度的评价过程。落在各个区域的概率对应于遗传算法中各条染色体被遗传到下一代的概率，而木块的坠落位置对应于自变量的取值。遗传算法通过与个体适应度成正比的概率，决定当前种群中各个个体遗传到下一代的机会。适应度高的个体更容易被遗传到下一代，从而提高种群的整体质量。在遗传算法中，个体适应度的评价是至关重要的。通常情况下，目标函数的最大值问题可以直接将目标函数作为检测个体适应度大小的函数。这意味着，适应度函数直接反映了个体在解空间中的优劣程度，适应度值越高，个体越有可能被选中并传递其基因到下一代。

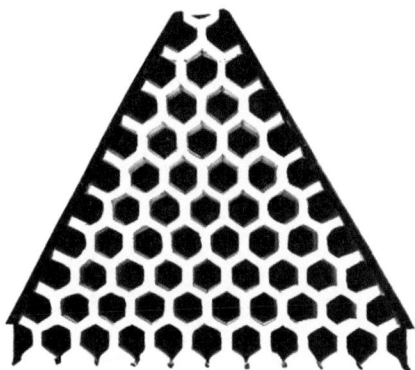

图 7.1   正六边形筛选机制

（7）选择（复制）。

复制运算是根据个体适应度大小来决定其下一代遗传的可能性。若设种群中个体总数为 N，个体 i 的适应度为 f，则个体被选取的概率为：

$$P_i = \frac{f_i}{\sum\limits_{k=1}^{N} f_k} \tag{7.3}$$

当个体复制的概率确定后，再产生［0，1］的均匀随机数来决定哪些个体参加复制。若个体适应度高，则被选取的概率 P_i 就大，则可能被多次选中，它的基因就会在种群中扩散；若个体的复制概率小，则会被逐渐淘汰。

7.3.3   应用示例

复杂函数见式（7.4），该函数的三维图形见图 7.2。

$$\max f(x_1,\ x_2) = 21.5 + x_1 \sin(4\pi x_1) + x_2 \sin(20\pi x_2)$$
$$\text{s.t.} \begin{cases} -3.0 \leqslant x_1 \leqslant 12.1 \\ 4.1 \leqslant x_2 \leqslant 5.8 \end{cases} \tag{7.4}$$

（1）编码。

首先进行编码工作，即将变量转换成二进制数串。数串的长度取决于所要求的精度。例如，变量 x_1 的区间是 (L,U)，要求的精度是小数点后 4 位，也就意味着每个变量应该被分成至少 $(L,U) \times 10^4$ 个部分。对一个变量的二进制数串位数用式（7.5）计算：

$$2^{m_j-1} < (U-L) \times 10^4 \leqslant 2^{m_j}-1 \qquad (7.5)$$

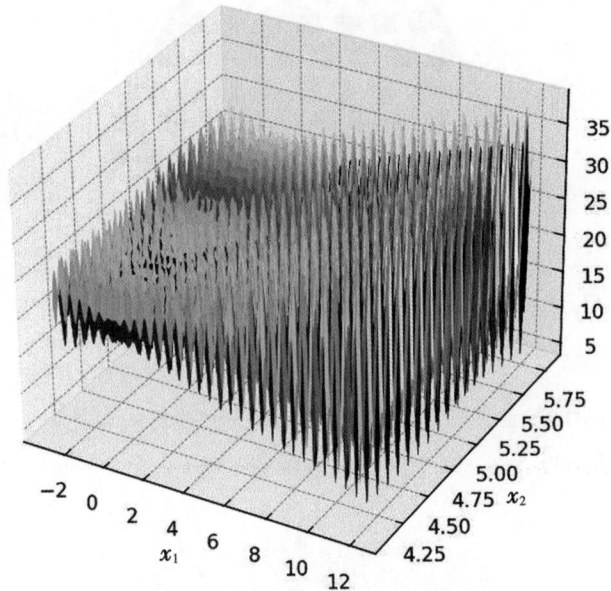

图 7.2　该函数的三维图形

本示例精度要求保留小数点后 4 位，则目标函数的两个自变量 x_1，x_2 所构成的染色体数串可以表示如下：

$$\begin{cases} -3.0 \leqslant x_1 \leqslant 12.1 \\ [12.1-(-3.0)] \times 10^4 = 151000 \\ 2^{m_1-1} < 151000 \leqslant 2^{m_1}-1 \\ 4.1 \leqslant x_2 \leqslant 5.8 \\ m_1 = 18 \\ (5.8-4.1) \times 10^4 = 17000 \\ 2^{m_2-1} < 17000 \leqslant 2^{m_2}-1 \\ m_2 = 15 \\ m = m_1 + m_2 = 18+15 = 33 \end{cases}$$

本示例中，任一染色体数串都是 33 位，即 000001010100101001101111011111110。

以上编码的前 18 位用 x_1 表示，后 15 位用 x_2 表示。则该编码的二进制转化为十进制为：

$$x_1 = -3.0 + 5417 \times \frac{12.1 - (-3.0)}{2^{18} - 1} = -2.687969$$

$$x_2 = 4.1 + 24318 \times \frac{5.8 - 4.1}{2^{15} - 1} = 5.361653$$

假设初始种群中有 10 个个体，其染色体可随机生成如下：

$$U_1 = [000001010100101001\ 101111011111110]$$
$$U_2 = [001110101110011000\ 000010101001000]$$
$$U_3 = [111000111000001000\ 000000010111001]$$
$$U_4 = [100110110100101101\ 000000010111001]$$
$$U_5 = [000010111101100010\ 001110001101000]$$
$$U_6 = [111110101011011000\ 000010110011001]$$
$$U_7 = [110100010111110001\ 001100111011101]$$
$$U_8 = [001011010100001100\ 010110011001100]$$
$$U_9 = [111110001011101100\ 011101000111101]$$
$$U_{10} = [111101001110101010\ 000010101101010]$$

它们相对应的十进制的实际值 x_1，x_2 为：

$$U_1 = [-2.687969,\ 5.361653],\ U_2 = [0.474101,\ 4.170144]$$
$$U_3 = [10.419457,\ 4.661461],\ U_4 = [6.159951,\ 4.109598]$$
$$U_5 = [-2.301286,\ 4.477282],\ U_6 = [11.788084,\ 4.174346]$$
$$U_7 = [9.342067,\ 5.121702],\ U_8 = [-0.330256,\ 4.694977]$$
$$U_9 = [11.671267,\ 4.873501],\ U_{10} = [11.446273,\ 4.171908]$$

（2）评价个体适应度。

对一条染色体数串的适应度的评价由以下三个步骤组成。

①将染色体串进行反编码（解码），转换成真实值，即 $x^k = (x_1^k, x_2^k)$，$k = 1, 2, 3, \cdots$。

②评价目标函数 $f(x^k)$。

③将目标函数值转为适应度 $\mathrm{eval}(U_k) = f(x^k)$，$k = 1, 2, 3 \cdots$。对于极大值问题，适应度可作为目标函数值。

在遗传算法中，评价函数扮演自然进化中环境的角色，它通过染色体的适应度对其进行评价。上述染色体的适应度值如下：

$$\mathrm{eval}(U_1) = f(-2.687969,\ 5.361653) = 19.805119$$

$$eval(U_2) = f(0.474101, 4.170144) = 17.370896$$

$$eval(U_3) = f(10.419457, 4.661461) = 9.590546$$

$$eval(U_4) = f(6.159951, 4.109598) = 29.406122$$

$$eval(U_5) = f(-2.301286, 4.477282) = 15.686091$$

$$eval(U_6) = f(11.788084, 4.174346) = 11.900541$$

$$eval(U_7) = f(9.342067, 5.121702) = 17.958717$$

$$eval(U_8) = f(-0.330256, 4.694977) = 19.763190$$

$$eval(U_9) = f(11.671267, 4.873501) = 26.401669$$

$$eval(U_{10}) = f(11.446273, 4.171908) = 10.252480$$

依照染色体的适应度值进行新种群的复制，步骤如下。

①计算染色体 U_k 的适应度值：$eval(U_k) = f(x^k)$，$k = 1, 2, 3, \cdots$。

②计算种群的适应度值总和：$F = \sum_{k=1}^{popsize} eval(U_k)$。

③计算每条染色体被复制的概率：$P_k = \dfrac{eval(U_k)}{F}$。

④计算每条染色体被复制的累积概率：$Q_k = \sum_{j=1}^{k} P_k$。

（3）新种群选择。

依照轮盘选择法，转动轮盘 10 次（种群中有 10 条染色体），每次选择一个作为新种群的染色体。假设 10 次中产生的 0~1 随机数序列如下：

$$0.301431, 0.322062, 0.766503, 0.881893, 0.350871,$$

$$0.538392, 0.177618, 0.343242, 0.032685, 0.197577$$

根据以上计算方法，可以先计算出种群中每条染色体的适应度和概率，如表 7.1 所列；再利用计算机模拟轮盘选择法。

表 7.1　种群每条染色体的适应度、被选择概率及被选择累计概率

标号	适应度	被选择概率	选择累计概率
染色体 1	19.805119	0.111180	0.111180
染色体 2	17.370896	0.970515	0.208695
染色体 3	9.590546	0.053839	0.262534
染色体 4	29.406122	0.165077	0.427611

表7.1(续)

标号	适应度	被选择概率	选择累计概率
染色体 5	15.686091	0.088057	0.515668
染色体 6	11.900541	0.066806	0.582475
染色体 7	17.958717	0.100815	0.683290
染色体 8	19.763190	0.110945	0.794234
染色体 9	26.401669	0.148211	0.942446
染色体 10	10.252480	0.057554	1.000000

假设计算机产生 10 个 [0, 1] 的随机数列如下:

第 1 个随机数为 0.301431,大于 Q_3 小于 Q_4,所以 U_4 被选中;

第 2 个随机数为 0.322062,大于 Q_3 小于 Q_4,所以 U_4 再次被选中;

第 3 个随机数为 0.766503,大于 Q_7 小于 Q_8,所以 U_8 被选中;

…………

第 10 个随机数为 0.197577,大于 Q_1 小于 Q_2,所以 U_2 被选中。

依照轮盘选择法,新种群的染色体组成如下:

$$U_1 = [\,1001101101001011\,01\ 0000000101\,11001\,] \longrightarrow U_4$$

$$U_2 = [\,1001101101001011\,01\ 0000000101\,11001\,] \longrightarrow U_4$$

$$U_3 = [\,0010110101000011\,00\ 0101100110\,01100\,] \longrightarrow U_8$$

$$U_4 = [\,1111100010111011\,00\ 0111010001\,11101\,] \longrightarrow U_9$$

$$U_5 = [\,1001101101001011\,01\ 0000000101\,11001\,] \longrightarrow U_4$$

$$U_6 = [\,1101000101111100\,01\ 0011001110\,11101\,] \longrightarrow U_7$$

$$U_7 = [\,0011101011100110\,00\ 0000101010\,01000\,] \longrightarrow U_2$$

$$U_8 = [\,1001101101001011\,01\ 0000000101\,11001\,] \longrightarrow U_4$$

$$U_9 = [\,0000010101001010\,01\ 1011110111\,11110\,] \longrightarrow U_1$$

$$U_{10} = [\,0011101011100110\,00\ 0000101010\,01000\,] \longrightarrow U_2$$

这种轮盘选择法的机理是:染色体的适应度大,意味着 $[\,Q_k, Q_{k+1}\,]$ 区间跨度就大,随机数发生器产生的均匀随机数就会有更大的概率落在较大长度的 $[\,Q_k, Q_{k+1}\,]$ 里,这样具有较大 P_k 值的染色体自然更有机会复制到下一代。

(4)新种群交叉。

①交叉染色体数量的确定。交叉染色体的数量等于染色体总量乘以交叉概率。这里假设交叉概率为 0.25，染色体总量为 10 条，所以参加交叉的染色体数量为 [2.5] 条。符号"[ ]"表示取整，这里取整数 2，即交叉的染色体数目为 2 条。

②交叉染色体对象的确立。用计算机产生 [0，1] 的 10 个随机数如下：

$$0.625721，0.266823，0.288644，0.295114，0.163274，$$
$$0.567461，0.085940，0.392865，0.770714，0.548656$$

假定其分别对应 $U_1 \sim U_{10}$ 这 10 个个体，则其中低于交叉概率 0.25 的 U_5 和 U_7 参加交叉。这样操作的原因是：交叉概率越低，低于交叉概率以下的随机数的数量就越少，所以参加交叉的染色体数量与交叉概率可能会成正比。

③在交配池发生交叉。染色体 U_5 和 U_7 被选中作为交叉的父辈，交叉点的选择以随机数产生。交叉的种类有单点交配和多点交配，这里取单点交配。

计算机随机生成一个 0~32 的整数（因为整条染色体数串的长度为 33）。假设所产生的整数为 1，那么两条染色体自 1 位置（即二进制串的第 2 位）开始分割，在染色体 1 位置右端部分进行交换而生成新的子辈染色体，即

$$U_5 = [\,1\ 00110110100101101\ 000000010111001\,]$$

$$U_7 = [\,0\ 01110101110011000\ 0000101010001000\,]$$

$$\downarrow$$

$$U_5' = [\,1\ 01110101110011000\ 0000101010001000\,]$$

$$U_7' = [\,0\ 00110110100101101\ 000000010111001\,]$$

（5）新种群变异。

依照突变运算规则并假设突变概率为 0.01，即种群内所有基因都有 0.01 的概率进行突变。在本示例中，共有 $33 \times 10 = 330$ 个基因，即希望每一代中有 3.3 个突变基因，每个基因的突变概率是均等的。因此，将产生 330 个 0~1 的随机数（需编号）。该随机数中小于 0.01 的被选出，并将其对应的基因值进行翻转。假设 330 次中产生 0~1 的随机数，其值小于 0.01 的如表 7.2 所列。

表 7.2　基因突变位置

基因位置	染色体位置	基因位数	随机数
$105 \div 33 = 4 \cdots 6$	4	6	0.009857
$164 \div 33 = 5 \cdots 32$	5	32	0.003113

表7.2(续)

基因位置	染色体位置	基因位数	随机数
$199 \div 33 = 7 \cdots 1$	7	1	0.000946
$329 \div 33 = 10 \cdots 32$	10	32	0.001282

表7.2中，第1列显示的是具体在哪些染色体及在染色体的什么位置进行了突变。例如，第2行"$105 \div 33 = 4 \cdots 6$"表示在第4条染色体第6个基因上发生了突变，因为第4条染色体第6个基因对应的基因编号是 $33 \times (4-1) + 6 = 105$。

在突变后，最终新种群的染色体组成如下：

$$U_1 = [\,1001101101001011010\ 000000010111001\,]$$
$$U_2 = [\,1001101101001011010\ 000000010111001\,]$$
$$U_3 = [\,0010110101000011000\ 010110011001100\,]$$
$$U_4 = [\,1111110010111011000\ 011101000111101\,]$$
$$U_5 = [\,1011101011100110000\ 000010101001010\,]$$
$$U_6 = [\,1101000101111100010\ 011001110111101\,]$$
$$U_7 = [\,1001101101001011010\ 000000010111001\,]$$
$$U_8 = [\,1001101101001011010\ 000000010111001\,]$$
$$U_9 = [\,0000010101001010010\ 101110111111110\,]$$
$$U_{10} = [\,0011101011100110000\ 000010101001010\,]$$

新一代的相对应实际值 x_1，x_2 和适应度值如下：

$$\text{eval}(U_1) = f(6.159951, 4.109598) = 29.406122$$
$$\text{eval}(U_2) = f(6.159951, 4.109598) = 29.406122$$
$$\text{eval}(U_3) = f(-0.330256, 4.694977) = 19.763190$$
$$\text{eval}(U_4) = f(11.907206, 4.873501) = 5.702781$$
$$\text{eval}(U_5) = f(8.024130, 4.170248) = 19.910251$$
$$\text{eval}(U_6) = f(9.342067, 5.117020) = 17.958717$$
$$\text{eval}(U_7) = f(6.159951, 4.109598) = 29.406122$$
$$\text{eval}(U_8) = f(6.159951, 4.109598) = 29.406122$$
$$\text{eval}(U_9) = f(-2.687969, 5.361653) = 19.805199$$
$$\text{eval}(U_{10}) = f(0.474101, 4.170248) = 17.370896$$

至此，已完成遗传算法的第一代流程。依次迭代，在第 451 代得到对应最大目标函数值的染色体 U_{best} = [111110000000111000 111101001010110V]。相应实际值 x_1，x_2 = [11.631407，5.724824]，适应度值 eval(U) = f(11.631407，5.724824) = 38.818208。

从本示例中可以得出以下两点结论。

①遗传算法本质上是一种启发式的随机搜索算法，所以由遗传算法得出的结果每次都不尽相同。

②自变量在给定的约束条件下进行了无缝编码（即这种编码方式能够表达解空间中的所有可行解），所以，从理论上讲，遗传算法总有很多机会得到全局最优结果，而不是局部最优结果。

◆ 7.4 TSP 求解

7.4.1 算例设置

根据 1.2.2 所构建的 TSP 基础模型，本节用遗传算法开展算例的编码与计算。旅行商需要经过 20 个城市，各城市的 X，Y 坐标见表 7.3，据此计算各城市间的欧氏距离。

表 7.3 20 个城市的 X，Y 坐标（3）

序号	X 坐标	Y 坐标	序号	X 坐标	Y 坐标
1	2.4000	1.8300	11	0.8500	2.7330
2	2.0100	2.1830	12	1.7833	3.2833
3	2.1830	1.0110	13	1.9833	4.3833
4	1.8330	1.5330	14	1.2000	1.6167
5	2.0500	0.9833	15	1.5167	1.9000
6	2.2500	2.1300	16	1.9833	2.5833
7	2.3330	1.4160	17	1.6833	3.2833
8	1.9170	1.5330	18	1.7833	3.1167
9	2.2500	2.1670	19	1.1833	3.0500
10	1.5830	1.0000	20	2.9000	2.7833

7.4.2 遗传主函数

```
clc;% 清理屏幕
clear all;% 清理数据
close all;

%% 赋值参数
CityNum=20;% 城市数量
% 计算距离矩阵。Clist 为位置表,dislist 为距离表
[dislist,Clist]=tsp(CityNum);

inn=150;% 种群规模
gnmax=500;   % 迭代代数
pc=0.3;% 交叉概率
pm=0.1;% 变异概率

%% 初始种群
for i=1:inn
    s(i,:)=randperm(CityNum);% 顺序随机的函数 randperm
end
[f,p]=objf(s,dislist);% 评价适应度

%% 迭代循环
gn=1;
while gn<gnmax+1 % 迭代次数判断

    %% 新种群改善
    for j=1:2:inn % 从 1 循环到 inn,步长为 2
        % 选择操作
        seln=sel(s,p);
        % 交叉操作
```

```
            scro=cro(s,seln,pc);
            scnew(j,:)=scro(1,:);
            scnew(j+1,:)=scro(2,:);
            % 变异操作
            smnew(j,:)=mut(scnew(j,:),pm);
            smnew(j+1,:)=mut(scnew(j+1,:),pm);
        end
        s=smnew;   % 赋值给下一代


        %% 新种群评价
        [f,p]=objf(s,dislist);


        %% 记录当代的最优值和平均值
        [fmax,nmax]=max(f);% 最大适应度的值与标号
        ymean(gn)=1000/mean(f);
        ymax(gn)=1000/fmax;
        x=s(nmax,:);% 最大适应度所对应染色体
        drawTSP(Clist,x,ymax(gn),gn,0);


        %% 更新迭代次数
        gn=gn+1;


end


%% 结果输出
gn=gn-1;
disp(s(nmax,:));% 染色体
disp(1000./fmax);% 最大值
disp(1000./mean(f))% 平均值


% 画最大值、平均值曲线
figure(2);  % 画第二张图
plot(ymax,'r');hold on;
```

```
plot(ymean,'b');grid;
title('搜索过程');
legend('最优解','平均解');
```

7.4.3　遗传子函数

```
%% 子函数:输出城市间里程表
function [DLn,cityn]=tsp(n)

if n==20
city20=[2.4,1.83;2.01,2.183;2.183,1.011;1.833,1.533;2.05,0.9833;2.25,
2.13;2.333,1.416;1.917,1.533;2.25,2.167;1.583,1.000;0.85,2.733;
1.7833,3.2833;1.9833,4.3833;1.200,1.6167;
       1.5167,1.90;1.9833,2.5833;1.6833,3.2833;1.7833,3.1167;1.1833,
3.05;2.90,2.7833];% 20个城市的坐标

   % 计算欧氏距离
   for i=1:20
       for j=1:20
           DL20(i,j)=((city20(i,1)-city20(j,1))^2+(city20(i,2)-
city20(j,2))^2)^0.5;
       end
   end

   % 结果赋值
   DLn=DL20;  % 距离表
   cityn=city20;% 位置表

end
```

```
%% 评价子函数:计算染色体适应度
function [f,p]=objf(s,dislist);
```

```
inn=size(s,1);   % 读取种群大小,矩阵行数

% 计算函数值,即适应度
for i=1:inn
    f(i)=CalDist(dislist,s(i,:));
end
% 将里程最小转化为适应度最大
f=1000./f';

% 计算适应度比例
fsum=0;
for i=1:inn
    fsum=fsum+f(i);
end
for i=1:inn
    ps(i)=f(i)/fsum;
end

% 计算适应度累积
p(1)=ps(1);
for i=2:inn
    p(i)=p(i-1)+ps(i);
end
p=p';

end
```

```
%% 子函数:计算路径的总里程
function F=CalDist(dislist,s)

DistanV=0;% 初始化
n=size(s,2);% 矩阵列
```

```
% 累加里程
for i=1:(n-1)
    DistanV=DistanV+dislist(s(i),s(i+1));
end
DistanV=DistanV+dislist(s(n),s(1));
F=DistanV;


end
```

```
%% 子函数:"选择"操作  轮盘赌
function seln=sel(s,p);


inn=size(p,1);% 矩阵行


% 从种群中选择两个个体
for i=1:2
    r=rand;  % 产生一个(0,1)随机数
    prand=p-r;
    j=1;
    while prand(j)<0
        j=j+1;% 选择种群位置
    end
    seln(i)=j;% 选中个体的序号
end


end
```

```
%% 子函数:"交叉"操作
function scro=cro(s,seln,pc);


bn=size(s,2);% 矩阵列
% 根据交叉概率决定是否进行交叉操作,1 则是,0 则否
test(1:100)=0;
```

```
l=round(100* pc);
test(1:l)=1;
n=round(rand* 99)+1;
pcc=test(n);
scro(1,:)=s(seln(1),:);
scro(2,:)=s(seln(2),:);

if pcc==1 % 如果需要交叉

    % 在[1,bn-1]范围内随机产生一个交叉位
    c1=round(rand* (bn-2))+1;
    c2=round(rand* (bn-2))+1;
    chb1=min(c1,c2);
    chb2=max(c1,c2);
    % 在 chb1 和 chb2 间开展基因片段交叉
    middle=scro(1,chb1+1:chb2);
    scro(1,chb1+1:chb2)=scro(2,chb1+1:chb2);
    scro(2,chb1+1:chb2)=middle;
    % 基因片段前半部分 重复数位更新
    for i=1:chb1
        while find(scro(1,chb1+1:chb2)==scro(1,i))
            zhi=find(scro(1,chb1+1:chb2)==scro(1,i));
            y=scro(2,chb1+zhi);
            scro(1,i)=y;
        end
        while find(scro(2,chb1+1:chb2)==scro(2,i))
            zhi=find(scro(2,chb1+1:chb2)==scro(2,i));
            y=scro(1,chb1+zhi);
            scro(2,i)=y;
        end
    end
    % 基因片段后半部分 重复数位更新
    for i=chb2+1:bn
        while find(scro(1,1:chb2)==scro(1,i))
            zhi=find(scro(1,1:chb2)==scro(1,i));
```

```
            y=scro(2,zhi);
            scro(1,i)=y;
        end
        while find(scro(2,1:chb2)==scro(2,i))
            zhi=find(scro(2,1:chb2)==scro(2,i));
            y=scro(1,zhi);
            scro(2,i)=y;
        end
    end


end


end
```

```
%%子函数:"变异"操作
function snnew=mut(snew,pm);

bn=size(snew,2);
snnew=snew;

pmm=pro(pm);   %根据变异概率决定是否进行变异操作,1则是,0则否
if pmm==1 %如果需要变异
    %在[1,bn-1]范围内随机产生一个变异位
    c1=round(rand*(bn-2))+1;
    c2=round(rand*(bn-2))+1;
    chb1=min(c1,c2);
    chb2=max(c1,c2);
    %基因片段的倒位操作 fliplr
    x=snew(chb1+1:chb2);
    snnew(chb1+1:chb2)=fliplr(x);
end

end
```

%% 子函数：绘制线路图

```
function m=drawTSP(Clist,BSF,bsf,p,f)
CityNum=size(Clist,1);
for i=1:CityNum-1
    plot([Clist(BSF(i),1),Clist(BSF(i+1),1)],[Clist(BSF(i),2),Clist
(BSF(i+1),2)],'ms-','LineWidth',2,'MarkerEdgeColor','k','Marker-
FaceColor','g');
    hold on;
end
plot([Clist(BSF(CityNum),1),Clist(BSF(1),1)],[Clist(BSF(CityNum),
2),Clist(BSF(1),2)],'ms-','LineWidth',2,'MarkerEdgeColor','k',
'MarkerFaceColor','g');
title([num2str(CityNum),'城市TSP']);
if f==0
    text(5,5,['第',int2str(p),'步',' 最短距离为',num2str(bsf)]);
else
    text(5,5,['最终搜索结果:最短距离',num2str(bsf)]);
end
hold off;
pause(0.05);
```

7.4.4　运算结果

由计算结果可知，最优路径为"10—7—4—2—16—3—14—11—17—12—19—13—18—20—9—6—1—8—5—15"。

```
disp(s(nmax,:));% 染色体
disp(1000./fmax);% 最大值
disp(1000./mean(f))% 平均值
```

```
    10    7    4    2    16    3    14    11    17    12    19    13
    18    20    9    6    1    8    5    15 % 染色体最优路径
    16.4641 % 适应度最大值
```

20.2360 % 适应度平均值

遗传算法的结果改善过程见图 7.3，最优路径见图 7.4，迭代过程见图 7.5。

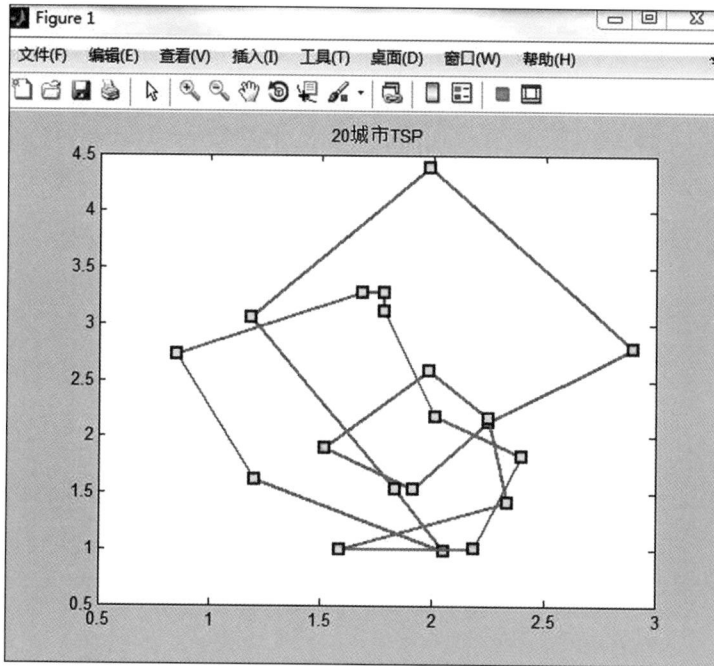

图 7.3　遗传算法结果改善过程图

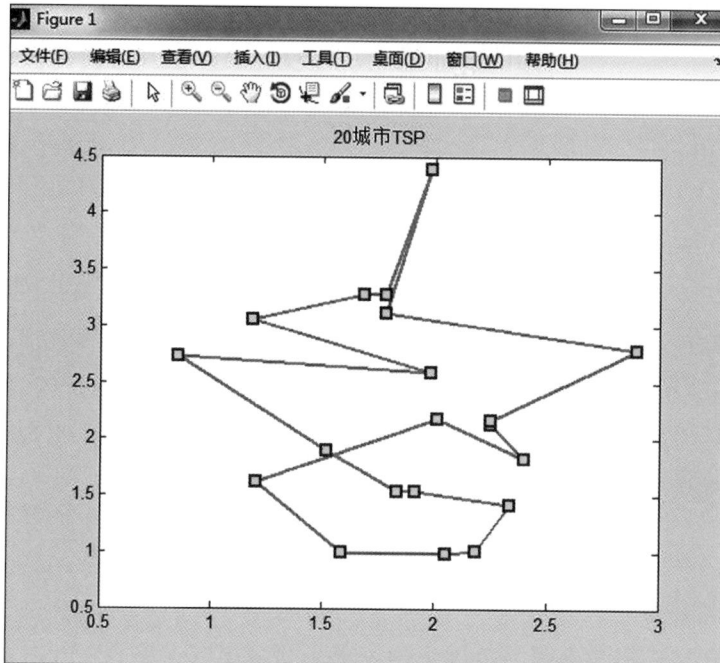

图 7.4　遗传算法最优路径图

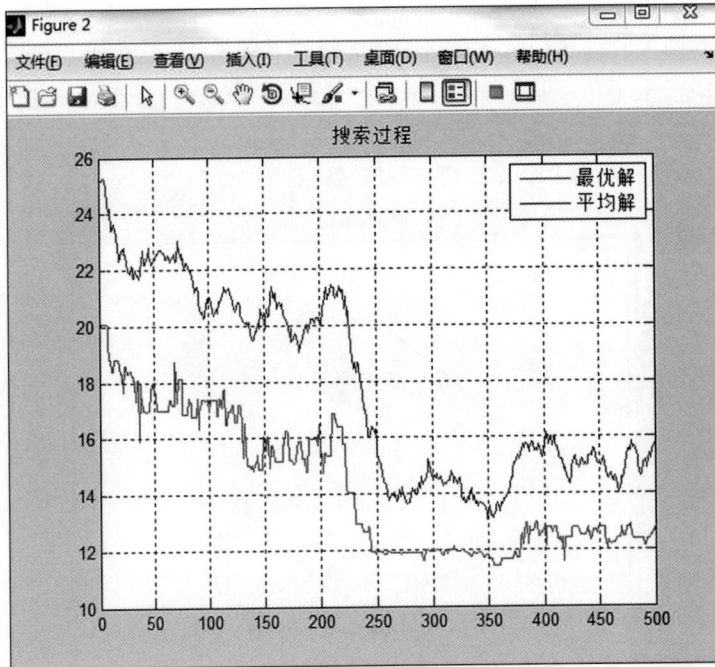

图 7.5　遗传算法迭代图

◆◇ 7.5　MDVRP 求解

7.5.1　算法设计

（1）构造初始解。

染色体编码要满足路径解结构要求，即约束（2.40）~约束（2.43）。本节采用浮点数编码。构建染色体时，随机出配送中心所覆盖需求点，此时染色体长度为 $P+I+1$，其中包含 $I+1$ 个 0，且 1：I 的每个数字只出现一次。染色体首末位皆为 0，相邻两个 0 之间为一个配送中心的配送路线集合，所对应配送中心需要顺序读取。出现临位都为 0 的情况，表示某配送中心不需要参与配送。染色体结构示例如下：

$$\overbrace{0,\ n_{11},\ \cdots,\ n_{1s},}^{\text{Center 1}}\ \overbrace{0,\ n_{21},\ \cdots,\ n_{2t},}^{\text{Center 2}}\ 0,\ \cdots,\ \overbrace{0,\ n_{M1},\ \cdots,\ n_{Mw},}^{\text{Center P}}\ 0$$

（2）适应度函数。

首先，为配送中心服务覆盖范围下的需求点划分出配送路径：此时需要满足约束（3.32）~约束（3.33）。使用扫描算法，从配送中心出发依次向下扫描，当装载某需求点的货运量后配送车辆超载，则此需求点不能被该配送车辆服务，配送车辆服务至该点上一个需求点。接着从该需求点继续向下扫描，划定车辆的挂靠路线。此阶段划定后，配送中心（Center 1）的车辆调运路径方案如下，其他配送中心同理：

$$\underbrace{0,\ \underbrace{n_{11},\ n_{12}},\ 0,\ \underbrace{n_{13},\ n_{14},\ n_{15}},\ 0,\ \cdots,\ \underbrace{0,\ \cdots,\ n_{1s},\ 0}}_{\text{Center 1}}$$
Vehicle1　Vehicle2　Vehicle K_p

评价函数的第一步可以作为独立单元，只在评价操作和输出操作时使用，在选择交叉变异时仍保持初始解形态。

然后评价染色体的适应度：配送方案解的效果由染色体适应度反映，通常适应度越大，染色体越优。这里根据目标函数（2.39）和约束（2.45）~约束（2.47）构建适应度评价函数。因为模型的目标函数越小越好，所以既可以采用较大常数 M 为被减数，也可以采用1除以目标函数。同时，当任一约束不满足时，染色体适应度为0；约束条件全满足的情况下，可以得到解方案的适应度。

（3）染色体选择。

哪些染色体需要被保留，应该根据需要求解的问题的相关要求和适应度函数值来决定。选择下一代时采用概率论的方法，可以使染色体优异性被保留的概更大，下一代染色体可以从保留的染色体中繁衍出来。本书染色体的选择操作是基于轮盘赌原则。轮盘赌是较为常用的染色体选择方法。它主要由以下四个步骤组成。

①计算得出各染色体所对应的适应度函数值 $f(x_i)$。

②将各染色体的适应度函数值相加，求和。

③计算得出每条染色体相应的选择概率 $p(x_i)$。

④计算得出每条染色体相应的累计概率。

简而言之，染色体的选择过程就是实施 n 次旋转赌轮，直至被选择的染色体总数符合种群规模的要求。每次染色体的选择步骤如下。

步骤1：在（0，1］采用随机的方式产生出一个伪随机数 r。

步骤2：对产生的各染色体的累计概率进行比较，用 x 代表染色体的累计概率。当累计概率 $r<x_i$ 时，选择第 i 为染色体 x_i，否则继续比较 x_{i+1}。

轮盘赌能保证父代中优质染色体被较大概率地留在种群中，又可以避免只保留优质解所导致的收敛过快。选择操作后染色体依然保持可行性，且整体适应度有所提高。

（4）染色体交叉。

在遗传算法中，交叉环节的目的是在保持父代染色体中的优良基因的基础上，产生新的子代染色体，从而延续种群的优良特性。通过交叉操作，遗传算法可以实现基因重组，增强种群的多样性，提高搜索效率。在传统的遗传算法中，相应的交叉算子主要有顺序交叉、循环交叉、基于顺序的交叉、基于基因位的交叉、部分影射交叉等。这些类交叉方式共有的不足之处为：有时优良的基因会遭到破坏，而丧失了在子代中保留优良基因的能力；交叉过后的子代需要做一些改动，这样才能使染色体变得可行。

本书采用交叉方式结合的方法，第一部分是路线交叉，第二部分是分割点交叉。改序列的意义是将前段染色体分为三段，每一段中对应的需求点编号为一个配送中心要满足的需求点。例如，一条 [1 6 3 2 4 5 8 7 19 17 18 12 16 14 13 15 11 10 9｜6 12] 染色体，前 19 个数组成的序列为染色体前段，后 2 个数是染色体后段；后段的 "6 12" 为前段的分段信息，即 [1 6 3 2 4 5 8 7 19 17 8 12 16 14 13 15 11 10 9] 分为三段分别为：[1 6 3 2 4]，[5 8 7 19 17]，[8 12 16 14 13 15 11 10 9]，分别为配送中心 1，2，3 要负责的需求点。

①前段交叉。具体步骤如下。

步骤 1：随机选取两个交叉点。

步骤 2：将两交叉点中间的基因段进行互换。

步骤 3：将互换的基因段以外的部分中与互换后基因段中元素冲突的用另一父代的相应位置进行代替，直到没有冲突发生。

例如：A：[9 8 ｜4 5 6 7 1｜3 2 0] → A：[8 7 ｜4 5 6 7 1｜9 6 5] →
B：[8 7 ｜1 4 0 3 2｜9 6 5]   B：[9 8 ｜1 4 0 3 2｜3 2 0]

A：[8 3 ｜4 5 6 7 1｜9 0 4] → A：[8 3 ｜4 5 6 7 1｜9 0 1]
B：[9 8 ｜1 4 0 3 2｜3 2 0]   B：[9 8 ｜1 4 0 3 2｜3 2 0]

→ A：[8 3 ｜4 5 6 7 1｜9 0 2] → A：[8 3 ｜4 5 6 7 1｜9 0 2]
B：[9 8 ｜1 4 0 3 2｜3 2 0]（同理对 B 进行互换）B：[9 8 ｜1 4 0 3 2｜7 5 6]

②后段交叉。当配送中心数为 m 时，后端数是 $m-1$。例如，有 3 个配送中心，两条父代染色体的后段分别为：$P_1=6\ 12$，$P_2=3\ 16$。通过操作防止后段交叉后的数学重复。至此交叉完成，然后对得到的 P_1'，P_2' 中的元素大小进行判定。当有元素小于最小值时就令其为最小值；当有元素大于最大值时，就令其为最大值。例如，新产生的 $P_1'=1\ 19$，由于 P_1' 中元素的范围是 [2，18]，因此最终 $P_1'=2\ 18$。

（5）染色体变异。

在遗传算法中，变异操作的目的是通过引入随机变化，增加染色体的多样性，从而提高算法的全局搜索能力。变异操作主要有两个目的。一方面可以使遗传算法具有局部的随机搜索能力。在交叉环节之后，下一代的染色体中保留了上一代染色体中的优良基因。通过变异操作，可以在解空间中进行局部随机搜索，进一步探索搜索空间，避免陷入局部最优。此时，应选用较小的变异概率，以防止破坏染色体中的优良基因。另一方面通过染色体变异，遗传算法可以维持种群多样性，防止收敛过早和陷入次优解的现象发生。通过引入较大的变异概率，可以确保种群不断产生新的变异个体，保持进化的持续性。目前，主要的变异操作方法有逆序式、互换式、插入式操作等。这些方法能够有效地改变染色体的基因序列，增加种群的多样性。对于车辆路径问题，染色体串相对较长，处理时需要保证遗传算法能够有明显的进化效果。

对染色体进行顺序对换是本书的变异策略。第一步，把染色体前 19 个数的顺序进行对换（倒位）；第二步，把染色体后两个数的顺序进行对换（倒位）。例如，［1 6 3 2 4 5 8 7 19 17 18 12 16 14 13 15 11 10 9｜6 12］染色体，其变异后为［9 10 11 15 13 14 16 12 18 17 19 7 8 5 4 2 3 6 1｜12 6］。

（6）内部扰动判断。

染色体种群在进行了交叉和变异环节后，可能会由于搜索的局限性而陷入局部最优解，为了防止这类情况发生，在遗传算法中引入内部扰动过程对其进行改进。内部扰动过程的核心思想是在每一代种群中引入新的随机染色体，从而增强搜索的多样性，扩大搜索空间，提高算法的全局搜索能力。当染色体进化形成下一代时，在保留优良基因的染色体的同时，也随机产生一定数量的新的染色体，这样便可以使进化过程不完全受制于初始群体。内部扰动在每一代种群中加入了新的染色体，使算法具有广阔的搜索空间，不完全受制于初始群体。在这种情况下，种群不容易陷入局部最优解，同时相比传统的遗传算法，该方法能够得到更好的最优解。另外，尽管引入了新的随机染色体，但由于这些随机染色体的数量相对较少，对整个种群的影响不大，因此，种群的整体优异程度不会因为加入内部扰动过程而降低。

（7）外部扰动判断。

在交叉变异及内部扰动均实施完后，如果遗传算法连续 N 代没有进化，此时可以认为种群可能陷入了局部最优解。为了帮助种群摆脱局部最优解的限制，可以采取外部扰动行为。外部扰动的核心思想是通过随机产生较多的新染色体，并强行加入到种群中，以扰乱当前的收敛情况，使种群跳出局部收敛点，从而提高算法的全局搜索能力。若种群的适应度值保持不变，则收敛得到了最优解；若种群的适应度值改变，则证明种群在加入外部扰动前收敛得到的是局部最优解。尽管外部扰动过程牺牲了整体的优化效率，但此过程可以使种群摆脱局部最优解的限制，更有利于得到整体最优解，使算法具有更好地跳出局部收敛点的能力，大幅度提高了算法的优化效果。

7.5.2 算例设置

假设城市内部有 3 个配送中心，分别为 P_1，P_2，P_3。配送中心 P_1 单独对其所负责的 8 个客户点进行配送，配送中心 P_2 单独对其所负责的 5 个客户点进行配送，配送中心 P_3 单独对其所负责的 6 个客户点进行配送。每个配送中心共有 10 辆车，车辆额定载重量为 100 kg，额定载重体积为 50 m³，平均速度为 50 km/h；每单位货物需要的装卸时间平均为 5 min；单位距离内的费用（主要为燃油费）为 2 元/km；车辆作业时间为 8：00—17：00。各客户点及配送中心的具体信息如表 7.4、表 7.5 和表 7.6 所列。

表7.4 单位货物相关参数

参数	m_1	m_2	m_3
α^m	1	0.8	0.9
β^m	0.5	0.4	0.6

表7.5 各配送中心情况

配送中心	横坐标	纵坐标	各货种供给量		
			m_1	m_2	m_3
P_1	31	40	60	50	80
P_2	50	29	70	85	65
P_3	28	24	75	65	60

表7.6 客户点信息

客户点	横坐标	纵坐标	各货种单位需求量		
			m_1	m_2	m_3
客户1	76	38	8	13	5
客户2	77	16	13	9	14
客户3	90	82	10	7	6
客户4	60	74	6	8	9
客户5	76	86	9	7	4
客户6	11	31	7	15	7
客户7	25	90	7	8	8

表7.6(续)

客户点	横坐标	纵坐标	各货种单位需求量		
			m_1	m_2	m_3
客户 8	10	60	12	6	7
客户 9	38	16	6	13	8
客户 10	20	31	8	9	10
客户 11	42	55	12	4	7
客户 12	60	56	4	9	9
客户 13	53	28	6	5	7
客户 14	65	40	11	7	15
客户 15	60	28	9	9	14
客户 16	73	45	7	7	10
客户 17	28	65	7	12	6
客户 18	43	80	4	8	8
客户 19	10	50	9	14	6

7.5.3 遗传算法主函数

```
%% 遗传算法 GA 主程序
clc% 清理屏幕
clear all% 清理数据


%% 参数设置
% 物流参数
```

```
global N0 N M0 loc_cum loc_O M_O M_cum apha beita Tmax Q V avg_v T0 car_
num
loc_cum=[76,38;77,16;90,82;60,74;76,86;11,31;25,90;10,60;38,16;20,
31;42,55;60,56;53,28;65,40;60,28;73,45;28,65;43,80;10,50];% 客户点坐标
loc_O=[31,40;50,29;28,24];% 配送中心坐标
M_O=[60,50,80;70,85,65;75,65,60];% 配送中心各货种供给量
M_cum=[8,13,5;13,9,14;10,7,6;6,8,9;9,7,4;7,15,7;7,8,8;12,6,7;6,13,8;
8,9,10;12,4,7;4,9,9;6,5,7;11,7,15;9,9,14;7,7,10;7,12,6;4,8,8;9,14,
6];% 各货种单位需求量
car_num=10;% 每个配送中心的车辆总数
apha=[1,0.8,0.9];% 货物单位质量
beita=[0.5,0.4,0.6];% 货物单位体积
Tmax=9;% 路径运输时间限制(小时)
Q=80;% 额定载重(千克)
V=50;% 额定体积(立方米)
avg_v=50;% 车辆平均速度
T0=5/60;% 单位货物平均装卸时间
%% 算法参数
pop=200;% 染色体数目
MaxGen=300;% 迭代次数
M0=size(loc_O,1);% 配送中心数
N0=size(loc_cum,1);% 需求点数
N=N0+M0-1;% 基因位数=需求点数+配送中心数
px=0.85;% 交叉概率
pm=0.02;% 变异概率

%% 产生初始种群
Chrom=zeros(pop,N);
for i=1:pop
    Chrom(i,1:N0)=randperm(N0);% randperm用于生成不重复的随机整数序列
    if M0>1 % 生成配送中心位置。染色体中前面N0位是客户路径、后面是M0位是
        temp=randperm(N0-2,M0-1)+1;% [0,N0-2]内随机M0-1个整数
        Chrom(i,N0+1:N)=temp;% 初始父代种群
```

```
    end
end

%% 开始迭代循环
steps=MaxGen;
for k=1:MaxGen
    %% 适应度计算
    J=zeros(pop,1);
    for s=1:pop
        % 求每个种群中个体的目标函数值。输入染色体,输出距离值与路径
        [val,~]=objection(Chrom(s,:));
        J(s)=val;
    end

    %% 选择算子
    Fit0=1./J;% 得到种群适应度值
    % J 距离是极小值目标,Fit0 适应度越大越高故采用 1/距离
    totalfit=sum(Fit0);% sum 求和函数
    fitvalue=cumsum(Fit0);% cumsum 累加函数
    % 轮盘赌选择
    for newin=1:pop
        fitin=1;
        temp00=rand*totalfit;% rand 在[0,1]随机
        while temp00>fitvalue(fitin)
            fitin=fitin+1;
        end
        % 将选中染色体赋值到子代种群
        TempChrom(newin,:)=Chrom(fitin,:);
    end

    %% 交叉算子
    for i=1:2:(pop-1)% 步长为 2
        if px>rand % 判断该对染色体是否交叉
```

```
m=randi([2,N0-1],1,2);
% randi 用于在[2,N0-1]伪随机 1 行 2 列数组
Min=min(m);  Max=max(m);% [Min,Max]是交叉基因位
% 第 i、i+1 条染色体的[1,Min-1]间交叉
Temp=TempChrom(i,1:Min-1);
TempChrom(i,1:Min-1)=TempChrom(i+1,1:Min-1);
TempChrom(i+1,1:Min-1)=Temp;
% 第 i、i+1 条染色体的[Max-1,N0]间交叉
Temp1=TempChrom(i,Max+1:N0);
TempChrom(i,Max+1:N0)=TempChrom(i+1,Max+1:N0);
TempChrom(i+1,Max+1:N0)=Temp1;
% 为防止交叉后一条染色体上[1,Min-1]存在相同基因
for j=1:Min-1
    while(find(TempChrom(i,Min:Max)==TempChrom(i,j)))
    % find 用于寻找相同基因
        temp0=find(TempChrom(i,Min:Max)==TempChrom(i,
j));
        TempChrom(i,j)=TempChrom(i+1,temp0+Min-1);
    end
    while(find(TempChrom(i+1,Min:Max)==TempChrom(i+1,
j)))
        temp1=find(TempChrom(i+1,Min:Max)==TempChrom(i+
1,j));
        TempChrom(i+1,j)=TempChrom(i,temp1+Min-1);
    end
end
% 为防止交叉后一条染色体上[Max+1,N0]存在相同基因
for j1=Max+1:N0
    while(find(TempChrom(i,Min:Max)==TempChrom(i,j1)))
        temp2=find(TempChrom(i,Min:Max)==TempChrom(i,
j1));
        TempChrom(i,j1)=TempChrom(i+1,temp2+Min-1);
    end
```

```
            while(find(TempChrom(i+1,Min:Max)==TempChrom(i+1,
j1)))
                temp3=find(TempChrom(i+1,Min:Max)==TempChrom(i+
1,j1));
                TempChrom(i+1,j1)=TempChrom(i,temp3+Min-1);
            end
        end
    % 配送中心的基因交叉
    if M0>1
        a=TempChrom(i,N0+1:N);% 第 i 条染色体的配送中心基因
        b=TempChrom(i+1,N0+1:N);% 第 i+1 条染色体的配送中心基因
        alpha=rand;
        a1=round(alpha* a+(1-alpha)* b);% 新随机配送中心基因
        b1=round(alpha* b+(1-alpha)* a);
        % length 求长边长度,unique 找唯一元素,~=不等于,||或者,
isempty 判断结果为空
        if length(unique(a1))~=length(a1)||~isempty(a1>N0-
1)||~isempty(a1<=1)
            a1=randperm(N0-2,M0-1)+1;
            % 如果新随机基因 a1 存在问题,重新随机
        end
        TempChrom(i,N0+1:N)=a1;% 更新第 i 条染色体的配送中心基因
        if length(unique(b1))~=length(b1)||~isempty(b1>N0-
1)||~isempty(b1<=1)
            b1=randperm(N0-2,M0-1)+1;
            % 如果新随机基因 b1 存在问题,重新随机
        end
        TempChrom(i+1,N0+1:N)=b1;
        % 更新第 i+1 条染色体的配送中心基因
    end
    end
end
```

```
%% 变异算子(倒位)
for i=1:pop
    if pm>rand % 判断该条染色体是否变异
        point=randi([2,N0],1);
        % randi 用于在[2,N0]伪随机 1 个整数,即变异基因位
        % 下述 fliplr 将[1,point]间染色体片段翻转,如[1 4 2 3]翻转为[3 2 4 1]
        TempChrom(i,1:point)=fliplr(TempChrom(i,1:point));
        if M0>1 % 如果是多配送中心问题,
            TempChrom(i,N0+1:N)=fliplr(TempChrom(i,N0+1:N));
        end
    end
end


%% 扰动判断
[value,ind]=min(J);% min 找最短距离所对应数值与染色体标号
[Temp_val,~]=objection(TempChrom(ind,:));
if value<Temp_val % 每次迭代中最短里程的染色体被保留
    TempChrom(ind,:)=Chrom(ind,:);
end
Chrom=TempChrom;% 子代赋值给新父代
Jlist(k)=value;% 保留每代优化解

end


%% 输出结果
[BestFit,BestId]=max(Fit0);% max 求最大适应度的数值及其标号
Result=Chrom(BestId,:);% 找到对应染色体 Result
[result_val,route]=objection(Result);% 求染色体 Result 的距离与路径

% 打印配送中心所用车辆以及路径
count_car=zeros(M0,1);
for i=1:size(route,1)
```

```
    fprintf('配送中心%d的路径如下:\n',i);
    for j=1:size(route,2)
        if length(route{i,j})>0
            count_car(i,1)=count_car(i,1)+1;
            disp(['【'num2str([0(route{i,j}(:))'0])'】'])
        end
    end
    fprintf('配送中心%d的车辆数为:%d\n\n',i,count_car(i,1));
end
disp(['最优值是:'num2str(result_val)])


% 画算法收敛图
figure(1)
plot(1:length(Jlist),Jlist,'r','linewidth',2)%Jlist为历代优化距离
xlabel('迭代次数');
ylabel('每代最优目标函数值');
title('遗传算法收敛图')


% 画车辆路径图
figure(2)
for i=1:size(route,1)
    count_o=0;
    for j=1:size(route,2)
        if length(route{i,j})>0&&i==1
            for k=1:length(route{i,j}(:))
                if k==1
                    plot([loc_O(i,1),loc_cum(route{i,j}(k),1)],[loc_O
(i,2),loc_cum(route{i,j}(k),2)],'b-');
                    hold on;
                    count_o=count_o+1;
                    if count_o==1
                        plot(loc_O(i,1),loc_O(i,2),'r-^')
                        hold on
```

```
                text(loc_O(i,1)+0.5,loc_O(i,2)+0.5,'O');
        end
        plot(loc_cum(route{i,j}(k),1),loc_cum(route{i,j}
(k),2),'bo')
        hold on
         text(loc_cum(route{i,j}(k),1)+0.5,loc_cum(route
{i,j}(k),2)+0.5,num2str(route{i,j}(k)))
      else
plot([loc_cum(route{i,j}(k-1),1),loc_cum(route{i,j}(k),1)],[loc_
cum(route{i,j}(k-1),2),loc_cum(route{i,j}(k),2)],'b-');
         text(loc_cum(route{i,j}(k),1)+0.5,loc_cum(route
{i,j}(k),2)+0.5,num2str(route{i,j}(k)))
        hold on;
        plot(loc_cum(route{i,j}(k),1),loc_cum(route{i,j}
(k),2),'bo')
        hold on
        if k==length(route{i,j}(:))
           plot([loc_O(i,1),loc_cum(route{i,j}(k),1)],
[loc_O(i,2),loc_cum(route{i,j}(k),2)],'b-');
           hold on;
        end
      end
    end
  end

  if length(route{i,j})>0&&i==2
    for k=1:length(route{i,j}(:))
      if k==1
        plot([loc_O(i,1),loc_cum(route{i,j}(k),1)],[loc_O
(i,2),loc_cum(route{i,j}(k),2)],'k-');
        hold on;
        count_o=count_o+1;
        if count_o==1
```

```
                        plot(loc_O(i,1),loc_O(i,2),'r-^')
                        hold on
                        text(loc_O(i,1)+0.5,loc_O(i,2)+0.5,'0');
                end
                plot(loc_cum(route{i,j}(k),1),loc_cum(route{i,j}
(k),2),'bo')

                hold on
                text(loc_cum(route{i,j}(k),1)+0.5,loc_cum(route
{i,j}(k),2)+0.5,num2str(route{i,j}(k)))
            else
plot([loc_cum(route{i,j}(k-1),1),loc_cum(route{i,j}(k),1)],[loc_
cum(route{i,j}(k-1),2),loc_cum(route{i,j}(k),2)],'k-');
                text(loc_cum(route{i,j}(k),1)+0.5,loc_cum(route
{i,j}(k),2)+0.5,num2str(route{i,j}(k)))
                hold on;
                plot(loc_cum(route{i,j}(k),1),loc_cum(route{i,j}
(k),2),'bo')

                hold on
                if k==length(route{i,j}(:))
                    plot([loc_O(i,1),loc_cum(route{i,j}(k),1)],
[loc_O(i,2),loc_cum(route{i,j}(k),2)],'k-');
                    hold on;
                end
            end
        end
    end

    if length(route{i,j})>0&&i==3
        for k=1:length(route{i,j}(:))
            if k==1
                plot([loc_O(i,1),loc_cum(route{i,j}(k),1)],[loc_O
(i,2),loc_cum(route{i,j}(k),2)],'r-');
                hold on;
```

```
                    count_o=count_o+1;
                    if count_o==1
                        plot(loc_O(i,1),loc_O(i,2),'r-^')
                        hold on
                        text(loc_O(i,1)+0.5,loc_O(i,2)+0.5,'0');
                    end
                    plot(loc_cum(route{i,j}(k),1),loc_cum(route{i,j}
(k),2),'bo')

                    hold on
                     text(loc_cum(route{i,j}(k),1)+0.5,loc_cum(route
{i,j}(k),2)+0.5,num2str(route{i,j}(k)))
                    else                      plot([loc_cum(route{i,j}(k-1),
1),loc_cum(route{i,j}(k),1)],[loc_cum(route{i,j}(k-1),2),loc_cum
(route{i,j}(k),2)],'r-');
                        text(loc_cum(route{i,j}(k),1)+0.5,loc_cum(route
{i,j}(k),2)+0.5,num2str(route{i,j}(k)))
                        hold on;
                        plot(loc_cum(route{i,j}(k),1),loc_cum(route{i,j}
(k),2),'bo')
                        hold on
                        if k==length(route{i,j}(:))
                            plot([loc_O(i,1),loc_cum(route{i,j}(k),1)],
[loc_O(i,2),loc_cum(route{i,j}(k),2)],'r-');
                            hold on;
                        end
                    end
                end
            end

    end
end
title('配送路径图(三角形标记点代表配送中心,圆为需求点)')
```

7.5.4 遗传算法子函数

```
%% 子函数,用于评价染色体
function [val,route]=objection(X)
% M0,配送中心数
% N0,需求点数
% loc_cum,客户点坐标第一列是横坐标
% loc_O,配送中心坐标
% M_O,配送中心各货种供给量
% M_cum,各货种单位需求量
% Tmax,路径运输时间限制(小时)
% apha,货物单位质量
% beita,货物单位体积
% Q,额定载重(千克)
% V,额定体积(立方米)
% avg_v,车辆平均速度
% T0,单位货物平均装卸时间
% car_num,每个配送中心的车辆总数
global N0 N M0 loc_cum loc_O M_O M_cum apha beita Tmax Q V avg_v T0 car_
num

% 分配每个配送中心负责的需求点
x0=X(1:N0);% 需求点数
x1=X(N0+1:N);% 配送中心数
center=cell(M0,1);% 将染色体划分为三个数组

%% 染色体解码:下述代码将每条染色体划分为多配送中心负责区域
if M0>1
    for i=1:length(x1)
        if i==1
            center{i,1}=x0(1:x1(i)-1);
```

```
        else
            center{i,1}=x0(x1(i-1):x1(i)-1);
            if i==length(x1)
                center{i+1,1}=x0(x1(i):N0);
            end
        end
        if length(x1)==1
            center{i+1,1}=x0(x1(i):N0);
        end
    end
else
    center{1,1}=x0;
end


%% 约束判断:下述代码判断载货、供应、时间约束
total=zeros(M0,size(M_O,2));% 记录每个配送中心各种货物的送货总量
flag0=1;% 路径选择合格标志(载货限制)
count_num=[];
L=0;% 初始化总距离
% 形成路径
for i=1:M0
    flag=1;% 质量、体积或者时间超过限制的标志
    count=0;
    count_m=0;% 记录质量
    count_v=0;% 记录体积
    count_t=0;% 记录时间
    temp=center{i,1};
    for j=1:length(temp)
        if j==1 % 如果是第一个点
L0=sqrt((loc_O(i,1)-loc_cum(temp(j),1))^2+(loc_O(i,2)-loc_cum
(temp(j),2))^2);% 加上出发点到第一个点的距离
            L=L+L0;
            count_t=count_t+L0/avg_v+sum(M_cum(temp(j),:)).* T0;
```

% 累计运输时间

```
count_m=count_m+sum(M_cum(temp(j),:).* apha);
```

% 累计货物质量

```
count_v=count_v+sum(M_cum(temp(j),:).* beita);
```

% 累计货物体积

```
total(i,:)=total(i,:)+M_cum(temp(j),:);
```

% 累计配送路径上送货总量

```
    else % 如果不是第一个点
        L0=sqrt((loc_cum(temp(j-1),1)-loc_cum(temp(j),1))^2+
(loc_cum(temp(j-1),2)-loc_cum(temp(j),2))^2);
        count_t=count_t+L0/avg_v+sum(M_cum(temp(j),:)).* T0;
```

% 累计运输时间

```
        count_m=count_m+sum(M_cum(temp(j),:).* apha);
```

% 累计货物质量

```
        count_v=count_v+sum(M_cum(temp(j),:).* beita);
```

% 累计货物体积
% 如果不满足货物质量约束,赋值标志位 flag

```
        if count_m>Q&&flag==1
            flag=0;
        end
```

% 如果不满足货物体积约束,赋值标志位 flag

```
        if count_v>V&&flag==1
            flag=0;
        end
```

% 如果不满足运输时间约束,赋值标志位 flag

```
        if count_t>Tmax&&flag==1
            flag=0;
        end
```

%% 染色体结构中没有设置车辆数量,也并划分多条路径。
%% 如果有约束不满足就把路径截断保留,扫描法即加配车辆

```
if flag==0
    count=count+1;
```

```
        if count==1
            route{i,count}=temp(1:j-1);
        else
            route{i,count}=temp(count_num(end)+1:j-1);
        end
        count_num=[count_num j-1];% 保留断点
        count_t=0;
        count_m=0;
        count_v=0;
        count_t=count_t+L0/avg_v+sum(M_cum(temp(j),:)).* T0;
        count_m=count_m+sum(M_cum(temp(j),:).* apha);
        count_v=count_v+sum(M_cum(temp(j),:).* beita);
        flag=1;
        L0=sqrt((loc_O(i,1)-loc_cum(temp(j-1),1))^2+(loc_O
(i,2)-loc_cum(temp(j-1),2))^2);
        L=L+L0;
        L0=sqrt((loc_O(i,1)-loc_cum(temp(j),1))^2+(loc_O(i,
2)-loc_cum(temp(j),2))^2);
        L=L+L0;
        if j==length(temp)
            count=count+1;
            route{i,count}=temp(end);
            L0=sqrt((loc_O(i,1)-loc_cum(temp(j),1))^2+(loc_O
(i,2)-loc_cum(temp(j),2))^2);
            L=L+2* L0;
            total(i,:)=total(i,:)+M_cum(temp(j),:);
            break;
        end
    else
        L0=sqrt((loc_cum(temp(j-1),1)-loc_cum(temp(j),1))^2+
(loc_cum(temp(j-1),2)-loc_cum(temp(j),2))^2);
        L=L+L0;
```

```
            if j==length(temp)
                count=count+1;
                if count==1
                    route{i,count}=temp;
                else
                    route{i,count}=temp(count_num(end)+1:j);
                end
                L0=sqrt((loc_O(i,1)-loc_cum(temp(j),1))^2+(loc_O(i,2)-loc_cum(temp(j),2))^2);
                L=L+L0;
                total(i,:)=total(i,:)+M_cum(temp(j),:);
                count_t=0;
                count_m=0;
                count_v=0;
            end
        end
    end
end
d_q=M_O(i,:)-total(i,:);% 配送中心供给量减去车辆货运总量
% 如果不满足配送中心供给量约束,赋值标志位 flag
if ~isempty(find(d_q<0,1))==1&&flag0==1
    flag0=0;
end
% 如果超过车辆数量约束,赋值标志位 flag
if(count>car_num||count<1)&&flag0==1
    flag0=0;
end
end


%% 如果约束条件全部满足,则赋值约束条件
% 因为是以距离最短为目标,故不满足约束时赋值为无限大 inf
if flag0==1
```

```
    val=L;
else
    val=inf;
end

end % 函数结束
```

7.5.5 运算结果

遗传算法计算结果如下。

配送中心 1 的路径如下：

【0　11　18　10　0】

【0　8　19　0】

配送中心 1 的车辆数为：2

配送中心 2 的路径如下：

【0　12　4　5　3　0】

【0　16　1　2　0】

【0　14　13　15　0】

配送中心 2 的车辆数为：3

配送中心 3 的路径如下：

【0　6　9　0】

【0　7　17　0】

配送中心 3 的车辆数为：2

最优值是：656.5454

遗传算法收敛过程见图 7.6，车辆配送路径见图 7.7。

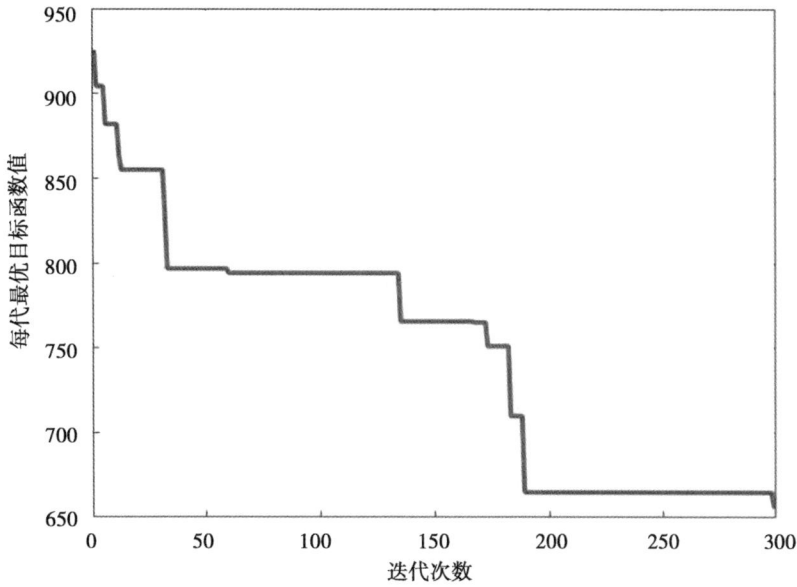

图 7.6　遗传算法收敛过程图

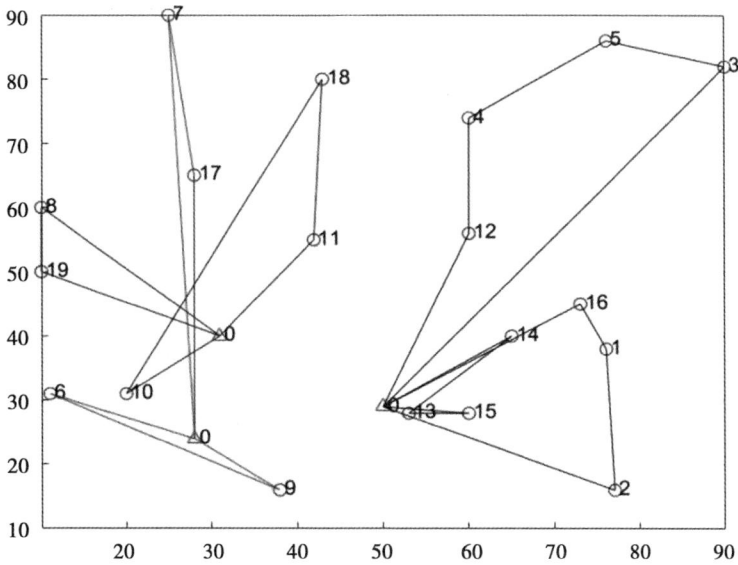

图 7.7　车辆配送路径图

注：三角形标记点代表配送中心，圆为需求点。

7.5.6 问题扩展

遗传算法主要包括三个关键部分，即染色体构建、适应度评价及种群逐代改善。每个部分在算法的执行过程中都起着至关重要的作用。具体作用如下。①染色体构建的核心是设计编码结构，每条染色体都代表特定的决策变量组合，并需要满足一定的约束条件。通过编码操作，将问题的解方案转换为染色体表示；通过解码操作，再将染色体转换回解方案。②适应度评价能反映解方案的优劣，适应度函数能反映出解方案是否满足模型约束，以及解方案所取得的目标函数值。适应度评价是选择优良个体的基础。当解方案不满足任一约束条件时，通常将其适应度赋值为一个极小值，甚至是负无穷，以确保这些解方案在选择过程中被淘汰。对满足约束条件的解方案，根据其目标函数值计算适应度值。③种群逐代改善的目的是使种群中所有染色体不断向优进化，通常需要借助选择、交叉和变异等过程。在不同问题中，选择、交叉与变异算子虽然存在差异，但是原则及方法通常没有较大变动。

（1）带时间窗的车辆路径问题（VRPTW）。

相比多配送中心的车辆路径问题（MDVRP）模型，VRPTW 模型需要增加时间窗约束，具体见 2.5 节约束（2.33）~约束（2.34）。但因为两个模型的大量约束一致，故考虑修改 7.5.1 节算法和改编 7.5.3 节至 7.5.4 节代码以实现模型求解。首先，考虑到 MDVRP 模型与 VRPTW 模型的决策变量一致，可以不调整染色体结构。其次，不改变基于染色体结构设计的交叉和变异算子，且选择算子仍使用轮盘赌原则。最后，由于约束条件中增加了到达时间窗，适应度评价过程必须调整。

对此，保留 7.5.1 节 MDVRP 的大部分算法设计，只对适应度评价进行少量修改。修改适应度评价时，保留借助扫描算法的车辆路径划分操作，但在适应度函数中增加运输时间约束（3.19）~约束（3.20）。对应地，在 MATLAB 编码中需要计算各客户点的到达时间，以及判断各客户点的到达时间窗，代码改编如下。

①主函数、子函数中增加全局变量 time_window。

```
global  time_window  % 为各客户点的到达时间窗
% time_window 为[N0,2]数组,行数为客户点数量,第一列为最早到达时间,第二列为
最晚到达时间
```

②子函数 objection 中增加时间窗约束，放在 Tmax 运输时间约束后。运输时间约束从每辆车最长运输时间角度约束解方案，时间窗约束从客户点到达时间角度约束解方

案。

```
% 如果不满足时间窗约束,赋值标志位 flag
if count_t<time_window(temp(j))&&count_t>time_window(temp(j))
&&flag==1
  flag=0;  % 判断要求为在最早与最晚到达时间之间
end
%% 当运输时间或者时间窗约束无法满足时,后续扫描算法会加派车辆
```

（2）配送成本最低的 VRP。

基于多配送中心与多货种条件，考虑载货限制与时间窗约束，进一步对运输里程最短目标进行调整。本书 2.2.3 节已经介绍了 VRP 的多种优化目标，其中常见目标函数是运输里程最短、配送车辆数最少及配送总成本最低。本节将运输里程短、配送车辆数少融入配送总成本最低目标。对此，设置 c_T 为单位里程运输成本而 c_R 为配送车辆使用成本，并修改目标函数为 $\min c_T \sum_{i \in I} \sum_{j \in J} \sum_{k \in K} x_{ij}^k L_{ij} + c_R \sum_{i \in I} \sum_{k \in K} x_{0i}^k$。

相比于 7.5.1 节至 7.5.4 节所解决模型，目标函数变动但约束条件一致，故拟只修改 7.5.1 节至 7.5.4 节的算法与代码。首先，考虑到两个模型的决策变量一致，可以不调整染色体结构。其次，不改变基于染色体结构设计的交叉和变异算子，且选择算子仍使用轮盘赌原则。然后，由于目标函数由最短运输距离改为最低配送成本，适应度评价过程必须调整。对此，保留 7.5.1 节的大部分算法设计，只对适应度评价进行少量修改。需要在 MATLAB 编码中保留到达时间窗约束，并重新计算目标函数值，代码改编如下。

①主函数、子函数中增加到达时间窗和单位成本的全局变量。

```
global time_window cT cR  % 分别为各客户点的到达时间窗、单位里程的运输成本、配送车辆的使用成本
% time_window 为[N0,2]数组,行数为客户点数量,第一列为最早到达时间,第二列为最晚到达时间
```

②在子函数 objection 中增加时间窗约束，放在 Tmax 运输时间约束后。运输时间约束从每辆车最长运输时间角度约束解方案，时间窗约束从客户点到达时间角度约束解方案。

```
% 如果不满足时间窗约束,赋值标志位 flag
if count_t<time_window(temp(j))&&count_t>time_window(temp(j))
&&flag==1
    flag=0;  % 判断要求为在最早与最晚到达时间之间
end
% % 当运输时间或者时间窗约束无法满足时,后续扫描算法会加派车辆
```

③对子函数 objection 中原目标函数赋值 val=L 进行修改, 将其改为运输成本加上配车成本。其中, 用 L 乘以 c_T 作为运输成本, 用车辆数 count 乘以 c_R 作为配车成本。

```
% % 如果约束条件全部满足,则赋值约束条件
% 因为以最低成本为目标,故不满足约束时赋值为无限大 inf
if flag0==1
    val=L* cT+count * cR;
else
    val=inf;
end
```

◆◇ 7.6　MATLAB 工具箱

7.6.1　算例设置

在 R2010 版本中, MATLAB 自带遗传算法工具箱 (Genetic Algorithm Toolbox)。本节拟使用遗传算法工具箱, 求解式 (7.6) 的最优化函数。自变量 x_1, x_2 为整数且取值为 $[-100, 100]$, x_3, x_4 取值为 $[0, 10]$。

$$\min \ y = (x_1-2)^2+(x_x-1)^2+(x_3-7)^2+(x_4-9)^2$$

$$\text{s. t.} \begin{cases} x_1-2x_2+x_3-x_4+1\geqslant 0 \\ 2x_1+x_2-2x_3+x_4+5\geqslant 0 \\ \dfrac{x_1^2}{4}-x_2^2+x_3-x_4^2+1\geqslant 0 \\ x_1^2+x_2-x_3+x_4=99 \end{cases} \tag{7.6}$$

7.6.2 工具箱操作

运行 optimtool 可以打开工具箱，工具箱界面如图 7.8。为了求解上述最优化函数，在界面左侧 Solver 处选择"Genetic Algorithm"，代表需要调用遗传算法。

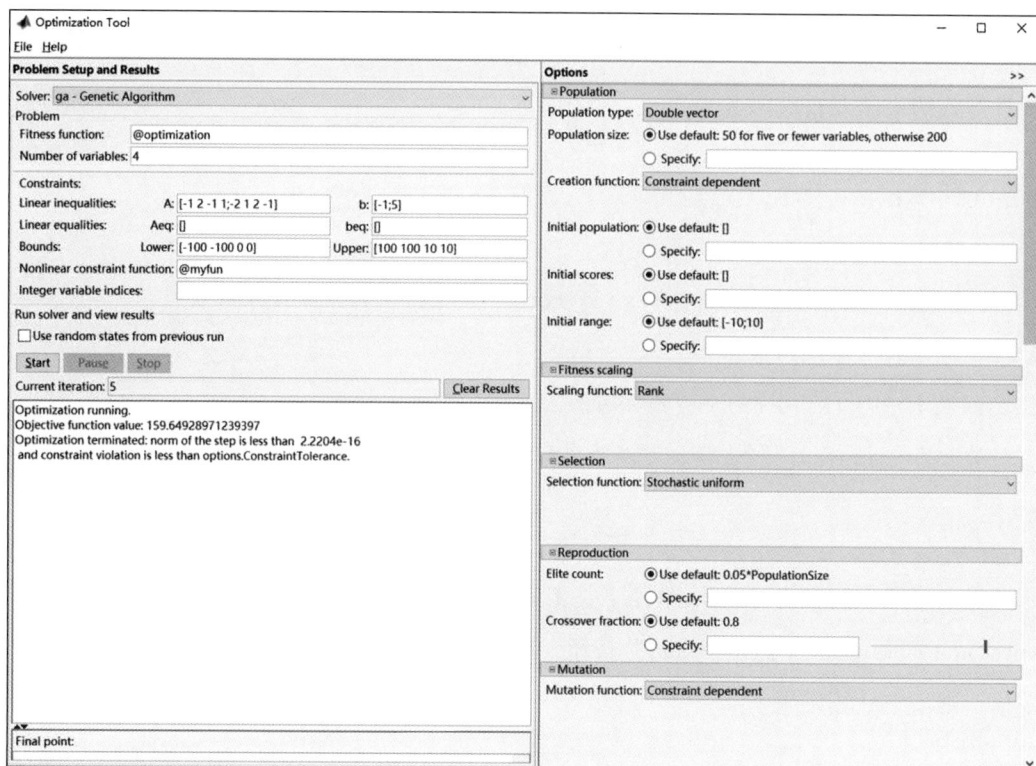

图 7.8 工具箱界面（2）

在左侧 Fitness function 处填写 "@ optimization"，代表求解下述自编函数。在 Number of variables 处填写 "4"，代表自变量有 4 个。在 Linear inequalities 的 A 处填写 "［-1 2 -1 1；-2 1 2 -1］"，在 b 处填写 "［-1；5］"，代表线性不等式约束；在 Linear equalities 的 Aeq 处填写 "［］"，在 beq 处填写 "［］"，代表未出现线性等式约束。在 Bounds 的 Lower 处填写 "［-100 -100 0 0］"，代表 4 个自变量的下限；在 Bounds 的 Upper 处填写 "［100 100 10 10］"，代表 4 个自变量的上限。

在运行工具箱之前，需要自编函数 optimization，代码如下。

```
function y=optimization(x)
  y=(x(1)-2)^2+(x(2)-1)^2+(x(3)-7)^2+(x(4)-9)^2;
end
```

函数输入参数为二维变量 "x"，"x(1)"～"x(4)" 依次为自变量 x_1，x_2，x_3，x_4，"y" 为因变量值。

另外，虽然工具箱可以设置线性等式、线性不等式约束，但非线性不等式约束和非线性等式约束需要自编函数 myfun，代码如下。

```
function[c,ceq]=myfun(x)
% c 是非线性不等式约束
c=-1*(1/4*x(1)^2-x(2)^2+x(3)-x(4)^2+1);% 转换成小于等于
% ceq 是非线性等式约束
ceq=x(1)^2+x(2)-x(3)+x(4)-99;
% 如果 c 和 ceq 不止一个,那么可以写成矩阵的形式:类似 A=[-1 2 -1 1;-2 1 2 -1];
end
```

将上述两个函数存于默认路径下，工具箱即可自动调用函数。之后，在界面 Run solver and view result 下点击 "Start" 按钮，遗传算法开始运行；如果点击 "Clear Results" 按钮，则清空计算结果。

7.6.3 代码调用

除了在工具箱界面操作，也可以通过编写代码来调用算法。运算所需参数、函数、终止条件赋值，跟工作箱界面操作基本一致。代码调用遗传算法时，命令行输入 "doc ga" 可查看 ga 函数的使用方法。具体代码如下。

```
clear
clc


%% 参数设置
fun=@ optimization;% 所求解函数
nvars=4;% 自变量个数
lb=[-100 -100 0 0];% 自变量下限
ub=[100 100 10 10];% 自变量上限
A=[-1 2 -1 1;-2 1 2 -1];% 线性不等式的左侧参数
b=[-1;5];% 线性等式的右侧参数
Aeq=[];% 算例没有线性等式
beq=[];% 算例没有线性等式
nonlcon=@ myfun;% 非线性约束


%% 算法调用
options=optimoptions('ga');% 设置遗传算法参数
options.PopulationSize=20;% 设置种群规模
options.Generations=100;% 设置迭代次数
options.SelectionFcn='selectionroulette';% 轮盘赌进行选择
% 开始运行遗传算法求解
[x,fval]=ga(fun,nvars,A,b,Aeq,beq,lb,ub,nonlcon,options);
```

7.6.4 运算结果

上述参数及设置的工具箱运算结果见图 7.9,结果展示见图 7.10。值得说明的是,由于遗传算法属于近似解算法,所以重复调用时计算结果未必一致。

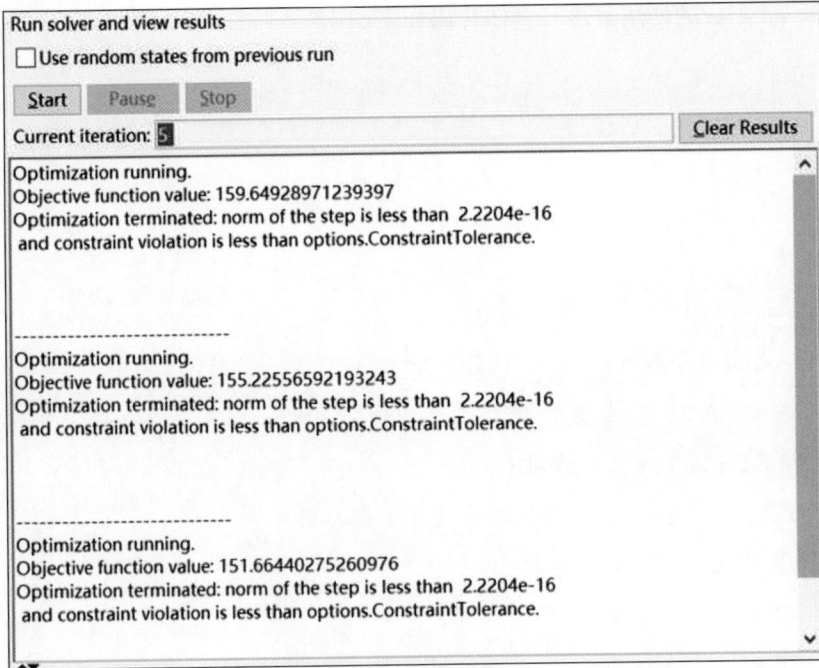

图 7.9　工具箱运算结果（2）

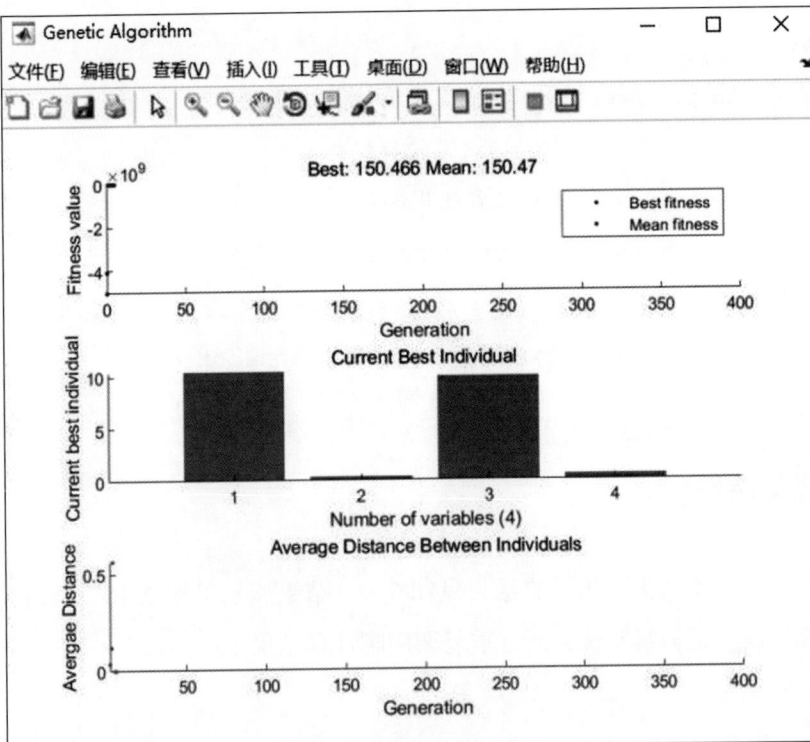

图 7.10　结果展示图（2）

第 8 章

粒子群算法

◆ 8.1 本章导读

8.1.1 内容提示

在复杂的优化问题中，传统的确定性算法往往面临计算量大、收敛速度慢、容易陷入局部最优等挑战。如何设计一种既高效又能找到全局最优解的算法，成为了研究人员不断探索的目标。粒子群算法在这样的背景下应运而生，通过模拟粒子群体在搜索空间中的协同搜索，提供了一种全新的全局优化方法。本章将系统介绍粒子群算法的基本原理、算法流程和应用步骤，并结合物流优化问题，探讨粒子群算法在实际应用中的具体案例和效果。

8.1.2 学习目标

> 理解粒子群算法的基本概念和工作原理。
> 掌握粒子群算法实现步骤和参数设置。
> 了解粒子群算法的优势及劣势。
> 学习应用粒子群算法解决实际问题。

8.1.3 思考题

（1）粒子群算法中的粒子代表什么？它们如何在解空间中移动和交互？请用简洁的语言描述粒子群算法的基本原理。

（2）粒子群算法中的收敛速度是一个重要的指标。讨论一种改进策略，以加速算法的收敛速度，并分析该策略可能带来的优势和局限性。

（3）将粒子群算法与其他优化算法（如遗传算法、模拟退火算法）进行比较。分析它们各自的优点和局限性，并讨论在不同类型问题中的适用性。

◆◇ 8.2　算法概述

8.2.1　生物学背景

粒子群优化算法（PSO）是一种仿生优化算法，其灵感来源于对鸟群觅食行为的模拟。该算法由 Kennedy 和 Eberhart 于 1995 年提出，旨在通过模拟鸟群的社会行为来解决优化问题。

在模拟过程中，首先需要为每个"粒子"（即模拟的鸟群个体）设定初始位置和速度。这些初始值通过对称初始化随机分布策略生成，即在整个搜索空间内随机分布初始位置和速度。这种策略的原理在于，鸟群在觅食的初始阶段并不知道食物的位置，因此其初始位置和速度呈现随机分布的状态。本次模拟的初始位置如图 8.1（a）所示。

然后根据自己曾经寻找食物的经验体会及鸟群信息共享，绝大部分鸟会不断向目标逼近。经过有限次的位移，绝大部分鸟聚集在一起并且都找到了食物或者位于距离食物咫尺的地方。对于二维 Rosenbrock 函数，最终群鸟寻优到最小值所凝聚成的形态在计算机上的模拟如图 8.1（b）所示。

（a）　　　　　　　　　　　　　　　　　　　（b）

图 8.1　鸟群捕食行为模拟

8.2.2　算法原理

粒子群优化算法受到群体行为启发，是一种用于求解优化问题的群体智能算法。该算法模拟了群鸟觅食的过程，类似于人类的决策过程。在早期，Boyd 和 Recharson 探索了人类决策过程，提出了个体学习和文化传递的概念。根据他们的研究，人类在决策过程中会综合两种重要的信息：第一种是个人经验，即通过自身尝试和经历积累的经验，能够判断哪些状态是优越的；第二种是他人经验，通过观察周围人的行为获得信息，从中识别出哪些选择是正面的，哪些选择是负面的。

同样的原理适用于群鸟的觅食行为。每只鸟的初始位置和飞行方向都是随机的，且不知道食物的位置。然而，随着时间的推移，这些初始处于随机位置的鸟类通过群内相互学习、信息共享和个体不断积累自身经验，自组织形成一个群体，并逐渐朝着唯一的目标（即食物）前进。

在 PSO 算法中，每个粒子（鸟）的状态由其当前位置和速度决定。每个粒子能够通过一定的经验和信息来评估当前位置的适应度值，即该位置对找到食物的价值。每个粒子记住自己所找到的最好位置，称为局部最优（pbest）；此外，还记住整个群体中所有粒子找到的最好位置，称为全局最优（gbest）。整个粒子群体趋向于全局最优位置移动，这在生物学上被称为"同步效应"。通过粒子群体的位置和速度不断更新，即不断迭代，粒子群逐渐向目标（最优解）逼近。

8.2.3　算法特点

粒子群优化算法的搜索性能依赖于全局探索和局部细化的平衡，这在很大程度上受到控制参数的影响，包括粒子群初始化、惯性因子、最大飞翔速度和两个加速常数等。

（1）粒子群优化算法具有以下优点。

①问题独立性：该算法不依赖于问题的具体信息，采用实数求解，具有很强的通用性。

②参数简洁：需要调整的参数较少，算法原理简单且易于实现，这是该算法的显著优点。

③协同搜索：该算法结合了个体的局部信息和群体的全局信息进行协同搜索，提高了搜索效率。

④快速收敛：该算法收敛速度快，对计算资源的需求较低，对计算机内存和 CPU 的要求不高。

⑤跨越局部最优：对于目标函数仅能提供极少搜索最优值的信息，在其他算法无法辨别搜索方向的情况下，该算法的粒子具有飞越性的特点，使其能够跨过搜索平面上信息严重不足的障碍，飞抵全局最优目标值。

（2）粒子群优化算法的缺点也是显而易见的。

①局部搜索能力有限：该算法在局部搜索能力方面较弱，搜索精度不够高。

②全局最优解的保障不足：该算法不能绝对保证找到全局最优解。其原因如下。

一是粒子俯冲问题：粒子在飞翔过程中可能错失全局最优解。粒子的俯冲动作使得搜索行为不够精细，不容易发现全局最优目标值，因此，对粒子的最大飞翔速度进行限制是为了避免粒子冲出搜索区域，同时确保搜索行为不至于过于粗糙。

二是早熟收敛：在处理高维复杂问题时，该算法可能会出现早熟收敛的现象，即在没有找到全局最优解之前，粒子群就陷入停滞状态。此时，粒子的飞翔动力不足，群体丧失了多样性，粒子紧密聚集在一起，飞翔速度几乎为零，虽然粒子距离全局最优解很近，但几乎为零的飞翔速度使其难以跳出停滞状态。

③参数依赖性：该算法的搜索性能对参数具有一定的依赖性。对于特定的优化问题，如果用户缺乏经验，参数调整可能会变得非常棘手，参数值的大小直接影响算法的收敛性和求解结果的精度。

④概率算法的局限性：该算法是一种概率算法，算法理论尚不完善，缺乏独特性，理论成果较少。从数学角度严格证明算法结果的正确性和可靠性还比较困难；缺少算法结构设计和参数选取的实用性指导原则，特别是全局收敛性研究和大型多约束非线性规划的研究成果相对较少。

⑤生物学背景的局限性：与神经网络、遗传算法和免疫算法等智能算法相比，该算法的生物学背景相对欠完善。目前的智能算法，如神经网络基于大脑科学，遗传算法基于达尔文进化论和孟德尔遗传定律，免疫算法基于人体免疫系统，这些理论基础已经非常完善且具有丰富的生物学知识。而粒子群优化算法基于群鸟觅食行为，生物知识较为单调，可供挖掘的内容较少。

◆◇ 8.3 算法实现

8.3.1 流程说明

粒子群优化算法的具体实现步骤如下。

（1）初始化粒子群（速度和位置）、惯性因子、加速常数、最大迭代次数和算法终止的最小允许误差。

（2）评价每个粒子的初始适应值。

（3）将初始适应值作为当前每个粒子的局部最优值，并将各适应值对应的位置作为每个粒子的局部最优值所在的位置。

（4）将最佳初始适应值作为当前全局最优值，并将最佳适应值对应的位置作为全局最优值所在的位置。

（5）根据惯性因子、两个加速常数，更新每个粒子当前的飞翔速度。

（6）对每个粒子的飞翔速度进行限幅处理，使之不能超过设定的最大飞翔速度。

（7）根据当前位置、飞翔速度，更新每个粒子当前所在的位置。

（8）比较当前每个粒子的适应值是否比历史局部最优值好，若好，则将当前粒子适应值作为粒子的局部最优值，其对应的位置作为每个粒子的局部最优值所在的位置。

（9）在当前群中找出全局最优值，并将当前全局最优值对应的位置作为粒子群的全局最优值所在的位置。

（10）重复步骤（5）~（9），直到满足设定的最小误差或者达到最大迭代次数。

（11）输出粒子群全局最优值和其对应的位置，以及每个粒子的局部最优值和其对应的位置。

粒子群优化算法流程见图 8.2。

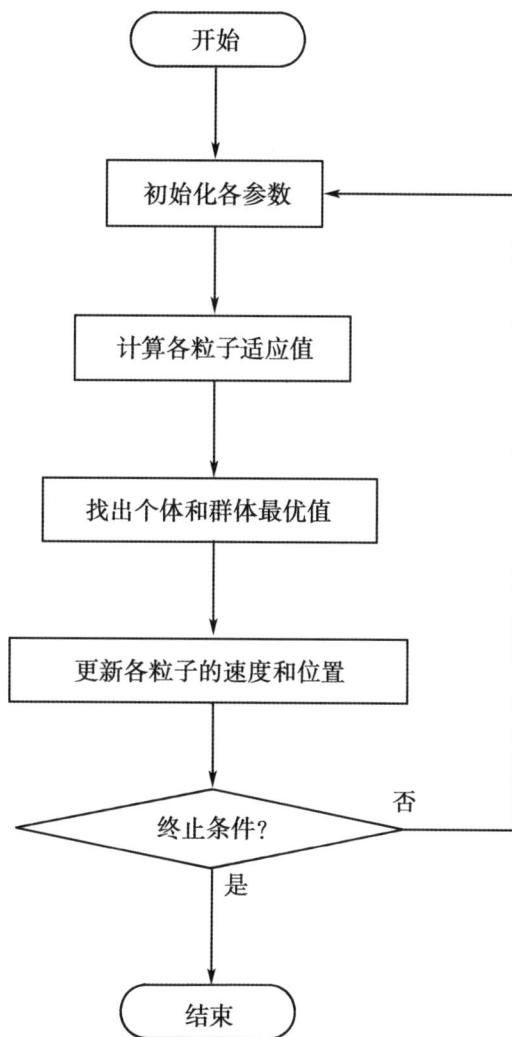

图 8.2 粒子群优化算法流程图

8.3.2　参数选取

设置粒子 k 在迭代中的历史最优位置为 P_k，粒子群体在迭代中的历史最优位置为 P_g，并设置粒子 k 在第 d 次迭代中的位置与速度分别为 X_k^d 及 V_k^d。根据个体最优位置 P_k 与群体最优位置 P_g，粒子 k 的速度和位置更新方法见式（8.1）和式（8.2）：

$$V_k^{d+1} = \rho V_k^d + \omega_1 r_1 (P_k^d - X_k^d) + \omega_2 r_2 (P_g^d - X_k^d) \tag{8.1}$$

$$X_k^{d+1} = X_k^d + V_k^{d+1} \tag{8.2}$$

式（8.1）和式（8.2）中，r_1，r_2 为 $[0, 1]$ 范围内的随机数；ρ 为粒子按照原先速度移动的惯性因子；ω_1，ω_2 为粒子向最优位置移动的学习因子。值得说明的是，ρ，ω_1，ω_2 共同用于调控粒子的更新速度，保证更新方向正确且更新步长合适。

（1）粒子群 m。

粒子数 m 的一般取值为 20~40。实验表明，对于多数问题 30 个粒子足够，不过对于特殊的难题需要 100~200 个粒子。粒子数量 m 越多，搜索范围越大，越容易找到全局最优解，算法运行的时间也越长。

（2）惯性因子 ρ。

惯性因子 ρ 在粒子群优化算法的收敛性中起着至关重要的作用。惯性因子 ρ 的大小直接影响粒子的搜索行为：当惯性因子 ρ 较大时，粒子的飞翔幅度也较大，增强了全局搜索能力，但可能会减弱局部寻优能力；相反，当惯性因子 ρ 较小时，粒子的飞翔幅度较小，增强了局部寻优能力，但可能会减弱全局搜索能力。因此，通过调整惯性因子的大小，可以平衡全局搜索和局部搜索的能力，使粒子群优化算法在不同阶段表现出不同的搜索特性。当惯性因子 ρ 较大时，粒子会在较大程度上偏离原先的寻优轨道，向新的方向进行搜索。这种情况下，粒子能够搜索更大的空间，增加跳出局部最优的机会，有助于发现新的解域。因此，较大的惯性因子有利于全局搜索，防止陷入局部最优。当惯性因子 ρ 较小时，粒子会在较大程度上沿着原先的寻优轨道进行细部搜索。这种情况下，粒子能够在当前解空间附近进行更加精细的搜索，有助于提高搜索精度和加速算法的收敛。因此，较小的惯性因子有利于局部搜索，增强算法的收敛速度。

所以，如果惯性因子 ρ 越大，有利于跳出局部最优，进行全局寻优；相反，惯性因子 ρ 越小，有利于局部寻优，加速算法收敛，提高搜索精度。惯性因子 ρ 的大小决定了对粒子当前速度继承的多少。需要特别说明的是，这里关于惯性因子 ρ 的理解往往有一个误区，认为惯性因子 ρ 越大表示继承当前的飞翔速度也越大，所以应该是较小程度地离开原先的寻优轨道。理解错误的原因是，ρ 越大，粒子飞翔的速度和位置更新的幅度就越大，因此偏离原先寻优轨道的程度也就越大。

为了兼顾全局搜索和局部搜索的优点，可以在迭代过程中动态调整惯性因子 ρ。常见的调整策略如下。

①线性递减策略：在迭代开始时将惯性因子设置得较大，然后在迭代过程中逐步减小。这样可以使粒子群在优化初期搜索较大的解空间，以找到合适的种子解，然后在后期逐渐收缩搜索范围，在较好的区域进行精细搜索，以加快收敛速度和提高目标精度。

②随机调整策略：在每次迭代中，惯性因子 ρ 可以在区间 $[0，1]$ 内随机取值。这种策略可以增加搜索的多样性，防止粒子群过早陷入局部最优。如果惯性因子 ρ 是定值，建议取 $0.60\sim0.75$ 的合理值。

（3）加速常数 ω_1，ω_2。

加速常数 ω_1，ω_2 是调整自身经验和社会经验在其运动中所起作用的权重。对于简单的常规问题，一般情况下取 $\omega_1=\omega_2=2$。目前，对于加速常数 ω_1，ω_2 的确切取值，学术界分歧较大。

若 $\omega_1=0$，则粒子没有自身经验，只有社会经验，它的收敛速度可能较快，但在处理较复杂问题时，容易陷入局部最优点。若 $\omega_2=0$，则粒子群没有群体共享信息，只有自身经验，因为个体间没有信息共享，一个规模为 m 的粒子群等价于运行了 m 个单个粒子，因而得到最优解的概率非常小。若 $\omega_1=\omega_2=0$，则粒子将在没有任何经验和信息借鉴的情况下，一直杂乱无章地朝边界飞翔，飞翔的速度也在不断地衰减。由于只能盲目搜索到有限的区域，因此很难找到最优解。

（4）最大飞翔速度 V_{max}。

粒子群优化算法通过在每次迭代中调整每个粒子在各维度上的移动距离进行优化。粒子的速度变化是随机的，但为了确保搜索过程的有效性，需要对粒子的速度进行控制，防止搜索轨迹无限扩展至问题空间的无穷范围。粒子要有效地进行搜索，必须采取某些措施来衰减搜索振幅。传统的方法是使用一个参数 V_{max} 来限制粒子的运动速度。这个参数 V_{max} 有助于防止搜索范围毫无意义地发散，避免粒子群由于速度过大而直接掠过最优目标值。适当的速度限制能够平衡全局搜索和局部搜索，有助于跳出局部最优解，同时提高搜索精度。不过，参数 V_{max} 的选择需要基于对问题的先验知识。为了在不同的搜索阶段实现最佳效果，可以考虑以下两点。

①跳出局部最优：在优化初期，为了跳出局部最优，需要较大的寻优步长。这时，较大的最大飞翔速度 V_{max} 有助于粒子群进行广泛的全局搜索，增加发现全局最优解的机会。

②精细搜索：在接近最优值时，较小的寻优步长更为有效。这时，较小的最大飞翔速度 V_{max} 有助于粒子群进行精细的局部搜索，提高搜索精度和收敛速度。如果选择固定的最大飞翔速度 V_{max}，建议将其设定为每维度变化范围的 $10\%\sim20\%$。这个范围内的速度限制能够在全局搜索和局部搜索之间取得较好的平衡，既可以保证算法的全局探索能力，又可以提高搜索精度和收敛速度。

8.3.3 应用示例

用 MATLAB 编码粒子群算法，求解式（8.3）：

$$\max f(x) = 2.1(1-x+2x^2)\exp\left(-\frac{x^2}{2}\right), \ x \in [-5,\ 5] \tag{8.3}$$

具体代码如下。

```
% 主程序:用粒子群算法求解 maxcf(x)=2.1* (1-x+2x^2)* exp(-x^2/2)在[-5 5]区间上的最大值

clc;clear all;close all;
tic;                              % 程序运行计时
E0=0.001;                         % 允许误差
MaxNum=100;                       % 粒子最大迭代次数
narvs=1;                          % 目标函数的自变量个数
particlesize=30;                  % 粒子群规模
c1=2;                             % 每个粒子的个体学习因子,也称为加速常数
c2=2;                             % 每个粒子的社会学习因子,也称为加速常数
w=0.6;                            % 惯性因子
vmax=0.8;                         % 粒子的最大飞翔速度
x=-5+10* rand(particlesize,narvs);  % 粒子所在的位置
v=2* rand(particlesize,narvs);      % 粒子的飞翔速度
% 用 inline 定义适应度函数以便将子函数文件与主程序文件放在一起,
% 目标函数是:y=1+(2.1* (1-x+2* x.^2).* exp(-x.^2/2))
% inline 命令定义适应度函数如下:
fitness=inline('1/(1+(2.1* (1-x+2* x.^2).* exp(-x.^2/2)))','x');
% inline 定义的适应度函数会使程序运行速度大大降低
for i=1:particlesize
    for j=1:narvs
        f(i)=fitness(x(i,j));
    end
end
personalbest_x=x;
```

```
personalbest_faval=f;
[globalbest_faval i]=min(personalbest_faval);
globalbest_x=personalbest_x(i,:);
k=1;
while k<=MaxNum
    for i=1:particlesize
        for j=1:narvs
            f(i)=fitness(x(i,j));
        end
        if f(i)<personalbest_faval(i)% 判断当前位置是否是历史上最佳位置
            personalbest_faval(i)=f(i);
            personalbest_x(i,:)=x(i,:);
        end
    end
    [globalbest_faval i]=min(personalbest_faval);
    globalbest_x=personalbest_x(i,:);
    for i=1:particlesize % 更新粒子群里每个个体的最新位置
        v(i,:)=w* v(i,:)+c1* rand* (personalbest_x(i,:)-x(i,:))…
            +c2* rand* (globalbest_x-x(i,:));
        for j=1:narvs    % 判断粒子的飞翔速度是否超过了最大飞翔速度
            if v(i,j)>vmax;
                v(i,j)=vmax;
            elseif v(i,j)<-vmax;
                v(i,j)=-vmax;
            end
        end
        x(i,:)=x(i,:)+v(i,:);
    end
    if abs(globalbest_faval)<E0,break,end
    k=k+1;
end

Value1=1/globalbest_faval-1;Value1=num2str(Value1);
% strcat 指令可以实现字符的组合输出
disp(strcat('the maximum value',' = ',Value1));
```

% 输出最大值所在的横坐标位置

```
Value2=globalbest_x;Value2=num2str(Value2);
disp(strcat('the corresponding coordinate',' = ',Value2));
x=-5:0.01:5;
y=2.1* (1-x+2* x.^2).* exp(-x.^2/2);
plot(x,y,'m-','linewidth',3);
hold on;
plot(globalbest_x,1/globalbest_faval-1,'kp','linewidth',4);
legend('目标函数','搜索到的最大值');xlabel('x');ylabel('y');grid
on;toc;
```

由计算结果可知，因变量最大值为 5.1985，其对应自变量为-1.1617。

```
the maximum value=5.1985    % 因变量最大值
the corresponding coordinate=-1.1617    % 对应自变量
时间已过 1.650666 秒
```

另外，目标函数随自变量变化曲线见图 8.3。

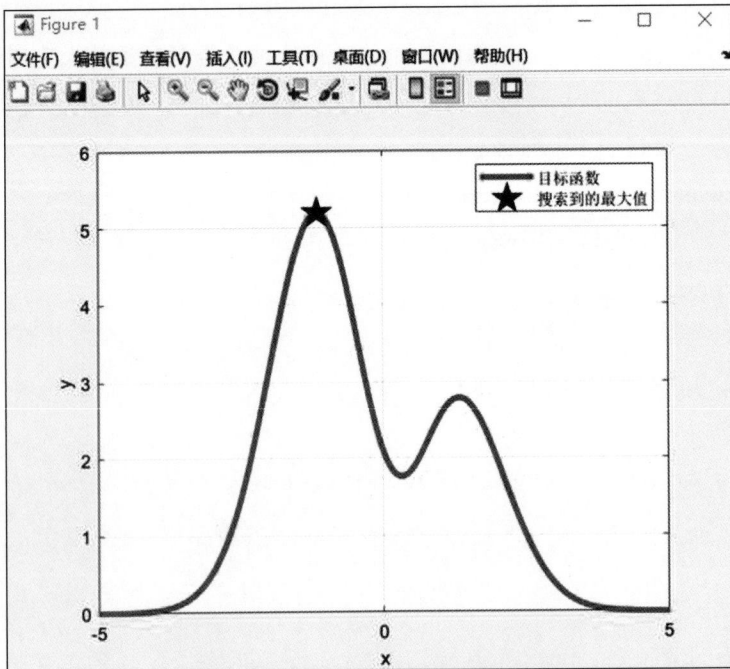

图 8.3　目标函数随自变量变化曲线

◆ 8.4 TSP 求解

8.4.1 算例设置

根据 1.2.2 所构建的 TSP 基础模型，本节用粒子群算法开展算例的编码与计算。旅行商需要经过 20 个城市，各城市的 X，Y 坐标见表 8.1，据此计算各城市间的欧氏距离。

表 8.1　20 个城市的 X，Y 坐标 （4）

序号	X 坐标	Y 坐标	序号	X 坐标	Y 坐标
1	2.4000	1.8300	11	0.8500	2.7330
2	2.0100	2.1830	12	1.7833	3.2833
3	2.1830	1.0110	13	1.9833	4.3833
4	1.8330	1.5330	14	1.2000	1.6167
5	2.0500	0.9833	15	1.5167	1.9000
6	2.2500	2.1300	16	1.9833	2.5833
7	2.3330	1.4160	17	1.6833	3.2833
8	1.9170	1.5330	18	1.7833	3.1167
9	2.2500	2.1670	19	1.1833	3.0500
10	1.5830	1.0000	20	2.9000	2.7833

8.4.2 粒子群主函数

```
clc;% 清理屏幕
clear all;% 清理数据
close all;

%% 赋值参数
num_city=20;% 城市数量
% 计算距离矩阵。Clist 为位置表,dislist 为距离表
[dislist,Clist]=tsp(num_city);
tsp_data=dislist;

max_iter=500;% 迭代次数
pop_size=100;% 粒子群规模
w=0.7;% 惯性权重
c1=1;% 个体学习因子
c2=1;% 社会学习因子

%% 初始化粒子位置和速度
pop_pos=zeros(pop_size,num_city);
pop_vel=zeros(pop_size,num_city);
for i=1:pop_size
    pop_pos(i,:)=randperm(num_city);% 粒子位置
    pop_vel(i,:)=randperm(num_city);% 粒子速度
end

%% 初始化最优解及相应的适应度值
p_best_pos=pop_pos;
p_best_dist=zeros(1,pop_size);
for i=1:pop_size
```

```
    p_best_dist(1,i)=TSP_distance(pop_pos(i,:),tsp_data);% 计算距离
end
% 记录初始的最优适应度
[p_best,p_best_index]=min(p_best_dist);
g_best_pos=pop_pos(p_best_index,:);
g_best_dist=p_best;


%% 循环迭代
for iter=1:max_iter % 迭代次数

    for i=1:pop_size % 逐个粒子更新

        % 更新速度,根据个体当前速度、个体历史最优、群体历史最优
        pop_vel(i,:)=w * pop_vel(i,:)…
            +c1 * rand(1,num_city).* (p_best_pos(i,:)-pop_pos(i,:))…
            +c2 * rand(1,num_city).* (g_best_pos-pop_pos(i,:));

        % 检查速度是否越界
        pop_vel(i,:)=TSP_check(pop_vel(i,:));

        % 更新位置,获得新的解方案
        pop_pos(i,:)=TSP_check(pop_pos(i,:)+round(pop_vel(i,:)));

        % 计算适应度
        curr_dist=TSP_distance(pop_pos(i,:),tsp_data);

        % 更新最优解
        if curr_dist < p_best_dist(i)   % 个体历史最优
            p_best_dist(i)=curr_dist;
            p_best_pos(i,:)=pop_pos(i,:);
        end
        if curr_dist < g_best_dist   % 群体历史最优
```

```matlab
            g_best_dist=curr_dist;
            g_best_pos=pop_pos(i,:);
        end

    end

    % 结果
    iter,g_best_dist
    g_best_D(iter)=g_best_dist;% 累计历史最优解
    drawTSP(Clist,g_best_pos,g_best_dist,1,0);

end
%% 结果展示
figure(1)
plot(g_best_D,'linewidth',1.5);
figure(2)
drawTSP(Clist,g_best_pos,g_best_dist,1,0);
title(['最短路径长度为:',num2str(g_best_dist)]);
```

8.4.3　粒子群子函数

```matlab
%% 子函数:输出城市间里程表
function [DLn,cityn]=tsp(n)
if n==20
    city20=[2.4,1.83;2.01,2.183;2.183,1.011;1.833,1.533;2.05,0.9833;
    2.25,2.13;2.333,1.416;1.917,1.533;2.25,2.167;1.583,1.000;0.85,
    2.733;1.7833,3.2833;1.9833,4.3833;1.200,1.6167;
        1.5167,1.90;1.9833,2.5833;1.6833,3.2833;1.7833,3.1167;1.1833,
3.05;2.90,2.7833];
    for i=1:20
        for j=1:20
```

```
        DL20(i,j)=((city20(i,1)-city20(j,1))^2+(city20(i,2)-
city20(j,2))^2)^0.5;
        end
    end
    DLn=DL20;
    cityn=city20;
end
```

```
%% 子函数:计算路径总里程
function distance=TSP_distance(path1,tsp_data)
% 计算路径长度
distance=0;
for j=1:length(path1)-1
    distance=distance+tsp_data(path1(j),path1(j+1));
end
distance=distance+tsp_data(path1(end),path1(1));
end
```

```
%% 子函数:检查路径是否越界并修正
function path=TSP_check(path)


n=length(path);
if any(path<1) || any(path>n)
    path=randperm(n);
end


End
```

```
%% 子函数:绘制线路图
function m=drawTSP(Clist,BSF,bsf,p,f)


CityNum=size(Clist,1);
for i=1:CityNum-1
    plot([Clist(BSF(i),1),Clist(BSF(i+1),1)],[Clist(BSF(i),2),
Clist(BSF(i+1),2)],'ms-','LineWidth',2,'MarkerEdgeColor','k
','MarkerFaceColor','g');
    hold on;
end
plot([Clist(BSF(CityNum),1),Clist(BSF(1),1)],[Clist(BSF(City-
Num),2),Clist(BSF(1),2)],'ms-','LineWidth',2,'MarkerEdgeColor
','k','MarkerFaceColor','g');
title([num2str(CityNum),'城市 TSP']);
if f==0
    text(5,5,['第',int2str(p),'步',' 最短距离为',num2str
(bsf)]);
else
    text(5,5,['最终搜索结果:最短距离',num2str(bsf)]);
end
hold off;
```

8.4.4 运算结果

MATLAB 运行过程中会不断改善路径,初始存在路径重叠,逐渐变化为最短路径。运算结果中最短路径长度为 16.0498。粒子群优化算法的结果改善过程见图 8.4,最优路径见图 8.5,迭代过程见图 8.6。

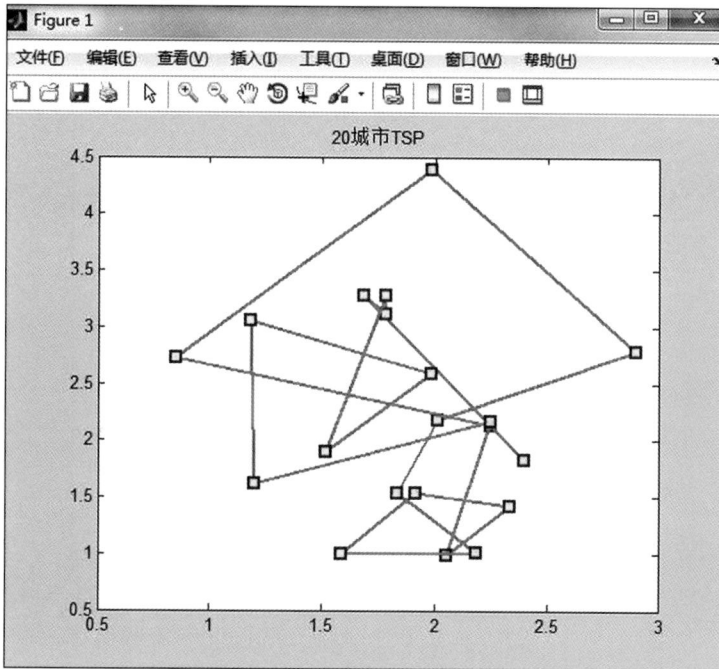

图 8.4 粒子群优化算法结果改善过程图

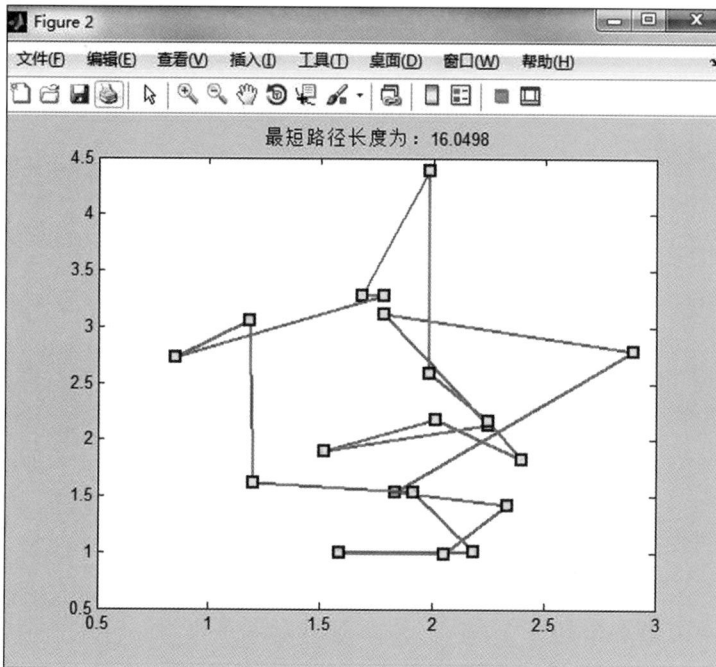

图 8.5 粒子群优化算法最优路径图

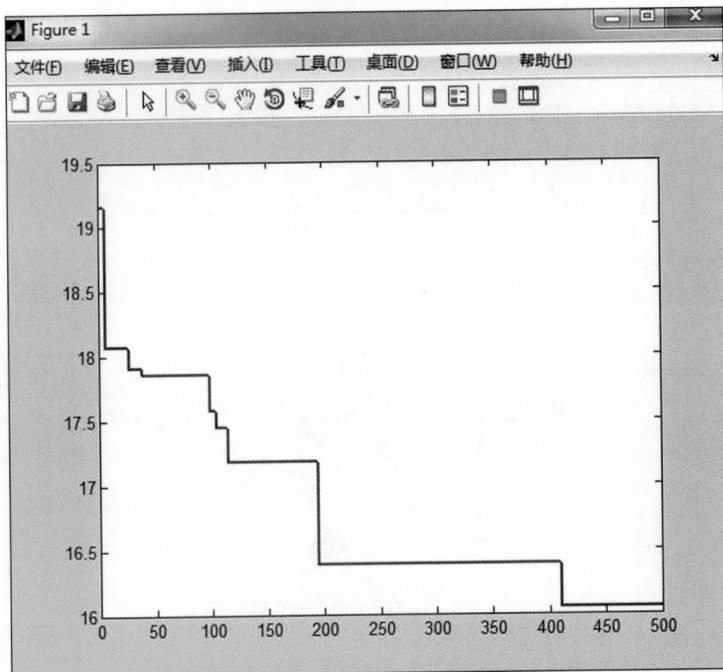

图 8.6　粒子群优化算法迭代图

◆ 8.5　MATLAB 工具箱

8.5.1　算例设置

借助 MATLAB 自带粒子群优化函数 particleswarm 或者常用 PSOt 粒子群优化工具箱，均可以求解式（8.4）的最优化函数。

$$\max y = \frac{\sin\sqrt{x_1^2+x_2^2}}{\sqrt{x_1^2+x_2^2}}+e^{\frac{\cos2\pi x_1+\cos2\pi x_2}{2}}-2.71289 \tag{8.4}$$

该函数绘制代码如下。

```
%% 用下述代码绘制函数图。
x1=0:0.05:2;
x2=0:0.05:2;
```

```
[x1,x2]=meshgrid(x1,x2);
x3=sin(sqrt(x1^2+x2^2))/sqrt(x1^2+x2^2)+exp((cos(2* pi* x1)+cos(2
* pi* x2))/2)-2.71289;
surfc(x1,x2,x3)
colormap hsv
```

该函数解空间见图8.7。

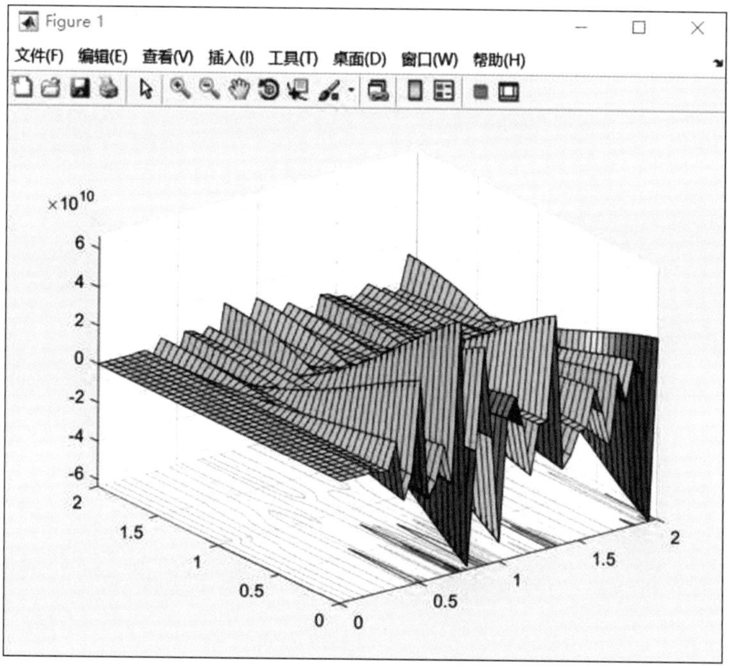

图8.7 函数解空间（3）

8.5.2 MATLAB 函数

MATLAB 自带粒子群优化函数 particleswarm，可以通过编写代码来调用粒子群算法。编写代码调用粒子群算法时，命令行输入"doc particleswarm"可查看 particleswarm 函数的使用方法。具体代码如下。

```
function z=test_func(in)% 所需计算函数
nn=size(in);
```

% 输入的是矩阵,即算法中随机产生一组 x 和 y 按[x(nn,1),y(nn,1)]排列

```
x=in(:,1);
y=in(:,2);
nx=nn(1);
for i=1:nx
    temp=sin(sqrt(x(i)^2+y(i)^2))/sqrt(x(i)^2+y(i)^2)+exp((cos(2*
pi* x(i))+cos(2* pi* y(i)))/2)-2.71289;
    z(i,:)=-temp;% 求极大值故目标转为负数
end
```

```
%% 粒子群函数 particleswarm
func=@ test_func;
rng default;

% 算法参数:种群规模 20、迭代次数 300、Display 展示迭代结果
options=optimoptions('particleswarm','MaxIterations',300,'
SwarmSize',20,'InertiaRange',[0.4,0.9],'SelfAdjustmentWeight',
2,'SocialAdjustmentWeight',2,'FunctionTolerance',1e-25,'Hy-
bridFcn',@ fmincon,'Display','iter');
% 依次是目标函数句柄、自变量个数、自变量下限、自变量上限、算法设置
[x,fval,exitflag,output]=particleswarm(func,2,[-2 -2],[2 2],op-
tions);
```

8.5.3 PSOt 工具箱

除了 MATLAB 自带函数,还可以下载使用美国北卡罗来纳州立大学航空航天与机械系教授 Brian Birge 开发的 PSOt 粒子群工具箱 PSOt。使用前,需要为工具箱添加路径(如图 8.8 所示),具体为:MATLAB 窗口点击"File"—点击"Set Path"—"添加并包括子文件夹"—选中 toolbox 文件夹下的 PSOt 文件夹—保存并关闭。

工具箱主要函数为 pso_ Trelea_ vectorized (functname, D, mv, VarRange, minmax, PSOparams, plotfcn, seedValue)。其中, functname 为优化函数名称,本例依然为上述的 test_func 目标函数;D 为带优化函数的维数;mv 为粒子飞行最大速度;VarRange 为粒

子位置取值范围；minmax = 1 表示求目标最大值目标，minmax = 0 表示求目标最小值；PSOparams 为参数矩阵，包括最大迭代次数、粒子群规模、惯性因子、学习因子、终止迭代条件等；plotfcn 为绘制图像函数；seedValue 为初始化粒子位置。

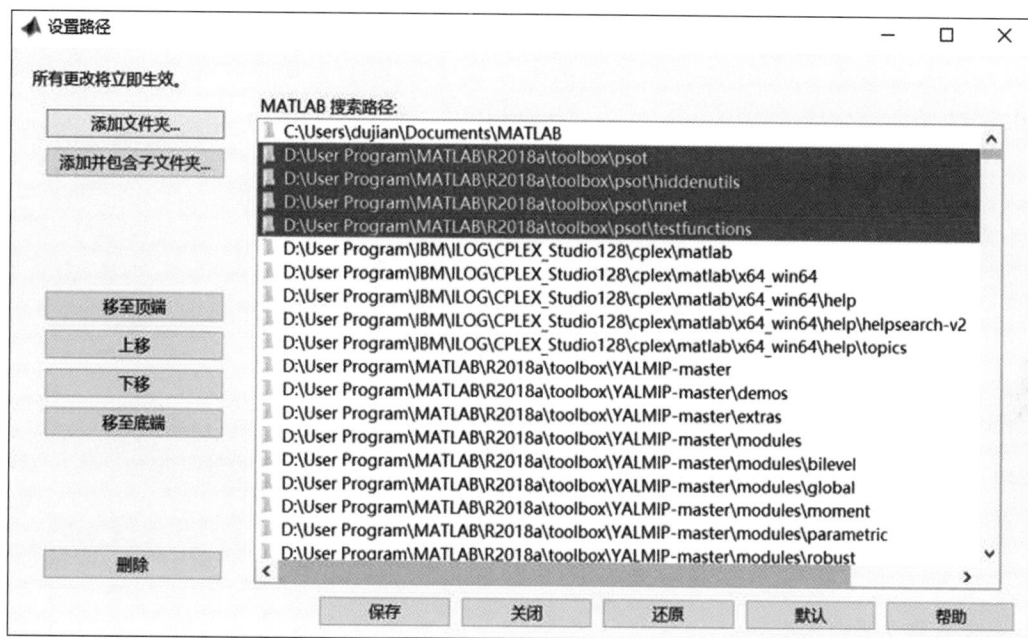

图 8.8　工具箱路径设置

对于参数矩阵 PSOparams，代码中 PSOparams = ［10 300 20 2 2 0.9 0.4 1500 1e−25 250 NaN 0 0］表示如下：

第一个参数表示 MATLAB 命令窗显示的计算过程的间隔数，10 表示算法每迭代 10 次显示一次运算结果，如取值为零，不显示计算中间过程；

第二个参数表示算法的最大迭代次数，在满足最大迭代次数后，算法停止，此处表示最大接待次数为 300；

第三个参数表示种群中个体数目，个体越多越容易收敛，但算法收敛速度越慢，算例个体数目为 20；

第四个和第五个参数为算法的加速度参数，分别影响局部最优值和全局最优值；

第六个和第七个参数表示算法开始和结束时的权值，其他时刻的权值通过线性计算求得；

第八个参数表示当迭代次数超过该值时，权值取第六个和第七个参数中较小的；

第九个参数表示算法终止阈值，当连续两次迭代中对应种群最优值变化小于此阈值时算法终止；

第十个参数表示用于终止算法的阈值；

第十一个参数表示优化问题是否有约束条件，NaN 表示没有约束条件；

第十二个参数表示使用粒子群算法类型；

第十三个参数表示种群初始化是否采用指定的随机种子，0 表示随机产生，1 表示用户自行产生。

PSOt 粒子群工具箱的使用代码如下。

```
% % PSOt 工具箱
x_range=[-2,2];
y_range=[-2,2];
range=[x_range;y_range];
Max_V=0.2* (range(:,2)-range(:,1));% 最大速度取范围的10% -20%
n=2;% 粒子维数
PSOparams=[10 300 20 2 2 0.9 0.4 1500 1e-25 250 NaN 0 0];
% 个体数目 20,进化次数 300
pso_Trelea_vectorized('test_func',n,Max_V,range,0,PSOparams);
% 0 为求极小值
```

8.5.4　运算结果

MATLAB 自带粒子群函数 particleswarm 在 76 次迭代时收敛为 GBest $= -1.005$，在 172 次迭代后算法终止，具体结果如下。值得说明的是，由于粒子群算法属于近似解算法，所以重复调用时计算结果未必一致。

Iteration	f-count	Best f(x)	Mean f(x)	Stall Iterations
0	20	-0.4088	1.068	0
1	40	-0.4574	0.6369	0
2	60	-0.4574	0.6662	1
3	80	-0.4574	0.8037	2

4	100	-0.6394	0.593	0
5	120	-0.6394	0.6507	1
6	140	-0.6394	0.7549	2
7	160	-0.6394	0.5219	3
8	180	-0.6394	1.093	4
9	200	-0.6394	0.7332	5
10	220	-0.6394	0.5895	6
11	240	-0.6394	0.8091	7
12	260	-0.6394	0.7668	8
13	280	-0.6419	0.5765	0
14	300	-0.6419	0.6353	1
15	320	-0.6419	0.5066	2
16	340	-0.6864	0.5335	0
17	360	-0.6864	0.46	1
18	380	-0.6864	0.4018	2
19	400	-0.6876	0.3492	0
20	420	-0.6876	0.6145	1
21	440	-0.6876	0.4945	2
22	460	-0.691	0.5487	0
23	480	-0.691	0.5452	1
24	500	-0.691	0.391	2
25	520	-0.691	0.6201	3
26	540	-0.6983	0.3221	0
27	560	-0.6983	0.3168	1
28	580	-0.6983	0.2053	2
29	600	-0.701	0.4406	0
30	620	-0.7042	0.3087	0
31	640	-0.7043	0.3795	0
32	660	-0.7045	0.341	0
33	680	-0.7051	0.0974	0
34	700	-0.7051	0.2504	1
35	720	-0.7051	0.2658	2

36	740	−0.7051	0.1668	3
37	760	−0.7052	0.2566	0
38	780	−0.7052	0.1732	1
39	800	−0.7052	0.2391	2
40	820	−0.7052	0.09391	0
41	840	−0.7052	0.1914	1
42	860	−0.7819	−0.1172	0
43	880	−0.7819	0.2414	1
44	900	−0.8004	0.2118	0
45	920	−0.8316	0.2376	0
46	940	−0.8316	0.2446	1
47	960	−0.8316	0.4932	2
48	980	−0.8316	0.3116	3
49	1000	−0.8316	0.2559	4
50	1020	−0.8411	0.413	0
51	1040	−0.8411	0.2463	1
52	1060	−0.8453	0.1782	0
53	1080	−0.8458	0.1973	0
54	1100	−0.8462	0.04455	0
55	1120	−0.8462	0.3418	1
56	1140	−0.8462	−0.05529	2
57	1160	−0.8468	0.04439	0
58	1180	−0.8468	0.02997	1
59	1200	−0.9706	0.2114	0
60	1220	−0.9706	0.05177	1
61	1240	−0.9706	0.2566	2
62	1260	−0.9706	0.3711	3
63	1280	−0.9769	0.1144	0
64	1300	−0.9769	0.4796	1
65	1320	−0.9769	0.2902	2
66	1340	−0.9769	0.3581	3
67	1360	−0.9769	0.3272	4

68	1380	-0.9769	0.3012	5
69	1400	-0.9769	-0.07876	6
70	1420	-0.9769	0.1159	7
71	1440	-0.9769	0.2487	8
72	1460	-0.9842	0.2099	0
73	1480	-0.9842	0.04352	1
74	1500	-0.9968	0.09597	0
75	1520	-0.9968	0.04393	1
76	1540	-1.001	-0.01936	0
77	1560	-1.001	0.05676	1
78	1580	-1.002	-0.1492	0
79	1600	-1.002	-0.03541	1
80	1620	-1.005	-0.2544	0
81	1640	-1.005	-0.3402	1
82	1660	-1.005	-0.1285	2
83	1680	-1.005	-0.502	0
84	1700	-1.005	-0.1557	1
85	1720	-1.005	-0.3678	2
86	1740	-1.005	-0.3346	0
87	1760	-1.005	-0.293	0
88	1780	-1.005	-0.3872	1
89	1800	-1.005	-0.5156	0
90	1820	-1.005	-0.2996	0

　　PSOt 工具箱在 300 次迭代后最优结果为 GBest＝-1.005，具体结果如下。工具箱运算结果见图 8.9。值得说明的是，由于粒子群算法属于近似解算法，所以重复调用时计算结果未必一致。

PSO:1/300 iterations,GBest=-0.37416520672764175259.

PSO:10/300 iterations,GBest=-0.58537516366211406194.

PSO:20/300 iterations,GBest=-0.7044325712281223062.

PSO:30/300 iterations,GBest=-0.95035635268460394443.

PSO:40/300 iterations,GBest=-0.98491414466263638161.

PSO:50/300 iterations,GBest=-0.98491414466263638161.

PSO:60/300 iterations,GBest=-0.9997878907285961958.

PSO:70/300 iterations,GBest=-0.9997878907285961958.

PSO:80/300 iterations,GBest=-0.9997878907285961958.

PSO:90/300 iterations,GBest=-1.0052020608111158495.

PSO:100/300 iterations,GBest=-1.0052020608111158495.

PSO:110/300 iterations,GBest=-1.0052466060953428872.

PSO:120/300 iterations,GBest=-1.0052466060953428872.

PSO:130/300 iterations,GBest=-1.0052503411481636952.

PSO:140/300 iterations,GBest=-1.0052511037889741985.

PSO:150/300 iterations,GBest=-1.0052517162170659937.

PSO:160/300 iterations,GBest=-1.0052517162170659937.

PSO:170/300 iterations,GBest=-1.0052517162170659937.

PSO:180/300 iterations,GBest=-1.0052517178109123819.

PSO:190/300 iterations,GBest=-1.0052521747206024649.

PSO:200/300 iterations,GBest=-1.0052521747206024649.

PSO:210/300 iterations,GBest=-1.0052522343109262515.

PSO:220/300 iterations,GBest=-1.0053099788354700195.

PSO:230/300 iterations,GBest=-1.0053196147954208683.

PSO:240/300 iterations,GBest=-1.005351421886659935.

PSO:250/300 iterations,GBest=-1.005351421886659935.

PSO:260/300 iterations,GBest=-1.005351421886659935.

PSO:270/300 iterations,GBest=-1.005351421886659935.

PSO:280/300 iterations,GBest=-1.0053689051271001986.

PSO:290/300 iterations,GBest=-1.0053689051271001986.

PSO:300/300 iterations,GBest=-1.0053689051271001986.

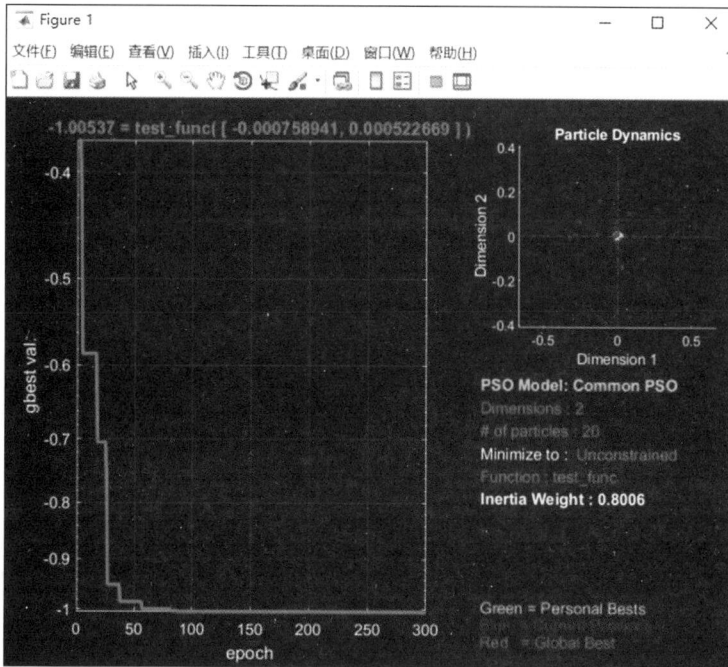

图 8.9 工具箱运算结果（3）

第 3 篇

FlexSim物流仿真

第6章

环境与健康管理

系统仿真可以把一个复杂系统降阶成若干子系统，以便于描述及分析系统的运行、演变及发展过程。现实中的任何一个系统都不是孤立存在的，既不可能也没有必要将整个运作系统的所有细节一一还原，只需要仿真出核心部分或环节即可。比如，要仿真一条流水线的生产运作效率，不需要还原整个工厂或车间的运作流程，也不需要知道原料仓库和成品仓库的出入库情况。系统仿真根据模型不同，可以分为物理仿真、数学仿真和物理-数学仿真（半实物仿真）；根据系统特性不同，可以分为连续系统仿真和离散系统仿真。FlexSim 是事件驱动的三维计算机离散系统仿真软件，借助 FlexSim 仿真软件，工程师或管理者能够自由地选择和组合系统运作过程中的各类元素，在保持较低成本的同时，更为快速、有效、准确地达成分析目标。

　　本书前两篇内容探讨了物流优化问题，并介绍了利用智能优化算法解决这些问题的方法。FlexSim 仿真软件作为一种强大的工具，可以对这些优化方案进行实际验证和分析。例如，利用遗传算法优化的车辆路径，可以在 FlexSim 仿真软件中测试其实际效果，观察其在不同运输需求和道路条件下的表现。FlexSim 仿真软件还能对物流系统的各个环节进行详细的性能分析，如生产线效率、仓库管理和运输调度等。

啤酒空瓶回收线仿真数据分析

（1）啤酒空瓶回收线机械选型。

在空瓶回收线运作过程中，根据物资的特性及客观条件的不同，应采用不同的空瓶回收线机械配置。为了保证空瓶回收线高效、经济，要特别注意空瓶回收线机械配置类型的选择。

①空瓶回收线机械配置配套性。其要求机械配置的作业能力能够很好地满足空瓶回收线的生产需求。如果机械配置作业能力没有达到生产线需求量的要求，啤酒生产受阻，生产线整个流通环节就会不畅通，从而作业的效率就会大大降低；相反，如果机械配置作业能力超出了生产线的需求量，则会使机械配置闲置，造成不必要的成本损失；当然，如果空瓶回收线中有其中一个环节的机械配置工作能力较弱，而其他环节的机械配置工作能力却很强，就会形成瓶颈现象，使工作速度受阻。这些都是空瓶回收线机械配置不配套造成的。

②空瓶回收线机械配置通用性和灵活性。由于生产线与回收线关联密切，让空瓶回收线机械配置具有通用性和灵活性，不然空瓶回收线配置使用效率较低。在空瓶回收线机械配置设计上，堆垛机与空瓶打包机的机械速率是必须考虑的方面，否则会降低机械配置的使用效率。

空瓶回收的速率与生产线所需空瓶速率的大小决定着机械配置的规模和种类。回收空瓶量大时，可采用自动化程度高、规模大的机械配置来提高整个空瓶回收线机械配置的效率。回收空瓶量较小时，就采用机械规模小、构造简单、成本低的机械配置。

目前，空瓶回收线机械配置处理上的问题层出不穷，由于生产的扩大，产生所需灵活性更高，原先依靠人工处理的方式在很多时候已经不能满足需求。要解决上述问题，首先要能够及时处理回收线中空瓶纸箱的堆积和摆放问题，尽量减少不必要的搬运；其次，检查回收空瓶的卫生程度与损坏程度，保证空瓶能再次装瓶；再次，应与之后的生产线产生联系，方便直接进入生产线，应用到叉车、运输机等机械配置。

（2）仿真输入数据。

①每天来瓶数量。

❖按 11 月份数据估算，平均每小时来瓶 24396 只。

❖每天工作时间按 8 h 计算。

②自动卸垛机上箱部分（按照冰纯白 500 mL 计算）。

❖每托空瓶箱数：96 箱。

❖每箱空瓶数：12 只。

❖机器人单次作业能力：16 箱（一层）。

③割箱部分。

❖割箱机最大容量：1 箱。

❖割箱机割箱能力：50 箱/小时。

❖输送带输送速率：0.25 m/s。

④箱瓶分离部分。

❖输送带速率：0.38 m/s。

⑤空瓶输送部分。

❖输送速率：0.25 m/s。

⑥机器人自动瓶码垛部分。

❖码瓶机器人单次作业能力：245 瓶/次。

❖上隔板机器人单次作业时间：14 s，一整托码好需要约 100 s。

❖每垛堆叠层数：6 层。

⑦瓶垛捆扎部分。

❖瓶垛捆扎时间：横带 1.5 分钟/垛。

❖输送带输送速率：0.2 m/s。

⑧废纸箱打包部分

❖输送带输送速率：0.35 m/s。

❖叉车作业能力：1 垛/次，一次需要 1.5 min。

❖每个废纸垛压缩的废纸箱个数：约 2300 个。

❖压缩一个废纸垛需要的时间：约 20 min。

⑨叉车运行时间相关数据

❖割箱线下线到拖车（拖车容量 8 托）：60 s。

❖至空瓶库位：240 s。

❖到库位卸车：900 s。

❖返回：120 s。

❖叉车回瓶下车：150 s。

❖叉车回瓶上线：90 s。

❖叉车托盘下线：90 s。

❖叉车最大限速：2 m/s。

（3）机械配置方案评价指标。

利用 FlexSim 仿真软件对割箱线的运作流程进行仿真模拟后，输出当前配置方案下的统计数据，论证当前叉车的配置数量是否合理，若不合理，则提出相应的改进方案。选取的统计指标如表 1 所列。

表 1　方案评价统计量的选取及分析作用

统计量	分析作用
各台叉车的利用率	是否可以减少某个作业环节的叉车数量
叉车运行状态甘特图	论证叉车是否有共用的可能
割箱线系统的输入量和输出量	在保证当前方案的输入和输出量的前提下提出优化方案
卸车区瓶垛的等待队长和等待时间（平均值和最大值）	用于分析减少叉车数量时是否会造成该区域的阻塞
毛瓶库瓶垛的等待队长和等待时间（平均值和最大值）	
割箱线下线区域的等待队长和等待时间（平均值和最大值）	

（4）机械配置改善方法。

本案例的目的是实现集装箱码头机械资源配置的优化，因此在仿真系统中建立完善的机械配置方案评价指标体系，对码头作业系统的每个机械配置方案进行评价，并识别系统中各个环节的问题所在，具有十分重要的作用。利用系统仿真手段，从初始的机械配置方案出发，不断改善并最终实现优化，就必须寻求当前方案的改善方向，而系统方案评价指标的统计数据，恰恰可以反映方案的瓶颈所在或需要改善的环节，以及如何对当前方案进行改善。

①系统动力学原理。系统动力学（system dynamics，SD）是美国麻省理工学院弗雷斯特教授最早提出的对社会经济问题进行系统分析的方法论和定性与定量相结合的分析方法。SD 的基本原理为：首先通过对实际系统进行观察，采集有关对象系统状态的信息，然后使用有关信息进行决策。决策的结果是采取行动。行动又作用于实际系统，使系统状态发生变化。这种变化又为观察者提供新的信息，从而形成系统中的反馈回路，如图 1 所示。

将该原理应用在案例中，信息即码头系统仿真模型输出的统计数据；决策即根据输出的统计数据和指标体系进行方案评价，并提出改善方案；行动即根据提出的改善方案，调整仿真模型参数，再次运行仿真模型；系统状态则是指仿真模型的参数调整后，

图 1　系统动力学反馈回路

仿真模型的运行状态和输出数据发生了变化，此时根据最新的输出数据，重新进行方案评价和改善，因此形成了如图 2 所示的闭环结构。

图 2　案例循环改善回路

　　②机械配置方案改善方法（调整策略）。在建立机械配置方案评价指标体系的基础上，如何利用评价指标体系识别问题环节，并提出改善方案，对后续提出的循环改善的优化方法至关重要。换言之，它是优化过程中必不可少的步骤。

　　首先，识别整个系统中的问题环节。其包含两个方面：一是机械配置数量冗余的环节；二是机械配置数量不足的环节。在机械配置数量冗余的情况下，会出现部分机械利用率偏低或部分机械根本没有得到利用的状况；在机械配置数量不足的情况下，会出现所有机械利用率效率均偏高的状况。以 H_{iA} 表示第 i 环节高利用率衡量标准，以 L_{iA} 表示第

i 环节低利用率衡量标准，以 A_{ij} 表示第 i 环节的第 j 台机械的利用率统计值，得到问题环节识别的逻辑流程如下：

❖ $\exists A_{ij} \leq L_{iA}$，则判定第 i 环节为机械配置冗余环节；

❖ $\forall A_{ij}$，$A_{ij} \geq H_{iA}$，则判定第 i 环节为机械配置不足环节。

然后，识别问题环节之后，就需要针对问题环节进行方案调整。在此需要考虑两个问题：其一，是否存在多个问题环节，如果存在应该调整哪一个环节；其二，调整环节确定之后，如何对配置数量进行调整。

在配置数量冗余的情况下，如果存在多个冗余环节，由于此时无法预知同时变动多个环节的配置数量对整个系统的影响，又考虑到方案的改善应使成本快速下降的原则，因此选择单位机械成本投入最高的环节进行改善：对于该环节完全没有得到利用的机械，可以确定删除该类机械对系统运行结果并无影响，因此执行一次性全部删除的策略；而对于利用率较低的机械，由于此时无法预知减少该环节配置数量对于最终结果的影响，因此执行每次方案调整削减一台利用率最低的机械的调整策略。

在配置数量不足的情况下，如果存在多个不足环节，由于此时无法预知同时变动多个环节的配置数量对整个系统的影响，又考虑到尽量增加最少的投入换取最大的回报，因此选择单位机械成本投入最低的环节进行改善：由于此时无法预知增加该环节配置数量对于最终结果的影响，因此执行每次方案调整增加一台机械的调整策略。综上所述，得到机械配置方案的改善逻辑流程如图3所示。

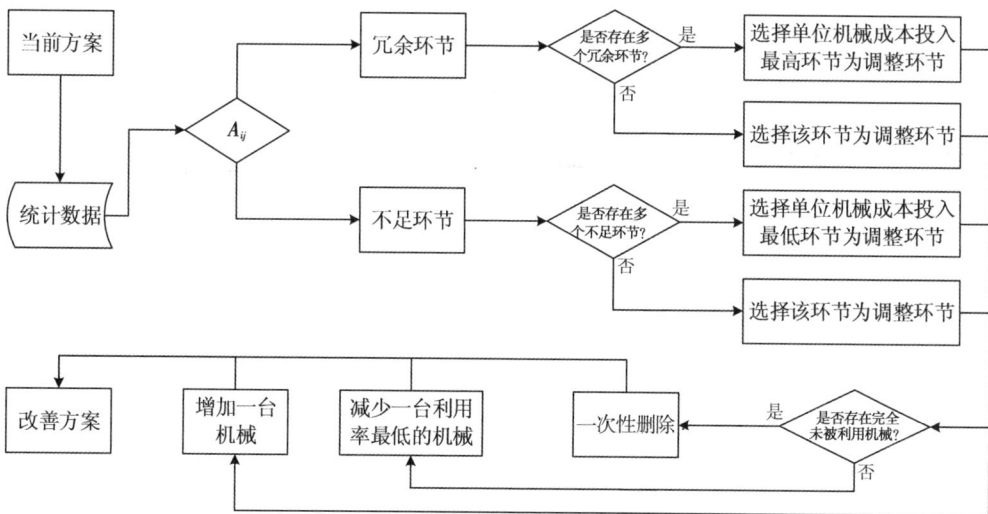

图3　机械配置方案改善逻辑流程图

第 9 章

仿真数据输入

◆ 9.1 本章导读

9.1.1 内容提示

有正确的输入才有正确的输出。仿真数据的输入对仿真工作的影响至关重要。从原始数据的采集到数据的处理再到通过一定的方法输入仿真平台，每一步都需要足够的知识和技能来支撑。而原始数据的采集和处理是统计学的研究范围，并非仿真学科的知识技能，因而本章重点关注如何将数据正确地输入仿真平台，为后续的数据输出和分析打下基础。

9.1.2 学习目标

➢ 了解数据在 FlexSim 中的存储形式。

➢ 熟悉 Excel 数据导入的具体步骤和操作流程。

➢ 理解 FlexSim 与 Excel 的交互。

➢ 掌握 ExperFit 进行数据拟合的方法。

9.1.3 思考题

（1）单选题。

①以下属于离散型随机分布的是（　　　）。

A. 二项分布　　　B. 正态分布　　　C. 均匀分布　　　D. 泊松分布

②在 FlexSim 中，以下哪项不属于正态分布的参数。（　　　）

A. 均值　　　　　B. 标准差　　　　C. 随机数流　　　　D. 渐近线

（2）简答题。

①举例说明离散型和连续型变量的区别。

②举例说明确定型变量和随机型变量的区别。

③举出常见的两种随机分布函数。

④FlexSim 中随机分布函数的拟合使用什么工具？

⑤用什么定量的方法可以验证拟合的随机分布函数是否可用？

⑥数据的统计指标除平均值外，列举其他两种常用的统计指标。

⑦外部数据除了可以存储在 Excel 中，还可以存储在什么地方？

◆◇ 9.2　知识单元

9.2.1　FlexSim 数据输入

外部数据的存储平台多种多样，如 Excel、数据库、Socket 等，但无论外部数据存储在何种平台下，都可以与 FlexSim 建立联系，实现数据交互。外部数据导入 FlexSim 后，主要以三种方式进行数据存储：节点、表和 Bundle。节点是 FlexSim 仿真模型的基本构成单元，也是数据存储的最基本形式；表格数据是实际中最常见的一种数据形式，因而在 FlexSim 中也提供了表格工具供用户使用；Bundle 数据是 FlexSim 中一种较为特殊的数据存储形式，可以用来提升数据的存取速度。外部数据输入 FlexSim 的过程如图 9.1 所示。

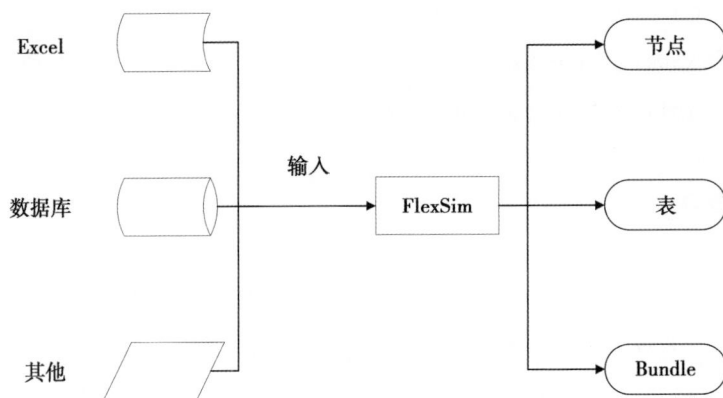

图 9.1　FlexSim 数据输入

9.2.2　Excel 数据交互

FlexSim 为用户提供了方便的 Excel 数据导入和导出的接口（Excel Interface），如图 9.2 所示。

Excel 数据导入过程具体如下。

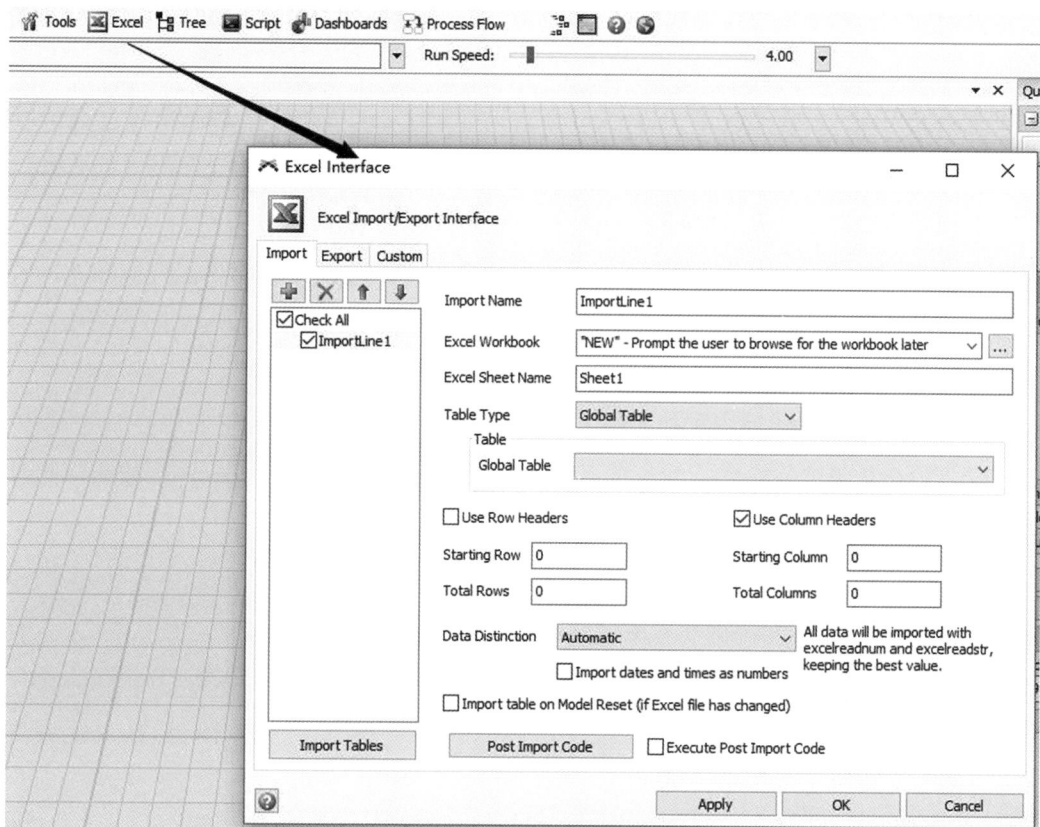

图 9.2　Excel 数据交互

①单击左上角的加号，添加一个导入。

②指定导入的名称（Import Name）。该处一般使用默认值，名称不影响输入、导入。

③指定 Excel 文件的路径，单击右侧的按钮，浏览电脑上 Excel 文件的位置。

④指定工作簿（Sheet）。因为一个 Excel 文件中可能存在多个工作簿，因而在此必须指定数据存储在哪个工作簿当中。

⑤导入表格类型。此处指定外部数据导入 FlexSim 的何种表格中，典型的表格包含全局表、到达时间表、合成器组件列表等。用户需要根据实际需要选择正确的 FlexSim 表格类型。

⑥判断是否使用行列表头。该处有两个复选框，即是否使用"行""列"表头。是否使用"行""列"表头需要根据原始数据表中是否具有"行""列"表头决定，即如果原始数据表中有行表头，在此就需要勾选"使用行表头"。

⑦起始行、总行；起始列、总列。默认情况下，数据会从原始数据表的第一行和第一列开始导入，如果用户需要从原始数据表的某一行或某一列开始导入，即需要指定该值。

⑧数据识别。默认情况下，FlexSim 会自动识别 Excel 表格中的数据类型并完成导入，如果用户需要识别指定的数据类型并导入，则需要在此处的下拉菜单中进行选择。

⑨模型重置时导入表。"Import table on Model Reset" 功能十分实用，当原始数据表被导入至 FlexSim 后，原始数据表亦有可能发生变化，此时用户可能忘记重新导入或者必须执行重新导入的过程。但勾选此复选框后，若原始数据表在导入后发生了变化，当用户单击模型重置按钮时，FlexSim 会自动为用户导入变化后的数据表。

Excel Interface 可供用户添加无限多个"数据导入"，只需单击左上角的加号即可，数据导入的参数指定完毕后，单击左下角的"Import Tables（导入表格）"按钮，此时系统会显示数据导入的进度条，提示用户何时数据已导入完毕。

请读者根据案例 9.1 练习 Excel 导入。

【案例 9.1】将原始数据导入至全局表

案例要求：将表 9.1 和表 9.2 中的数据输入 Excel，然后通过 FlexSim Excel Interface 导入全局表。

表 9.1　案例 9.1 数据表 1

	customer1	customer2	customer3	customer4	customer5
prod1	1	2	3	1	4
prod2	2	0	1	2	1
prod3	0	1	0	1	2
prod4	1	2	1	3	2
prod5	3	3	3	0	1
prod6	2	4	0	2	0
prod7	0	0	2	2	3
prod8	2	3	3	3	0

表9.1(续)

	customer1	customer2	customer3	customer4	customer5
prod9	1	2	4	1	2
prod10	1	1	3	0	0

表 9.2　案例 9.1 数据表 2

	customer1	customer2	customer3	customer4	customer5
sex	man	woman	5	woman	男

提示：表9.1是单纯的数值型数据，而表9.2中既有数值型数据又有文本型数据，导入时应注意数据类型。

9.2.3　Excel 数据交互进阶

在有些情况下，Excel Interface 并不能完全满足用户的需要，用户可能会有更加复杂的数据导入需求，此时就需要借助 FlexSim 脚本语言并结合 Excel 相关的函数来完成。在 FlexSim 中，与 Excel 数据导入相关的函数如表 9.3 所列。

表 9.3　FlexSim 中 Excel 相关函数

Basic	Sheet	Range	Table	Read & Write
excelopen	excelsetsheet	excelsetrange	excelimporttable	excelreadnum
excelclose	excelcreatesheet	exceldeleterange		excelreadstr
excelsave	exceldeletesheet	excelrangereadnum		excelwritenum
		excelrangereadstr		excelwritestr
		excelrangewritenum		
		excelrangewritestr		

表 9.1 为一个典型的订单表，订单表中的数据在正确的情况下应该是数值型，而在有些情况下由于数据采集过程中的错误，导致表格中的某些数据可能出现错误的类型。那么如何快速识别表格中哪些数据是错误的类型呢？如表 9.4 所列，表格中有两个单元格出现了错误的数据类型，下面使用 FlexSim 脚本语言，结合 Excel 相关函数完成自动定位与错误识别。

表 9.4　含有错误数据的数据表

	customer1	customer2	customer3	customer4	customer5
prod1	1	2	3	1	4
prod2	2	0	1	2	1
prod3	0	1	0	1	2
prod4	1	2	1	3	2
prod5	3	3	3	m	1
prod6	2	4	0	2	0
prod7	0	0	2	2	3
prod8	2	3	n	3	0
prod9	1	2	4	1	2
prod10	1	1	3	0	0

代码应书写在 Post Import Code 触发器中，传统语法下的脚本如下。

```
excelopen("E:/桌面文件整理(1)/腾讯云课堂/课程资料/统计进阶/第六次/Data.
xlsx");
excelcreatesheet("Sheet4");
excelsetsheet("Sheet4");
//excelsetrange("MyRange",6,5,14,6);
int num=1;
```

```
for(int m=1;m<=gettablerows("GlobalTable1");m++)
{
    for(int n=1;n<=gettablecols("GlobalTable1");n++)
    {
        treenode OR=gettablecell("GlobalTable1",m,n);
        if(getdatatype(OR)! =DATATYPE_NUMBER)
        {
            excelwritenum(num,1,m);
            excelwritenum(num,2,n);
            //excelrangewritenum("MyRange",num,1,m);
            //excelrangewritenum("MyRange",num,2,n);
            num++;
        }
    }
}
//exceldeleterange("MyRange");
excelclose(1);
```

自 FlexSim 2017 版本开始，脚本语言加入最新的点语法。使用点语法的脚本书写如下。

```
excelopen("Excel 文件路径");
excelcreatesheet("Sheet4");
excelsetsheet("Sheet4");
//excelsetrange("MyRange",6,5,14,6);
Table OrderList=reftable("GlobalTable1");
int num=1;
for(int m=1;m<=OrderList.numRows;m++)
{
    for(int n=1;n<=OrderList.numCols;n++)
    {
        treenode OR=OrderList.cell(m,n);
        if(OR.dataType! =DATATYPE_NUMBER)
```

```
    {
        excelwritenum(num,1,m);
        excelwritenum(num,2,n);
        //excelrangewritenum("MyRange",num,1,m);
        //excelrangewritenum("MyRange",num,2,n);
        num++;
    }
}
//exceldeleterange("MyRange");
excelclose(1);
```

9.2.4 ExperFit 数据拟合

仿真输入数据可分为两类：一类是确定型数据，另一类是随机型数据。对于确定型数据经数据采集后，直接输入至 FlexSim；而对于描述随机过程的数据，需要经过数据拟合成随机分布函数后，才能进行输入。

随机分布按照随机变量的类型可分为两类：一类是离散型随机分布，如伯努利分布、二项分布等；另一类是连续性随机分布，如正态分布、贝塔分布等。随机分布规律通常使用频率分布直方图来表达，如图 9.3 所示。

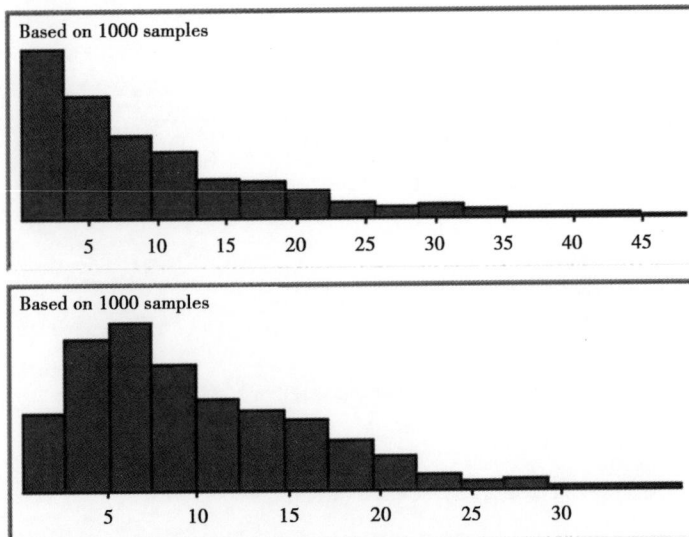

图 9.3 指数分布和埃尔朗分布的直方图

随机分布的拟合如果不借助任何工具，那么需要极强的数学知识与技能。对于仿真工作者来说，常常使用 ExperFit 工具对随机过程数据进行拟合。ExperFit 工具在 FlexSim 的统计下拉菜单中，它是由美国仿真大师 Law 开发的数据拟合工具，并适用多种仿真平台。ExperFit 工具开始界面如图 9.4 所示。

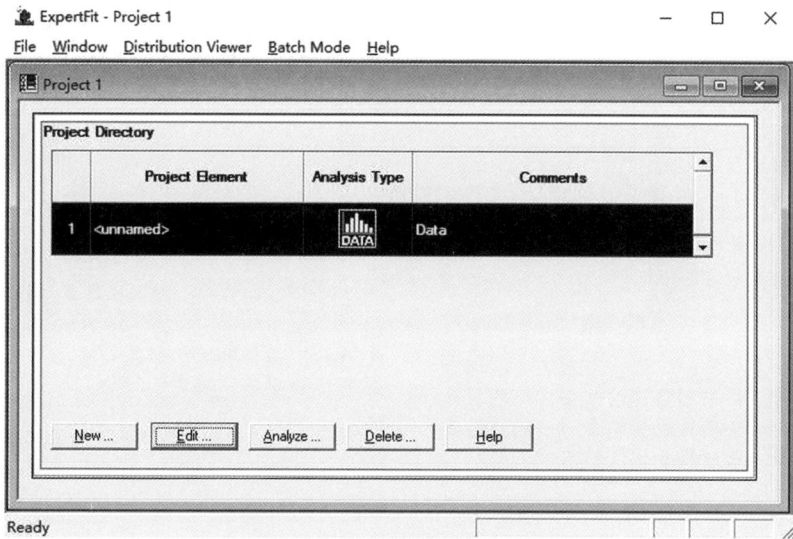

图 9.4 ExperFit 工具开始界面

ExperFit 工具进行随机分布拟合时的使用方法如图 9.5~图 9.10 所示。

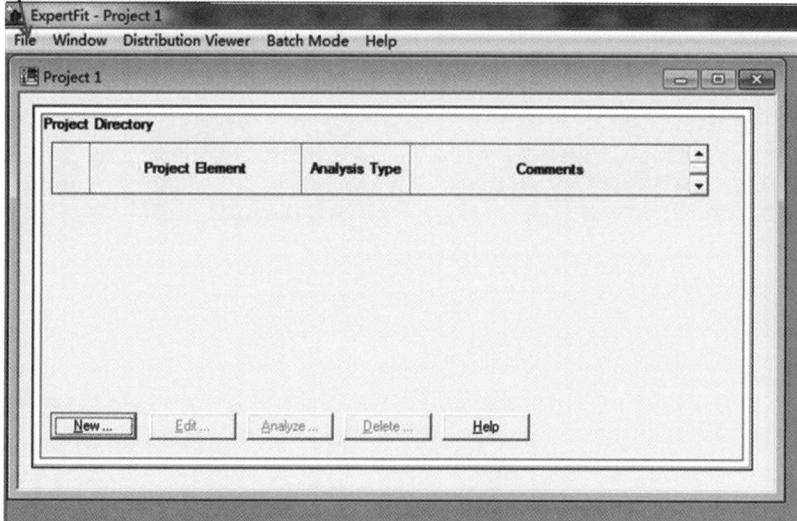

图 9.5 ExperFit 工具使用第 1 步

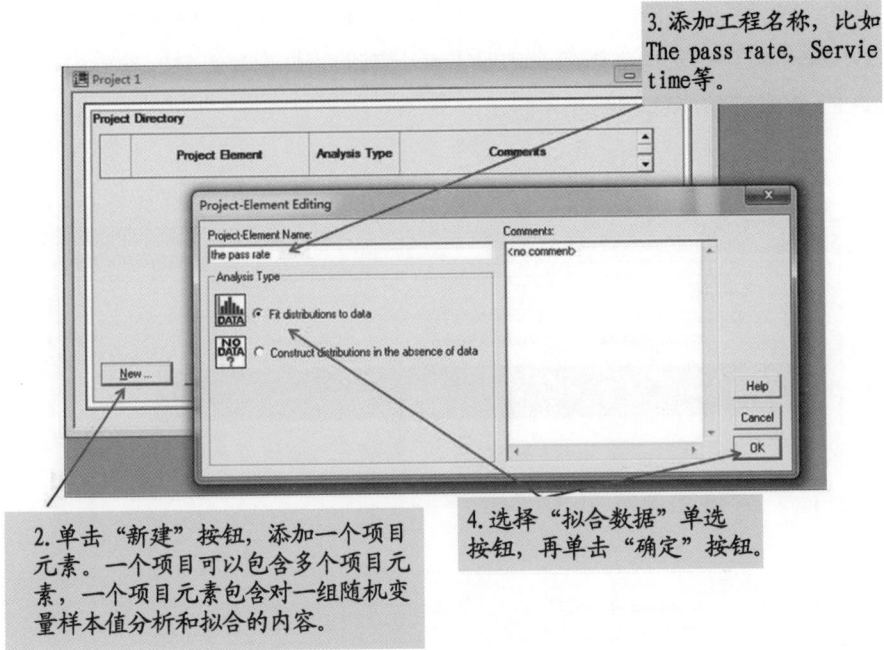

图 9.6　ExperFit 工具使用第 2~4 步

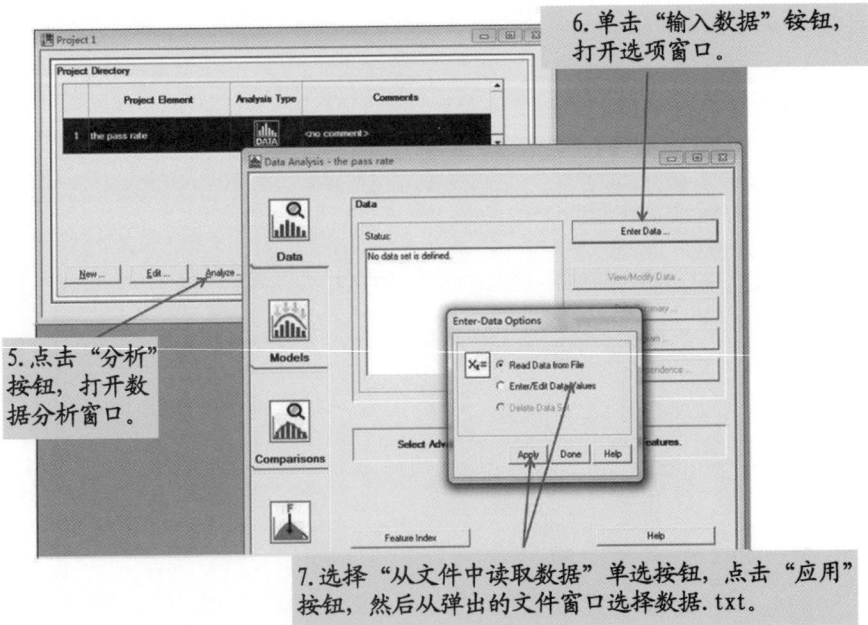

图 9.7　ExperFit 工具使用第 5~7 步

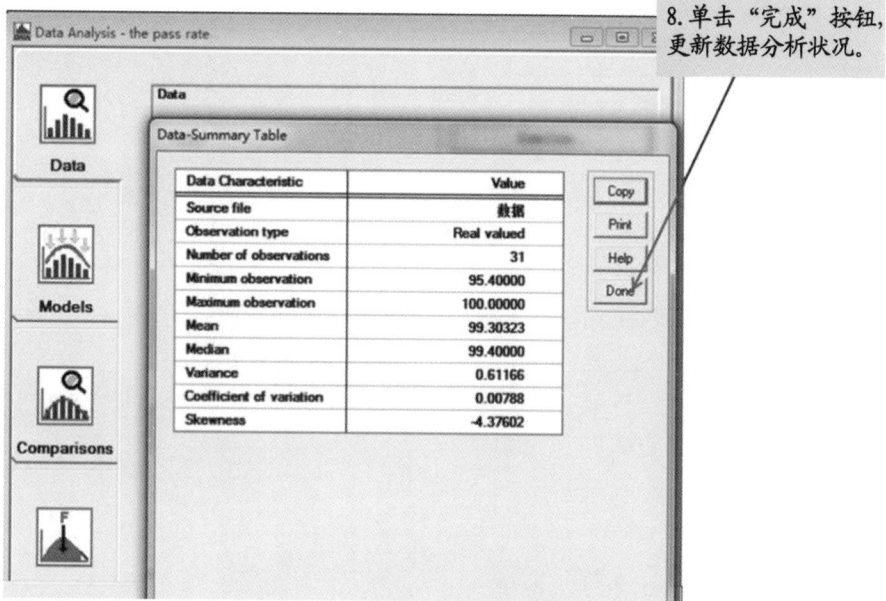

图 9.8　ExperFit 工具使用第 8 步

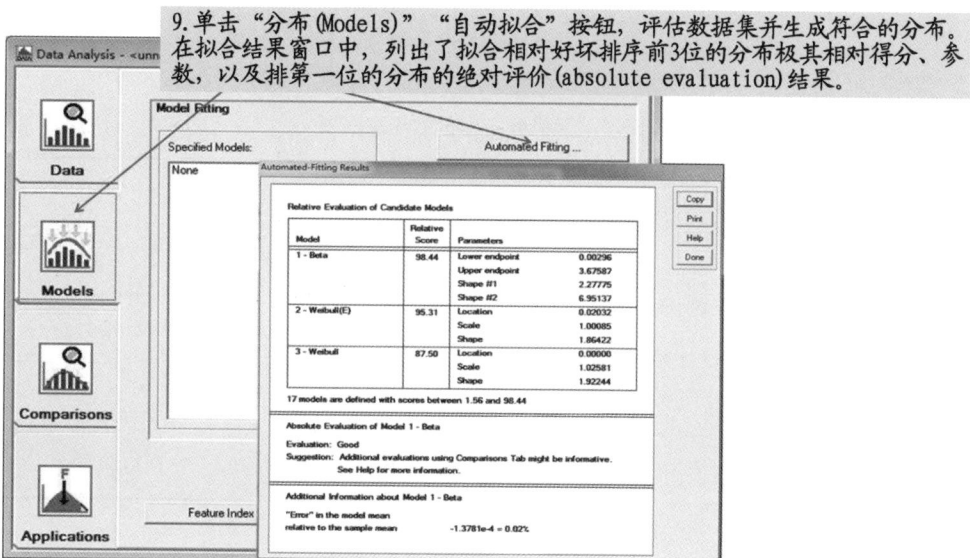

图 9.9　ExperFit 工具使用第 9 步

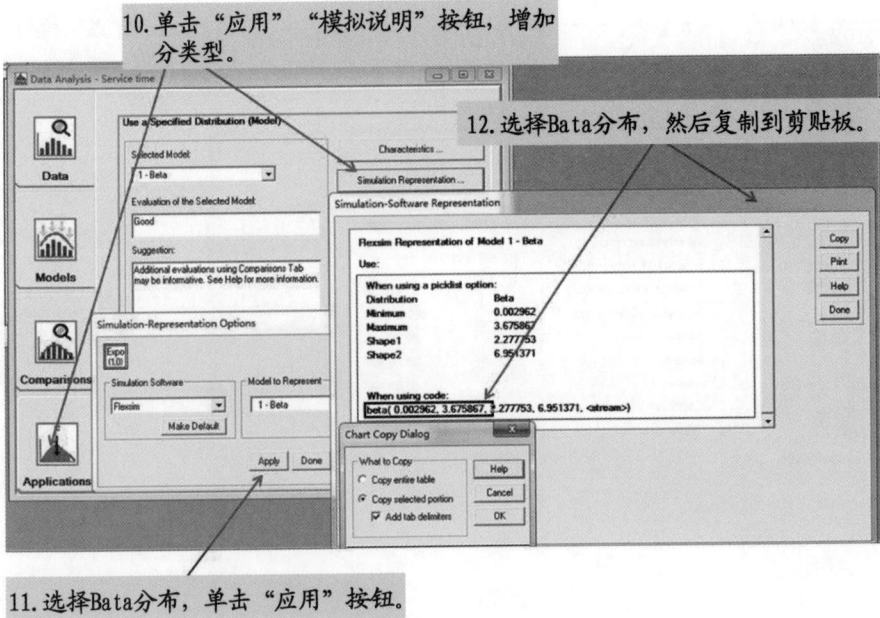

图 9.10   ExperFit 工具使用第 10~12 步

在进行随机分布拟合的过程中，需要注意的事项如表 9.5 所列。

表 9.5   随机分布拟合的注意事项

注意事项	方法
评估样本的独立性	散点图、自相关系数
确定拟合的质量	启发式方法（密度直方图、频率比较、分布函数差图）
	概率图（P-P 图、Q-Q 图）
	拟合优度检验（卡方检验、K-S 检验、A-D 检验）

若一组数据进行随机分布拟合后，经检验未通过，则需要考虑使用其他随机分布类型，而经验分布是常用的一种。经验分布是将观测值在样本中出现的频率作为观测值在总体中的概率，其也可以区分为离散型和连续型。

离散型举例：Source 产生 Item 进入暂存区，之后进入 4 台处理器进行加工，产品在 4 台处理器中分配的比例分别为 20%，30%，40%，10%。

连续型举例：采集某机台的 200 次的加工时间进行统计，在（100，120）的比率是 40%，在（120，140）的比率是 60%。

在 ExperFit 工具中，进行经验分布拟合的区域如图 9.11 所示。

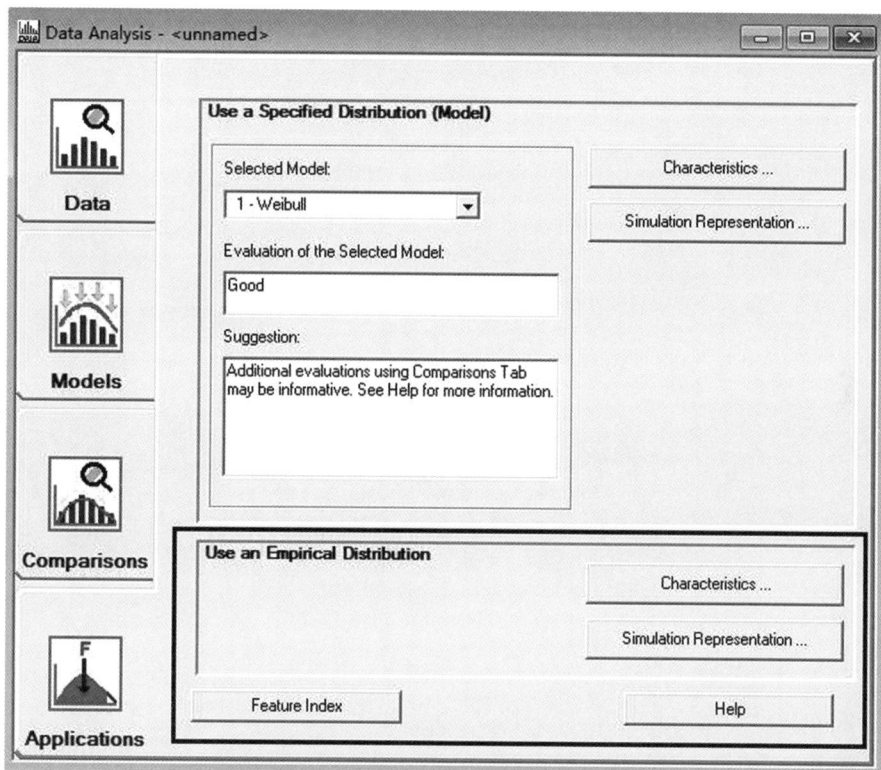

图 9.11　ExperFit 工具进行经验分布拟合的区域

◆◇ 9.3　实践环节设计

（1）实训名称：仿真输入数据拟合实战。

（2）实训条件：FlexSim 仿真软件环境和网络环境。

（3）实训内容：以小组为单位（但小组成员不超过 5 人）进行如下数据拟合分析。

①使用 Excel 的随机数发生器产生 100 个随机数，并作为原始数据。

②使用 ExperFit 工具进行数据拟合，绘制数据的频率分布直方图，并对拟合的结果进行检验。

③针对数据拟合过程进行组间交流。

第 10 章

仿真数据输出

◆◇ 10.1　本章导读

10.1.1　内容提示

FlexSim 统计功能不仅强大，而且类型丰富、操作简便，用户稍加熟悉就可以很方便地从模型中提取所需数据，并进行进一步分析。仿真数据的输出对于确认仿真工作的准确性和有效性至关重要。从仿真数据的展示到数据的校验再到通过具体方法优化仿真模型，每步都需要扎实的知识和技能。仿真数据的校验和优化是确保模型符合实际业务需求的关键环节，因此，本章重点关注如何通过正确的数据输出和校验来验证和改进仿真模型，为后续的数据分析和决策提供可靠依据。

10.1.2　学习目标

➢ 熟悉 Dashboard 的使用。

➢ 掌握统计图表的使用方法。

➢ 掌握仿真输出数据校验方法和流程。

10.1.3　思考题

（1）单选题。

①在 FlexSim 中，动态图表集成在哪里？（　　　）。

A. 报告与统计　　　　B. Dashboard　　　　C. 实验器　　　　D. 优化器

②在 FlexSim 实验器中，可以实现多少个方案的对比？（　　　）

A. 2 个　　　　　　　B. 3 个　　　　　　　C. 4 个　　　　　　　D. 无数个

③FlexSim 中内置的图表类型不包括（　　　）。

A. 柱形图　　　　　　B. 折线图　　　　　　C. 饼图　　　　　　　D. 雷达图

（2）简答题。

①Dashboard 中甘特图适合输出哪些数据？

②请简述实验器的功能和使用方法。

③报告与统计功能相对于 Dashboard 有哪些劣势？

④针对某一个具体问题，说明仿真需要输出哪些数据。

⑤简述数据输出的重要性。

◆◇ 10.2 知识单元

最简单直观的实体统计显示是在三维界面中实体名称下方显示的该类实体常用数据统计（如图 10.1 所示），在视图设置里选择显示名字（Show Names）或显示名字和统计（Show Names and Stats），以确保显示这些统计。但是这种数据统计所能显示的信息非常有限，更多是在建模调试时使用，大多数统计信息还是应该交由下述几个专门的统计工具来获取。

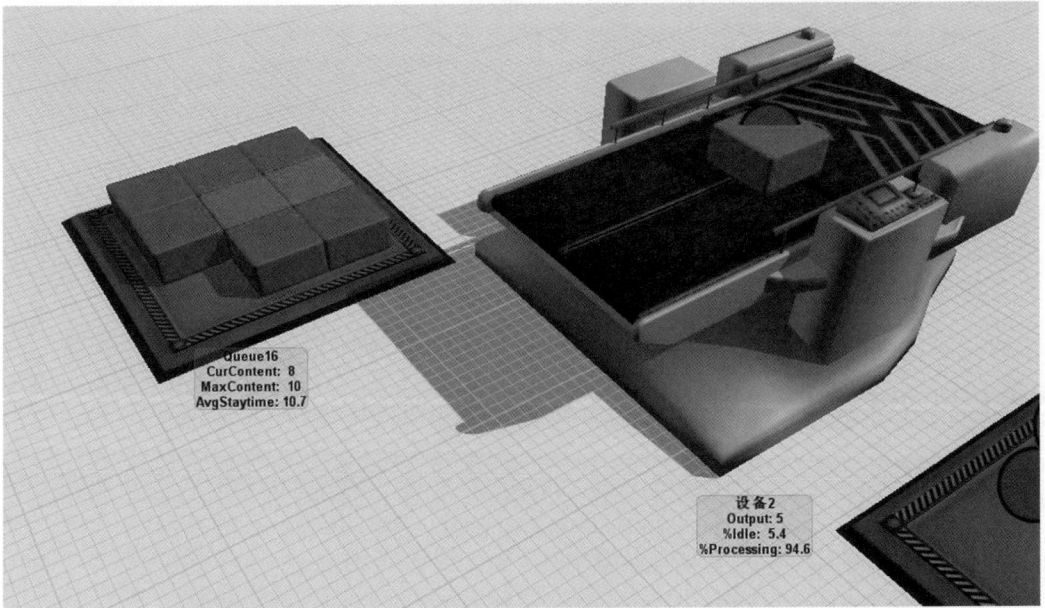

图 10.1 三维界面实体常用数据统计显示

10.2.1 Dashboard

Dashboard 既是更具有针对性和自由度的数据统计显示方式，也是 FlexSim 仿真项目中最常用的数据统计工具。在快捷工具栏上找到并打开 Dashboard 的按钮，点击"添加

Dashboard"之后，就可以在原三维视图界面打开 Dashboard 编制界面。当鼠标聚焦于画布中，左侧的实体库转变为统计图表库（如图 10.2 所示，基于 FlexSim 2019）。图表的添加与固定资源实体一样可直接拖拽实现，将所需图表类型直接添加到绘制界面中，此时会自动弹出该图表单独的统计图表属性设置界面（如图 10.3 所示，基于 FlexSim 2019）。

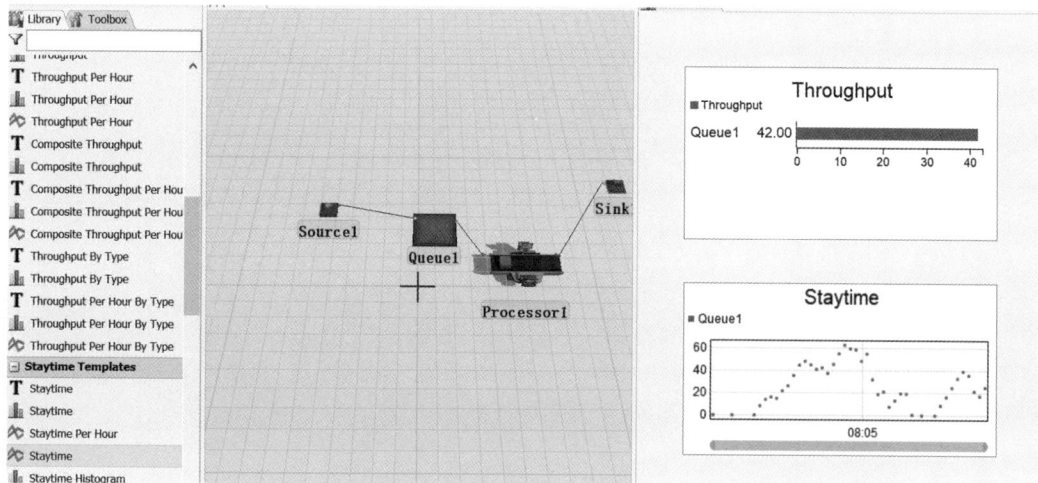

图 10.2　Dashboard 典型显示示例

　　注意：不同 FlexSim 版本下的 Dashborad 的具体使用方法均有所不同，因而读者只需掌握 Dashboard 在 FlexSim 仿真中的作用及使用的思想，具体的使用和操作方法，读者可根据使用的具体软件版本并结合该版本的用户手册进行软件操作。

10.2.2　输出数据校验

　　仿真输出数据必须经过校验才可以对模型进行应用。数据校验方案和方法伴随着场景及业务的变化均有所不同，下面以仓储仿真模型为例，讲解一个仿真输出数据校验的范例。

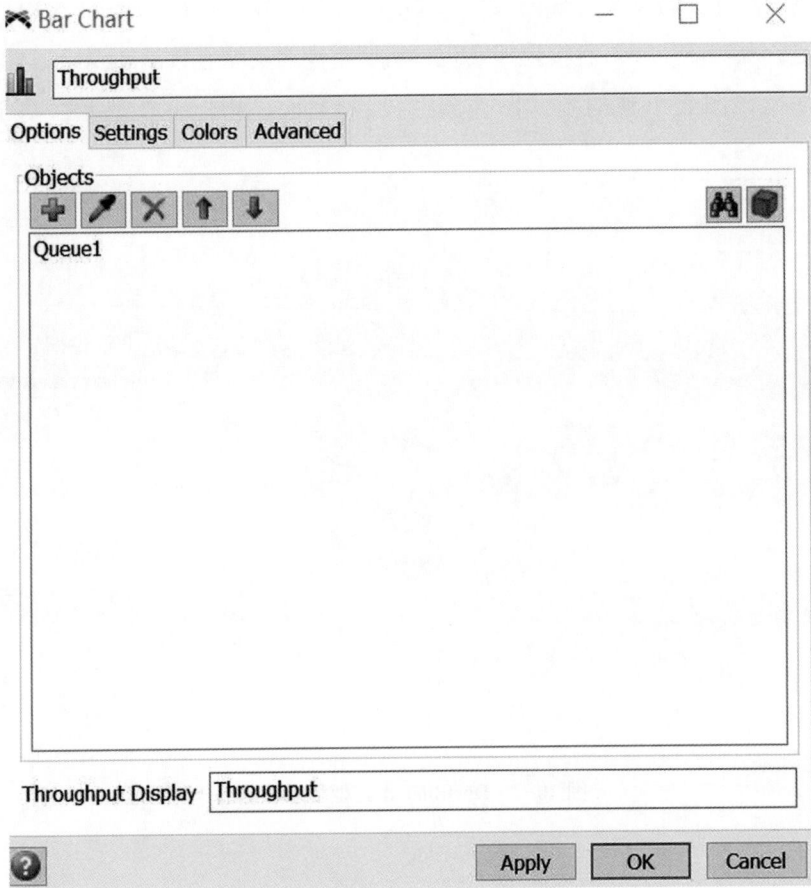

图 10.3　统计图表属性设置界面（v19.0 版本）

（1）总体思路。

确定任务列表，确定资源投入，统计完成任务需要的时间，与实际完成任务需要的时间进行对比。计算公式见式（10.1）：

$$\delta = \frac{\sum_{i=1}^{N}\left(\left(ET_i^{\text{sim}} - ST_i\right) - \left(ET_i^{\text{true}} - ST_i\right)\right)}{N} \tag{10.1}$$

式中，ST_i 为第 i 个批次的开始时间；ET_i^{true} 为第 i 个批次的实际结束时间；ET_i^{sim} 为第 i 个批次的仿真结束时间；N 为批次数。

仿真模型校验前，需首先进行如图 10.4 所示的工作，保证校验工作满足前提条件。

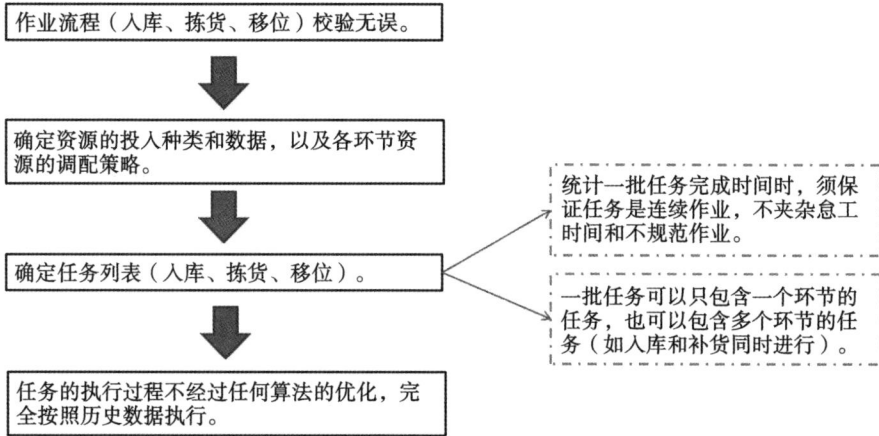

图 10.4　仿真校验前提条件

（2）仿真流程确认。

首先确认仿真初始化与实际情况的匹配程度。初始化是指仿真模型开始运行前即存在于仿真系统的内容，如表 10.1 所列。

表 10.1　仿真系统初始化

初始化	描述
固定资源	根据图纸对大件仓的货架、理货区、集货区和路径网络进行布局
移动资源	根据移动资源表生成对应的移动资源
托盘	根据托盘表对应生成指定类型的托盘，托盘数量使用实际数量
初始库存	根据库存表生成初始库存
路径导航	根据最短路算法或 A* 算法导航
移动资源指派	根据装卸队负责的区域范围指派闲置的并且能够完成指定任务的资源
托盘使用	根据商品适用的托盘类型使用托盘，使用完毕后回收

然后针对仓储作业流程与业务人员进行确认，绘制作业流程图并与业务专家比对，下面以拣货流程为例进行具体说明。

拣货作业分为两种模式范例：一种是拣货、集货由同一操作员完成，如图 10.5 所示；另一种是拣货、集货由不同的操作员完成，如图 10.6 所示。

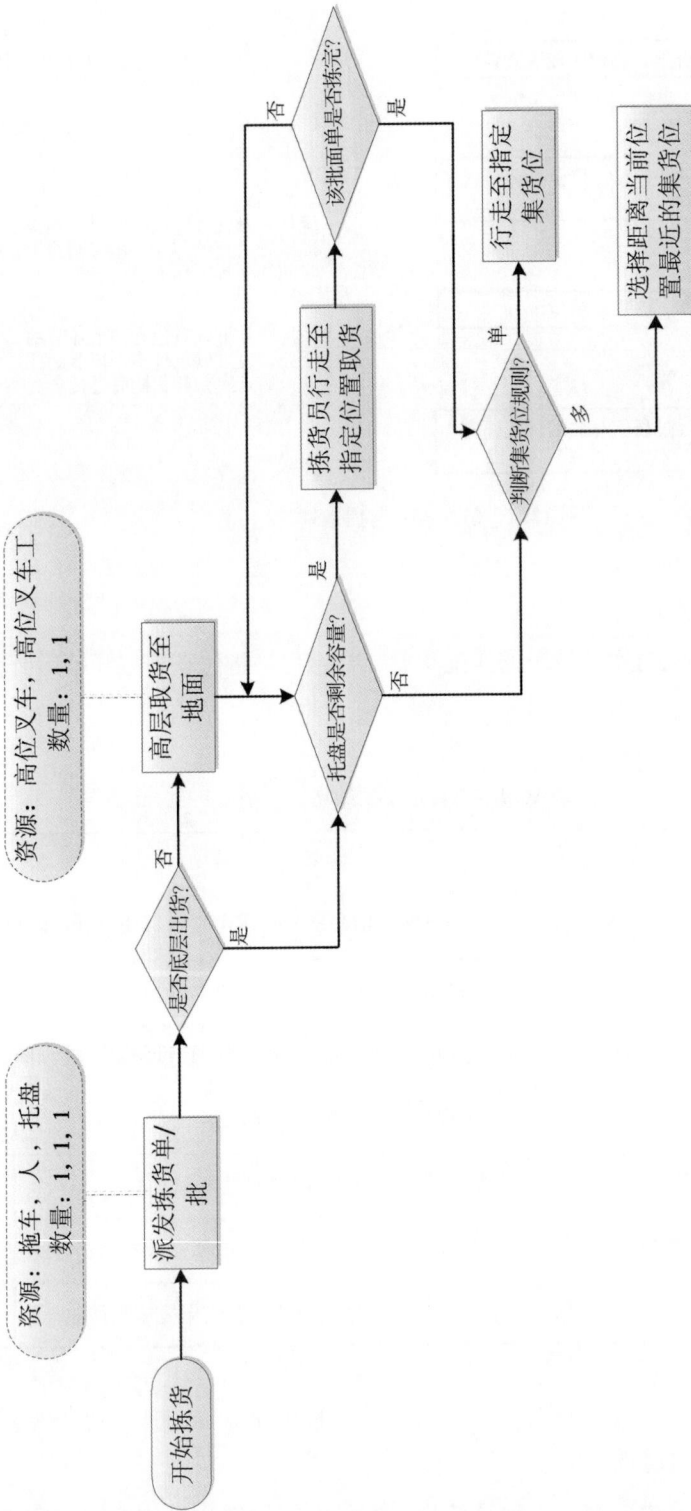

图10.5 拣集一体流程

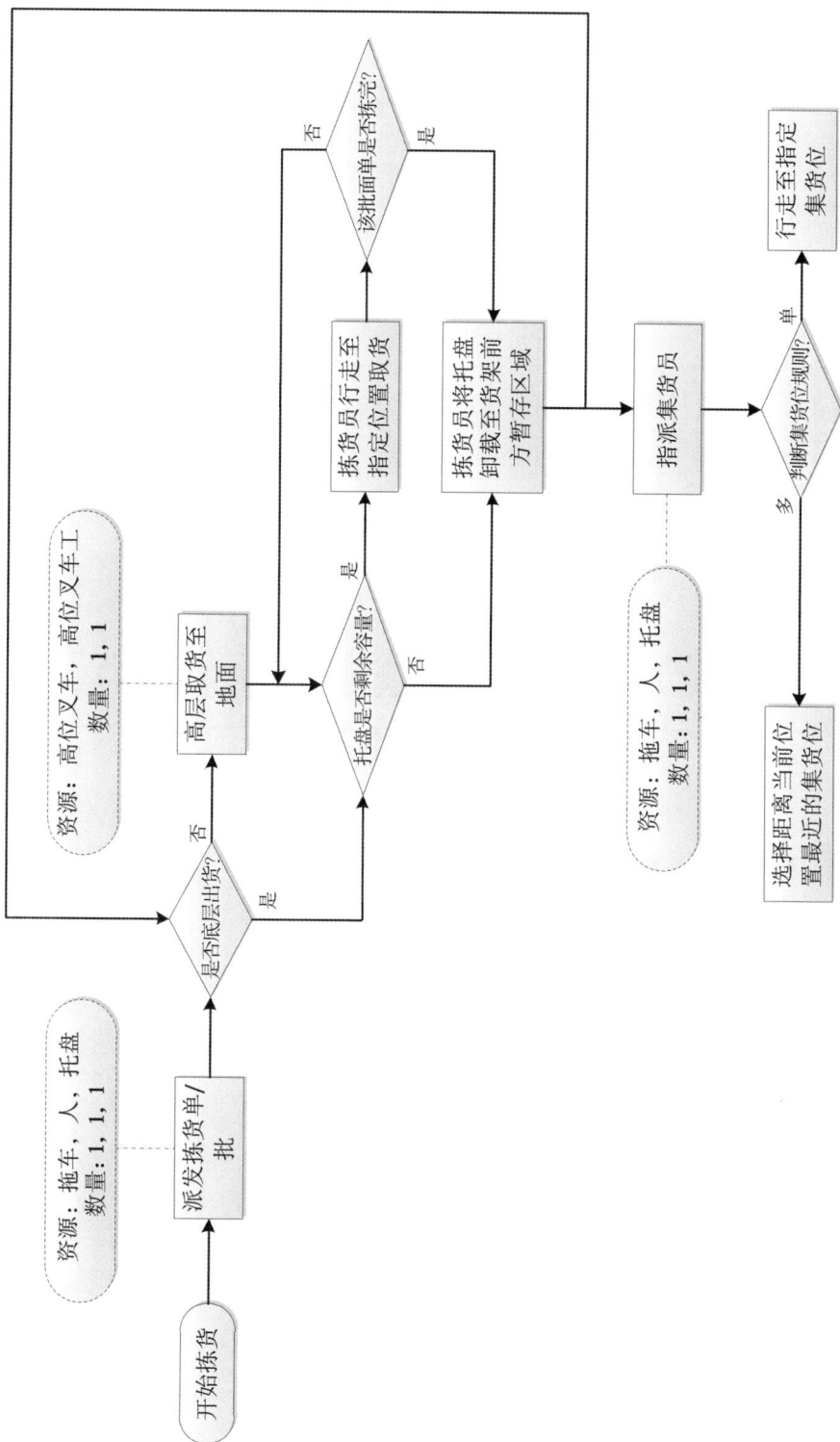

图10.6 拣集分离流程

（3）流程数据校验。

仍然以拣货流程为例进行说明，输入模型关键参数后，根据校验方法计算偏差。

拣货环节选取现场实测发生的 N 个批次，共 M 单拣选数据为校验基础数据，其中以一个连续的拣选作业为一批，运行仿真模型，输出拣货耗时，部分示例数据如表10.2所列。

表 10.2 拣货耗时对比

批次编号	数量/单	仿真耗时/s	实际耗时/s	偏差/s
* * * * * * * * * * * *	98	884.939196	1620	735.060804
* * * * * * * * * * * *	20	534.605608	780	245.394392
* * * * * * * * * * * *	63	908.337788	1440	531.662212
* * * * * * * * * * * *	4	387.83687	480	92.16313

在实际作业中，完成 12 个批次的总耗时为 14400 s，每单耗时为 23.23 s。在仿真环境中，利用业务方给的初始参数（包括电拖的速率 1.3 m/s，托盘的长 2 m、宽 1.5 m，最大允许堆放货物的高度 1.5 m，以及人加载/卸载一个货物的时间约为 6 s）来运行仿真模型。在该仿真环境中完成这 12 个批次的总耗时为 7614.97 s，每单耗时为 12.28 s。

（4）参数迭代和调整。

针对首次收集的数据偏差进行分析和参数迭代优化，直至偏差达到业务容忍范围为止。

◆◆ 10.3 实践环节设计

（1）实训名称：统计数据输出实战。

（2）实训条件：FlexSim 仿真软件环境和网络环境。

（3）实训内容：以小组为单位（但小组成员不超过 5 人）进行讨论，讨论后试建立下面的排队系统模型。

（4）实训描述：尝试模拟一段行人流并进行定制化统计。

①模拟一段三岔路口的人流通行情况：中间是主干道，主干道左侧为 A 点，主干道右侧上方和下方分别为 B 点和 C 点；A 点的行人随机向 B 点和 C 点行进，C 点的行人随机向 A 点和 B 点行进。

②A 点产生行人的速度服从期望值为 3 s 的指数分布，C 点产生行人的速度服从期望值为 6 s 的指数分布。在支路上不限制行人通行，但是在主干道上如果行人数量超过 5 个则转为拥挤状态，此时主干道上的行人的速度下降至原来的 0.8。

③统计两项数据：一是主干道人流量随时间变化的情况；二是 A，B，C 三点输入行人总量和平均每分钟输入量。

（5）实训思路。

①模拟行人流可以直接使用发生器和吸收器，配合选择运输工具里面的 "Task Exe-cuter as Flowitem"（任务执行器作为临时实体）选项，让发生器生成任务执行器类临时实体（注意修改到达时间间隔），使其在规划好的路径网络中通行。

②要控制一段网络路径超过一定数量 TE（任务执行器）之后限制通行速度，需要借助交通控制器实体。注意交通控制器，首先要允许足够多数量的 TE 同时通行，其次要注意其只能应用在路径网络内部，需要在合适位置添加额外的网络节点进行辅助。

③比对三个站点流量的输入总量和分钟量，在 Dashboard 中可以选择柱状图。可以在实体选项卡中快速选中所有同类实体（本实训中为吸收器），然后选择统计输入总量（total input）和单位时间输入量（input per minute）。

④主干道流量情况需要展示随时间变化的情况，因此选择折线图，但是默认的统计内容中缺少描述一段路径上 TE 数量的选项，此时，可以考虑函数借由正好控制此段路径的交通控制器，使用函数 trafficcontrolinfo 来统计流量数据，需要选择自定义（cus-tom）统计并修改其中的设置。在模型运作中添加实体或标签，配合相关命令，理论上用户可以获取仿真模型任意一个数据，并进行有效的图表显示。

实训模型的通行布局情况参考图 10.7，实训模型的运行过程参考图 10.8。

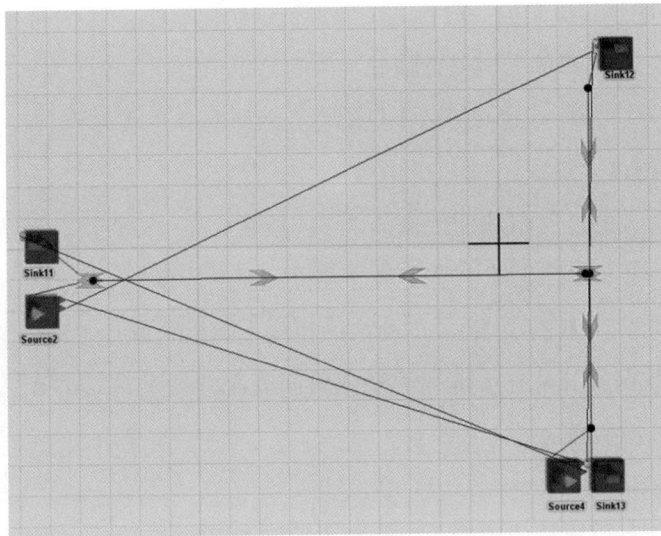

图 10.7　实训模型的通行布局情况

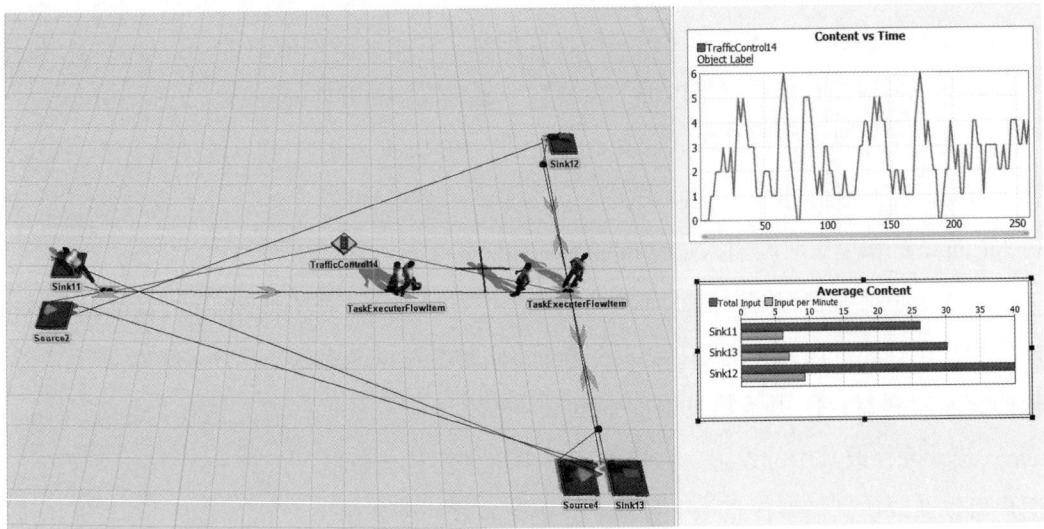

图 10.8　实训模型的运行过程

第 11 章

仿真数据分析

◆◇ 11.1 本章导读

11.1.1 内容提示

对输出的仿真数据进行分析，并得到合理的结论或建议，是仿真工作的最后一个关键步骤。进行仿真数据分析时，首先要选取恰当的仿真性能指标；然后选择合适的统计图或统计表进行可视化表达；最后分析图表表达的数据得到结论。在 FlexSim 中针对不同的统计分析，为用户设计了大量的动态统计图，这些统计图不仅可以动态显示仿真数据，而且美观、直接。本章的内容将重点关注如何使用这些统计图来进行仿真分析。

11.1.2 学习目标

➤ 掌握瓶颈识别方法。
➤ 熟悉状态分析技术。
➤ 掌握通过仿真分析发现系统问题。
➤ 学习如何根据具体问题提出改善策略。

11.1.3 思考题

（1）对资源的利用效率分析通常使用哪种仿真分析方法？请说明理由。
（2）甘特图有哪些统计分析作用？
（3）如何根据数据统计分析结果给出合理的改善建议？请举例说明。

◆◇ 11.2 知识单元

11.2.1 瓶颈识别

什么是瓶颈？人们经常提到"木桶理论"，即一个木桶能装多少水和最高的那块板没有关系，而要取决于最短的那块板。瓶颈就是木桶中最短的那块板，即系统中最薄弱的环节。为什么要进行瓶颈分析？实际上，从木桶理论就可以看出，如果提升非瓶颈环节的能力或增补非瓶颈环节的资源，这对整个系统性能改善是没有任何作用的，因而进行瓶颈分析或瓶颈环节的识别至关重要。那么如何进行瓶颈分析？

瓶颈分析的理论基础是排队论，不熟悉排队论的读者可通过运筹学教材做相关的理论了解。经典的排队结构如图 11.1 所示。

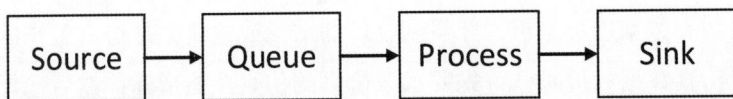

图 11.1　经典的排队结构

在最基本的排队结构中，由顾客源（Source）产生顾客并到队列（Queue）中排队，当服务台（Process）空闲时，顾客到服务台中进行服务，服务结束后离开系统。在排队分析中，常用的指标如图 11.2 所示。

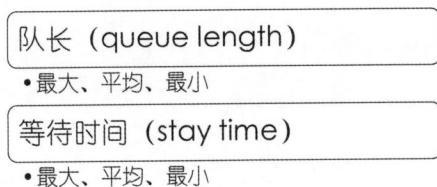

图 11.2　常用的排队指标

在 FlexSim 中，常用暂存区（Queue）模拟排队过程，该实体的作用不仅可以实现顾客的临时存储，更重要的是可以从该实体中轻松地获取排队数据。

请读者根据案例 11.1 进行排队分析。

【案例 11.1】排队分析

案例描述如下：

①发生器有 3 种不同类型的产品；

②有 3 个加工机台，均可加工这 3 种产品，但加工时间不同，分别为 10，15，12 s；

③加工完毕后，进入对应的输送带；

④输送结束后，进入检验台进行检验，检验时间分别为 18，16，17 s；

⑤生产时间为 1000 s，要求在规定时间内生产 100 个产品。

问：该系统中是否存在瓶颈环节？若存在，哪个环节为瓶颈环节？

案例 11.1 的布局如图 11.3 所示。

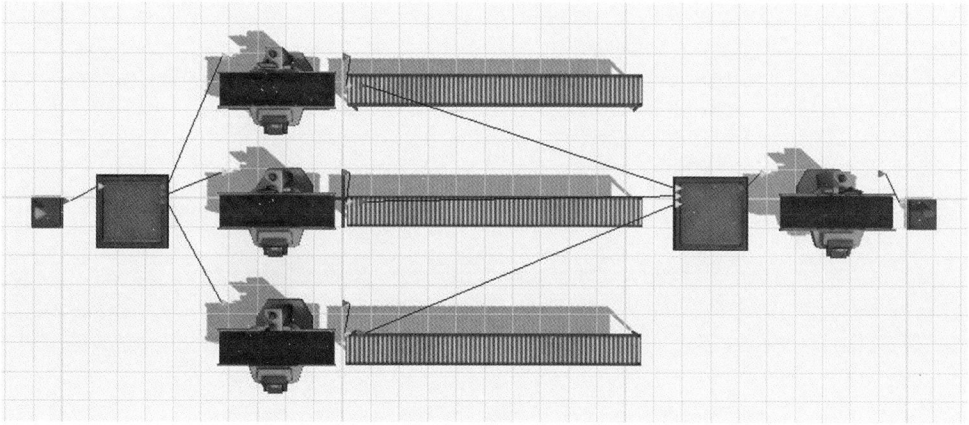

图 11.3　案例 11.1 布局图

案例提示：该案例涉及相关的 Dashboard 统计图，如图 11.4 所示。

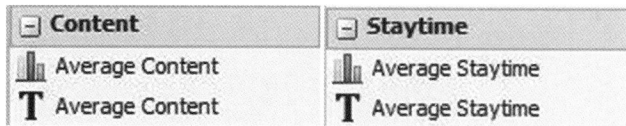

图 11.4　案例 11.1 涉及的统计图

11.2.2　状态分析

什么是状态？以人类为例，人每时每刻都会处于某种特定的状态，且这些状态伴随着时间的推移会发生变化，如工作状态、休息状态等。在仿真的环境中也是一样，仿真运行开始后，每个实体都会处于一种状态之中，且不同的实体拥有不同的“状态列表”。例如，操作员有行走状态、装载状态、空闲状态；处理器则不会有行走状态，相应的会有加工状态、阻塞状态等。那么，为什么要进行状态分析？主要目的在于通过状态分析，我们可以得到对应资源的利用情况，从而优化资源的配置。

在 FlexSim 中，与状态分析相关的图表有四种，如图 11.5~图 11.8 所示。

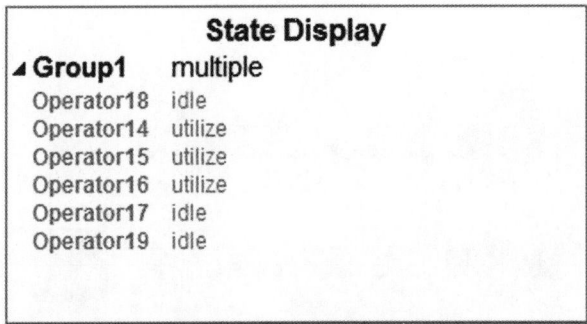

State Display

▲Group1	multiple
Operator18	idle
Operator14	utilize
Operator15	utilize
Operator16	utilize
Operator17	idle
Operator19	idle

图 11.5　状态显示图

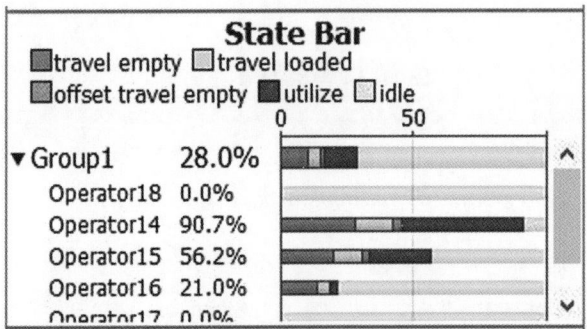

State Bar

■travel empty □travel loaded
■offset travel empty ■utilize □idle

▼Group1	28.0%
Operator18	0.0%
Operator14	90.7%
Operator15	56.2%
Operator16	21.0%
Operator17	0.0%

图 11.6　状态甘特图

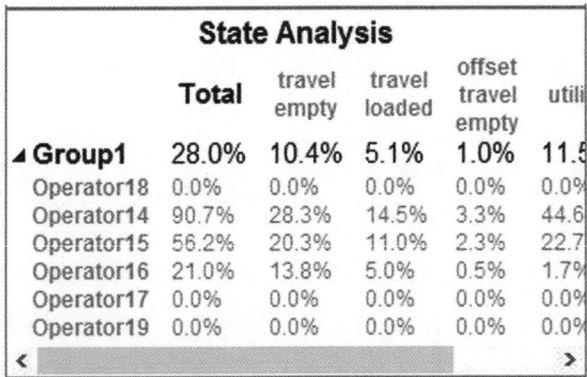

State Analysis

	Total	travel empty	travel loaded	offset travel empty	utili
▲Group1	28.0%	10.4%	5.1%	1.0%	11.5
Operator18	0.0%	0.0%	0.0%	0.0%	0.0%
Operator14	90.7%	28.3%	14.5%	3.3%	44.6
Operator15	56.2%	20.3%	11.0%	2.3%	22.7
Operator16	21.0%	13.8%	5.0%	0.5%	1.7%
Operator17	0.0%	0.0%	0.0%	0.0%	0.0%
Operator19	0.0%	0.0%	0.0%	0.0%	0.0%

图 11.7　状态分析图

请读者根据案例 11.2 进行人员配置分析。

【案例 11.2】状态分析

案例描述如下：

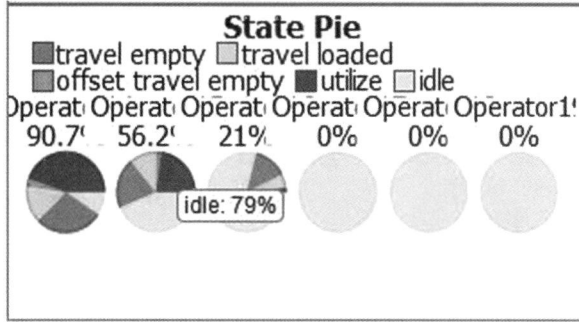

图 11.8 状态饼图

（1）某一串联生产线，有四个加工机台，每个加工机台前方都有一个暂存区用于物料的暂时存储；

（2）物料从暂存区到加工机台的过程需要操作员进行搬运，且每道加工工序需操作员辅助进行加工。

问：该生产线配置多少名操作员最合理？

案例 11.2 的布局如图 11.9 所示。

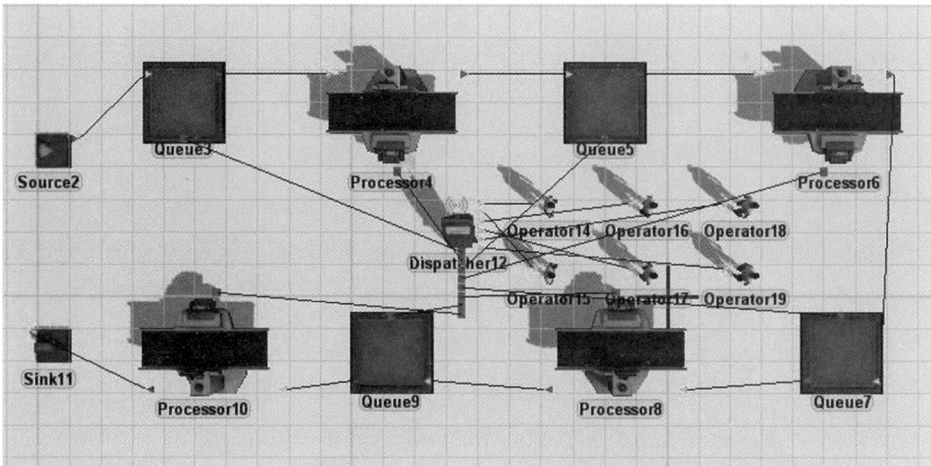

图 11.9 案例 11.2 布局图

11.2.3 输入输出分析

输入输出分析的作用是对实体、系统局部乃至系统全局的特征或性能（如作业能力）进行科学化描述或评估。具体可分为四个方面：固定实体的输入输出；任务执行器的输入输出；系统局部的输入输出；系统全局的输入输出。

在 FlexSim 中，可用的输入输出数据统计图表和统计量如图 11.10 所示。

图 11.10　输入输出数据统计图表和统计量

请读者根据案例 11.3 进行堆垛机作业能力分析。

【案例 11.3】 堆垛机作业能力测算

堆垛机的作业能力包含单向作业能力和复合作业能力，传统的计算方式是利用 Excel 进行计算，但在实际中，堆垛机的作业能力要受到以下一系列因素的影响：

①堆垛机自身参数；

②货品存取策略；

③堆垛机与上游和下游机械的衔接。

因而，使用仿真方法对堆垛机的作业能力进行测算具有很大的优势。使用 Excel 进行测算的传统方法，难以考虑诸多现实因素，使得结果过于理想化。但要注意测算堆垛机作业能力时应保证系统有连续不断的货品输入。

案例 11.3 的布局如图 11.11 所示。

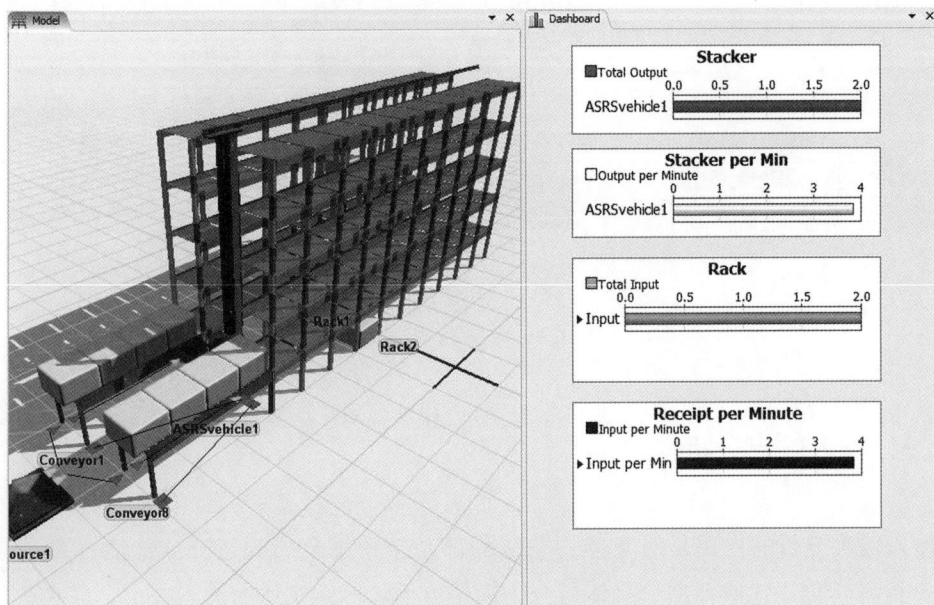

图 11.11　案例 11.3 布局图

反向思考：堆垛机的输出为货架的输入，在实际来货规律的基础上，入库能力能否达到要求?

11.2.4 里程数据分析

里程数据的含义是任务执行器或临时实体在仿真运行期间内的行走距离，主要作用是判断方案、算法或其他方面的优劣性。用于里程数据统计的统计量和图表如表 11.1 所列。

表 11.1 用于里程数据统计的统计量和图表

统计量	统计图表
总里程	柱形图
单位时间里程数	文本图

请读者根据案例 11.4 进行机台布局问题分析。

【案例 11.4】 加工机分布局

案例 11.4 布局如图 11.12 所示。

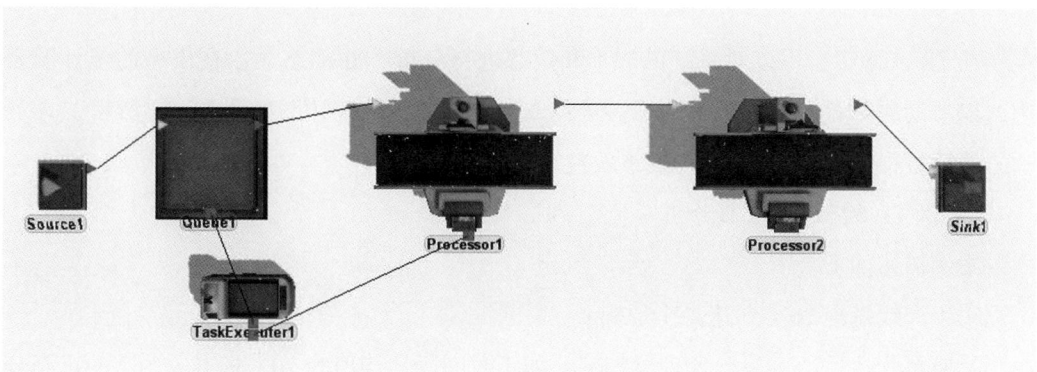

图 11.12 加工机台布局案例

案例 11.4 的输入数据和布局方案如表 11.2、表 11.3 所列。

表 11.2　案例 11.4 的输入数据

输入数据	数值
加工零件个数	50
AGV 初始位置坐标	(-12, 0)

表 11.3　案例 11.4 的布局方案

方案	Processor1 位置坐标
方案一	(-9, 3)
方案二	(-7, 3)
方案三	(-5, 3)

案例思考：如果以小车行走里程最短为目标，哪种布局方案最优？

11.2.5　成本效益分析

在 FlexSim 中，可以对系统的成本和效益进行分析，并动态显示在模型的统计图表中，以帮助决策者做出正确的决策。进行成本效益分析的统计图如图 11.13 所示。

请读者根据案例 11.5 进行成本效益统计分析。

【案例 11.5】成本效益分析

案例描述如下：

①生产线每隔 20 s 到达一个原料；

②原料到达后进入一台处理器加工，加工时间服从均值为 20、标准差为 2 的正态分布；

③加工过程需要一名人员辅助完成；

④假定处理器每天的折旧费为 200 元，工作 1 h 消耗的能源费用为 50 元；

⑤每生产一个产品，支出的原料费用为 30 元，工人辅助加工时，每小时的工资为 300 元；

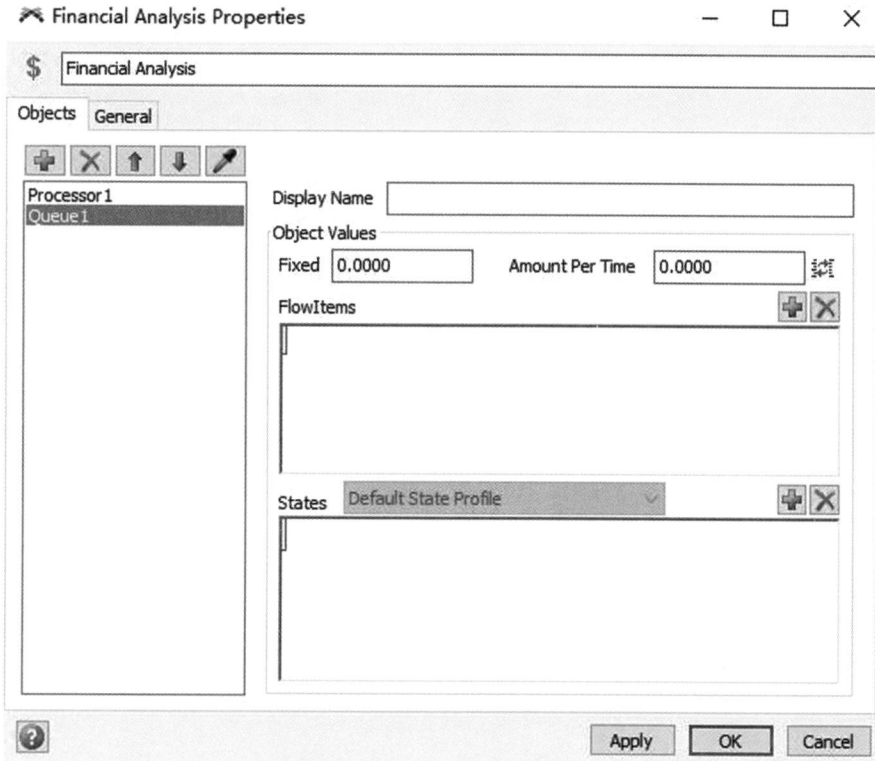

图 11.13　成本效益的统计

⑥每加工 10 个产品，处理器需要进行一次人工清洗，清洗时间服从均值为 50、标准差为 4 的正态分布，每清洗一次需要支出物料费 70 元，工人工资仍按每小时 300 元计算；

⑦一个生产成品的售价为 80 元；

⑧工厂根据市场需求每天生产产品 100 个，试分析每天能够盈利多少元；

⑨注：工人休息时间不计算工资。

案例 11.5 的布局如图 11.14 所示。

案例思考：如果机台可能发生故障，且故障率已知，故障后需要安排维修工人进行修理，此时生产线会增加哪些成本支出？如何在仿真模型中进行模拟和展示？

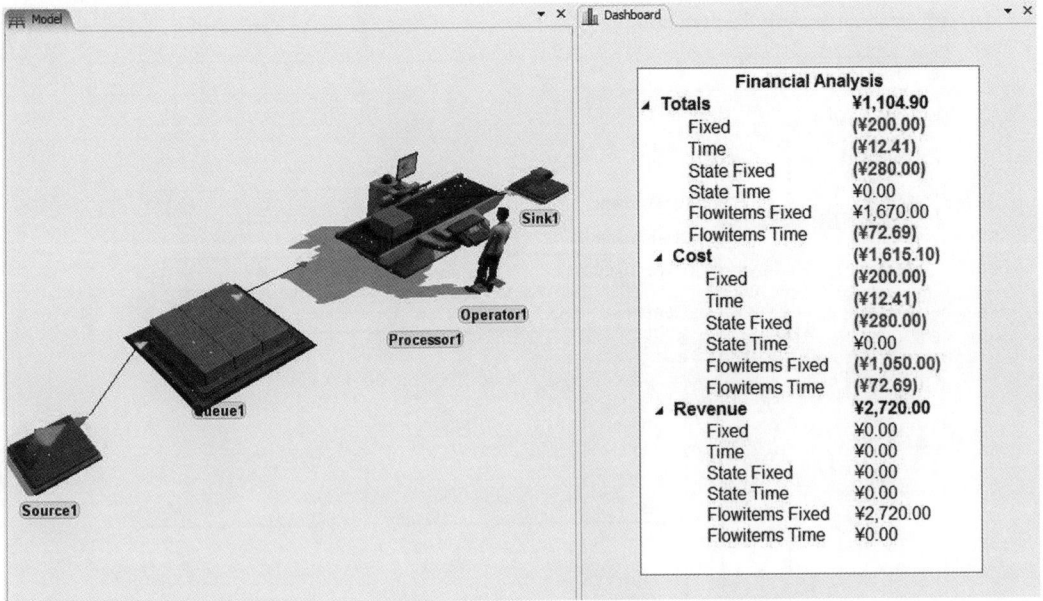

图 11.14 案例 11.5 布局图

◆❖ 11.3 实践环节设计

（1）实训名称：统计分析拓展训练。

（2）实训条件：FlexSim 仿真软件环境和网络环境。

（3）实训内容：以小组为单位（但小组成员不超过 5 人）进行如下统计分析。

①某商店已经订购了四批商品，商品到达时间和数量如表 11.4 所列。

表 11.4 商品到达时间和数量

时间	数量
0	20
200	15
400	13
600	17

②商品到达后进入商店库存。已知顾客的到达规律为均值为 10 的泊松分布，且每个顾客对商品的购买量都为 1。

③若顾客到达商店后，商店存有商品库存，则顾客正常购买一件商品并离店；若顾客到达后，商品缺货，则顾客直接离店。

④仿真时间为 800 s。试统计：仿真时间内商品库存的变化；购买到商品和没有购买到商品的顾客数量；假如每个顾客购买的商品数量是一个随机变量，并服从 [1，4] 的离散均匀分布，那么应该如何对模型进行修改，统计结果又会发生怎样的变化。

第 12 章
仿真应用实例

◆◇ 12.1 本章导读

12.1.1 内容提示

本章以综合型仿真项目为例，学习仿真项目从数据输入到仿真建模再到数据输出与分析的整个过程。本章介绍了三个具体的仿真应用案例，分别是配送中心仿真、加工与打包仿真、带检验的流水线仿真。每个案例从项目需求、模型布局、仿真运行参数等方面进行了详细描述，并针对每个案例提出了相关的问题分析和解答思路。

12.1.2 学习目标

➢ 掌握配送中心仿真模型的构建与分析。
➢ 熟悉加工与打包仿真模型的构建与优化。
➢ 了解带检验的流水线仿真模型的构建与分析。

◆◇ 12.2 入门案例（简易分拣）

模型要求如下：

①按照图 12.1 进行分拣线布局；

②发生器产生三种不同类型的产品，在分拣线中完成分拣。

实现简易分拣过程的具体操作步骤如下。

第一步，按图示完成模型布局，包括发生器、吸收器、传送带及相应的连接，并在指定位置上放置四个决策点。

第二步，在发生器的创建触发（OnCreation）中，区分 item 的三种类型和颜色，如图 12.2 所示。

第三步，将第一个决策点与下游的三个决策点分别进行 A 连接，目的是在第一个决策点处方便引用下游的三个决策点。依据 item 的流向，item 需要在第一个决策点处判断流向，而下游的三个决策点用于代表三个不同的支线出口。

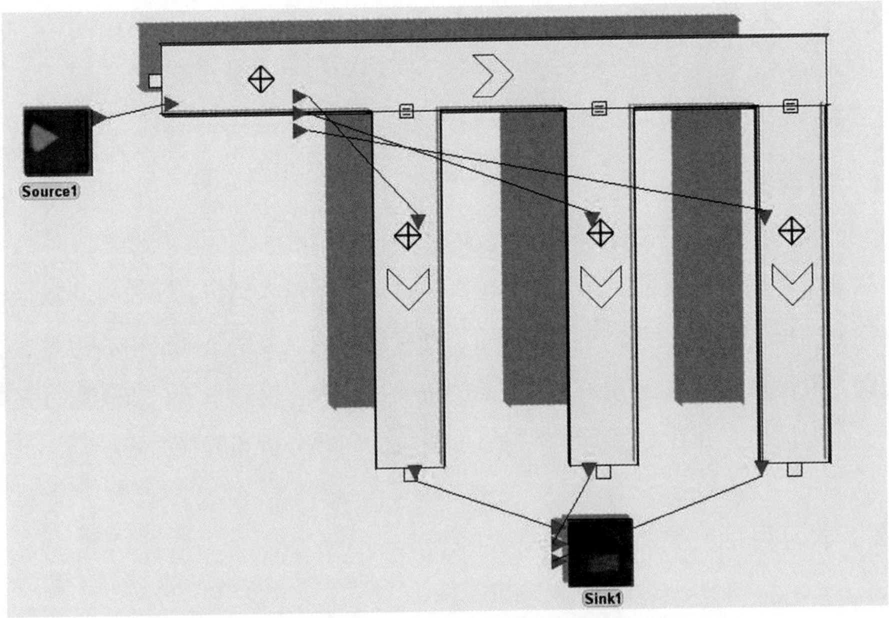

图 12.1　入门案例模型布局

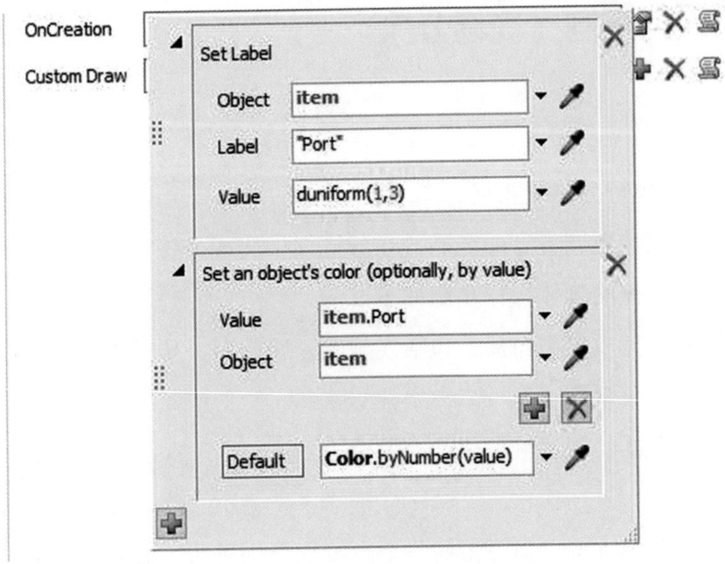

图 12.2　发生器的逻辑设置

第四步，双击打开主线传送带上决策点的属性窗口，在到达触发器中单击绿色的加号，选择第一个选项"发送临时实体"，在弹出窗口中单击"目的地"右侧的黑色倒三角，选择 Output Port by Label（"根据标签值选择端口"），如图 12.3 所示。

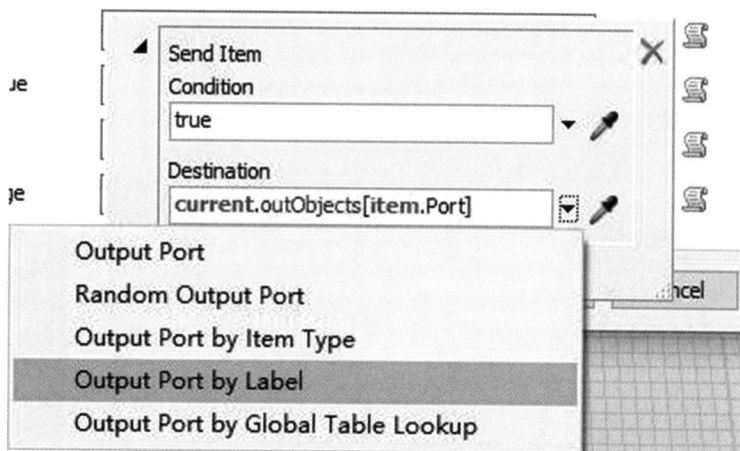

图 12.3 主线决策点的逻辑设置

第五步，应用所有设置，重置并运行模型，即可实现简易的分拣过程（如图 12.4 所示）。

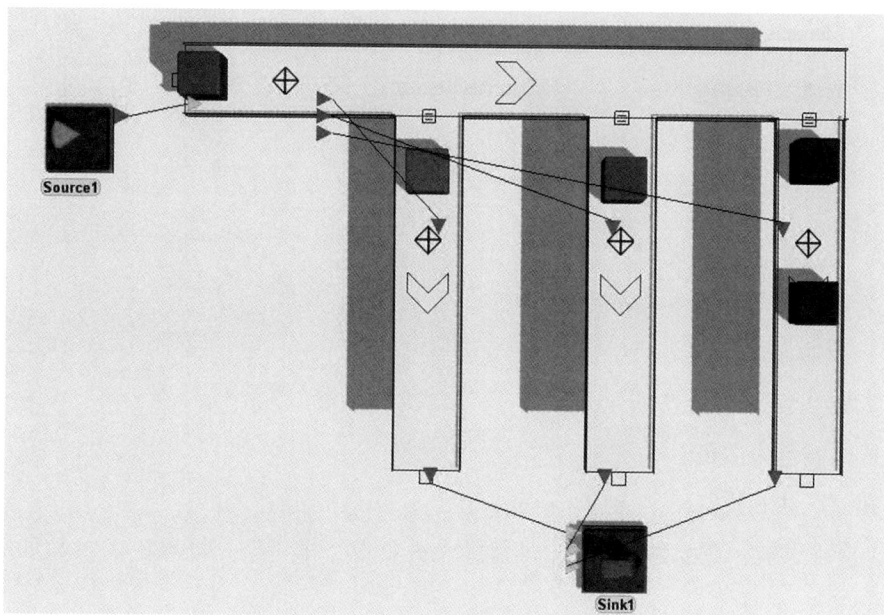

图 12.4 入门案例二正确运行截图

通过入门案例，读者能够学习如何使用传送带模块完成分拣过程，并理解决策点的逻辑执行机制。

注意：FlexSim 在升级迭代过程中提供了两个传送和分拣模块，使用任一模块均可实现物料传送和分拣等仿真逻辑。具体使用方法请读者在下面的应用案例中自行学习和训练。

◆◇ 12.3　应用 1（配送中心仿真）

（1）配送中心基础参数。

①面积：80 m×60 m。

②添加你认为美观的地板纹理。

③地板参数（调整地板纹理的重复次数）。

应用 1 参数调整如图 12.5 所示。

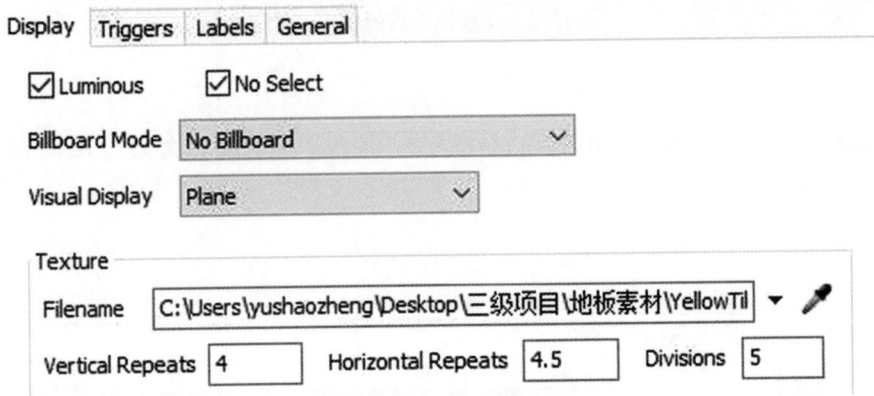

图 12.5　应用 1 参数调整

（2）配送中心整体规划。

配送中心仿真模型整体效果如图 12.6 所示。

（3）存储区。

①货架参数如图 12.7 所示。

②货格颜色为白色。

③存储区共 6 排货架。

④3 台堆垛机，宽度为 1.5 m，每台堆垛机负责 2 排货架。堆垛机的参数如图 12.8 所示。

⑤产品在货架中的存储策略为随机可用，且每个货格最多只能存放 1 件产品。

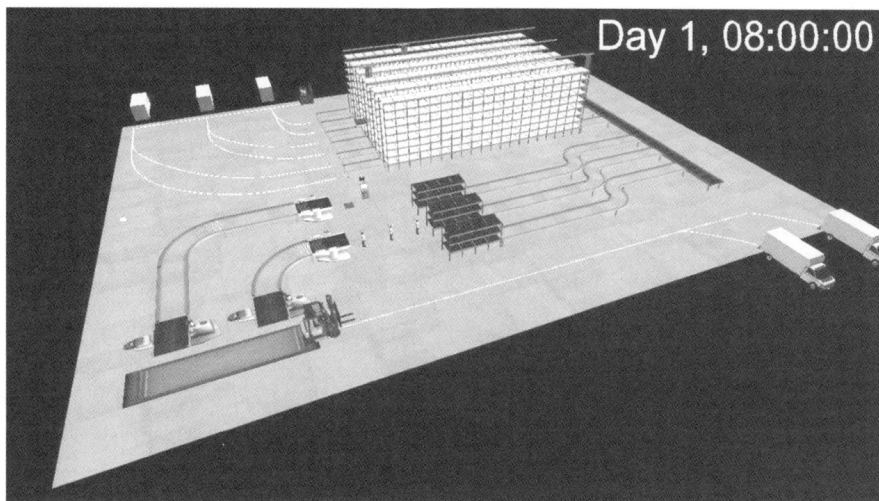

图 12.6 配送中心仿真模型整体效果图

图 12.7 货架参数

图 12.8 堆垛机参数

⑥产品在货架中的最小停留时间为 1 min。

（4）入库区。

①入库口有 3 个卸车位，每个卸车位用 1 个发生器代替，并用卡车外观替换。

②卸车位分别到达不同类型的产品，产品的外观和其他信息如表 12.1 和表 12.2 所列。

表 12.1 产品外观

Type1	Type2	Type3

表 12.2 产品其他信息

	Type	到达时间间隔
卸车位 1	1	exponential（0, 50, 0）
卸车位 2	2	exponential（0, 50, 0）
卸车位 3	3	exponential（0, 50, 0）

③每排货架前有 1 条 5 m 的直线输送带，传送速度为 1 m/s。

④产品在存储区中的存储位置如表 12.3 所列。

表 12.3 产品存储位置

第一种	12 排
第二种	34 排
第三种	56 排

⑤入库规则：每种产品在 2 排货架存储时，优先使用第 1 排货架。

⑥从卸车位到输送带由叉车进行搬运，叉车的初始配置数量为 3 台，且严格按照规划的路径网络行走。

⑦产品到达输送带后，由对应的堆垛机进行上架。

（5）拣货区。

①拣货区由 3 个 4×4 的小型货架构成。若拣货区每个货架中的产品数量达到 10 个时，则停止补货；若小于 10 个时，则触发自动补货。

②拣货区货架的货物存储规则为随机可用，且每个货格只能存储 1 个产品。

③存储区向拣货区的补货使用堆垛机配合输送带完成。

④捡取订单所需的产品由人来完成，初始的人员配置数量为 3 人。

⑤订单到达规律：共有 3 种类型的订单，到达规律服从均值是 100 s 的指数分布。订单类型列表如表 12.4 所列。

表 12.4 订单表

	订单 A	订单 B	订单 C
第一种	1	1	2
第二种	1	2	1
第三种	2	1	1

⑥拣货区有 2 个打包台，默认订单在第 1 个打包台上打包，如果第 1 个打包台被占用，则使用第 2 个打包台。打包时间为 1 min。

（6）出库区。

①订单打包完成后，通过输送带输送至检验台进行最后的产品检查，检查时间为 30 s。

②检验完毕后，由叉车将订单送至出库口，叉车初始配置数量为 1 台，出库口有 2 个装车车位。

（7）仿真运行参数。

仿真运行时间为 1 天。

（8）问题分析。

①存储区的货位是否充足？

②物流机械和人员的配置数量是否合理？

◆◇ 12.4 应用 2（加工与打包）

（1）模型要求。

①Source 产生 4 种不同类型的产品，比例分别为 10%，20%，30%，40%，且每种产品要求有不同的颜色。

②Source 的到达时间间隔为均值 20 s，标准差为 5 s 的正态分布。

③产品的形状为圆柱体。

④产品到达暂存区后，由 2 个人搬运至处理器进行加工。

⑤有 3 台处理器对产品进行加工，不同产品的加工时间不同，其中类型 1 和 3 为 10 s，类型 2 和 4 为 20 s。

⑥加工完毕后，到合成器进行打包，打包的数量依据托盘上的标签决定，标签数值服从随机分布：duniform(4, 10)。

⑦打包完毕后进入传送带，在离开传送带时，托盘上的所有产品要求变为黑色。

⑧若托盘上产品的数量大于或等于 5 个，则被叉车运至货架存储，货架为 5 列 5 层，产品在货架中的停留时间为 200 s，然后被吸收器吸收；若托盘上产品的数量小于 5 个，则进入传送带，然后被分解器分解，分解器的分解时间服从 uniform(20, 30)，最终托盘和产品被吸收器吸收。

⑨要求合成器从 10 s 开始，每隔 1 s 变化一种颜色。

⑩在 Dashboard 中统计：所有暂存区的产品数量变化；人的状态数据（state）；叉车的行走距离（meter）。仿真时间为 3600 s。应用 2 模型布局如图 12.9 所示。

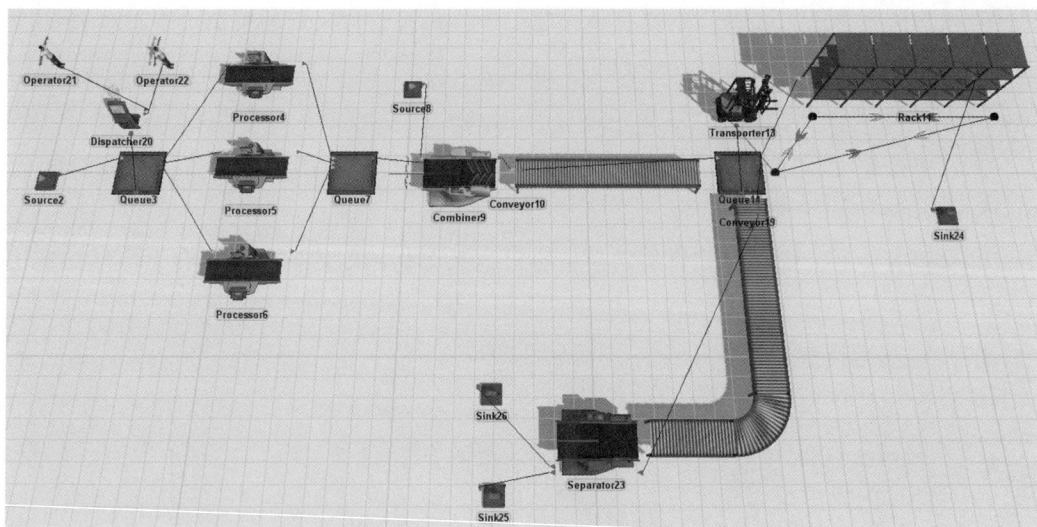

图 12.9　应用 2 模型布局图

（2）问题分析。

①人员的配置数量是否合理？

②叉车的利用率如何？

◆◇ 12.5 应用3（带检验的流水线）

（1）模型要求。

①发生器（Source）：到达时间间隔为均值 15 s 的指数分布。产生 2 种类型的产品，比例为 1∶1，产品的尺寸为 0.5 m×0.8 m×0.4 m。

②分拣传送带（MergeConveyor）的传送速度为 1.2 m/s。

③产品分别到指定的处理器中加工，加工时间为均值为 50、标准差为 10 的正态分布，且每台处理器的加工过程需要操作员辅助完成，加工结束后，产品颜色变为蓝色

④加工结束后到检测台进行检测，检测时间为 15 s，产品的不合格率为 10%。

⑤产品二次加工的时间为均值 60、标准差 10 的正态分布。

⑥传送带的传送速度都是 1 m/s。

⑦托盘发生器以间隔时间 10 s 产生托盘，托盘的尺寸为 1.1 m×1.7 m×0.1 m。

⑧每个托盘打包产品的数量为 8 个，打包时间为 15 s。

⑨产品打包完毕后进入包装机，包装时间为 10 s，并需要 5 s 的预置时间。

⑩产品包装完毕后，由叉车送至货架，叉车的行走速率为 2 m/s。

⑪货架为 6 列 3 层，列宽和层高均为 4 m，且产品在货架中停留 500 s 后被吸收器吸收。

应用 3 模型整体布局如图 12.10 所示。

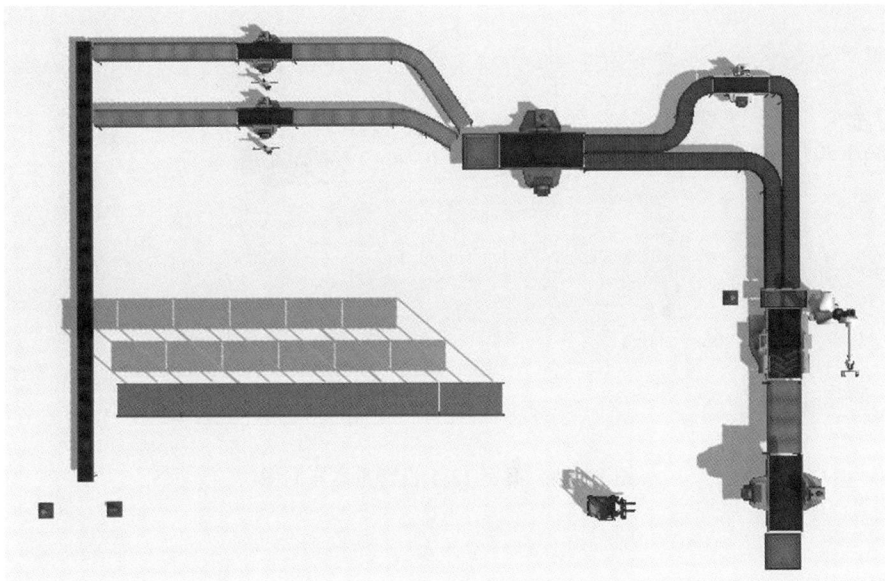

图 12.10 应用 3 模型布局图

（2）问题分析。

①模型的瓶颈在什么地方？

②检验台的配置是否合理？

◆◇ 12.6 案例练习集锦

12.6.1 案例 12.1

（1）模型描述。

发生器随机产生零部件，接着进入暂存区 1。操作员按照以下流程工作：操作员行走到暂存区 1，拿起零部件，行走至处理器 1，将零部件放在处理器 1 上加工，加工时间为 10 个单位；操作员等待 10 个时间单位后，取走零部件，行走至处理器 2，将零部件放在处理器 2 上加工，加工时间也为 10 个单位；操作员等待 10 个时间单位后，取走零部件，行走至暂存区 2，放下加工后的零部件。之后重复以上操作。

（2）模型布局。

案例 12.1 模型基本布局如图 12.11 所示。

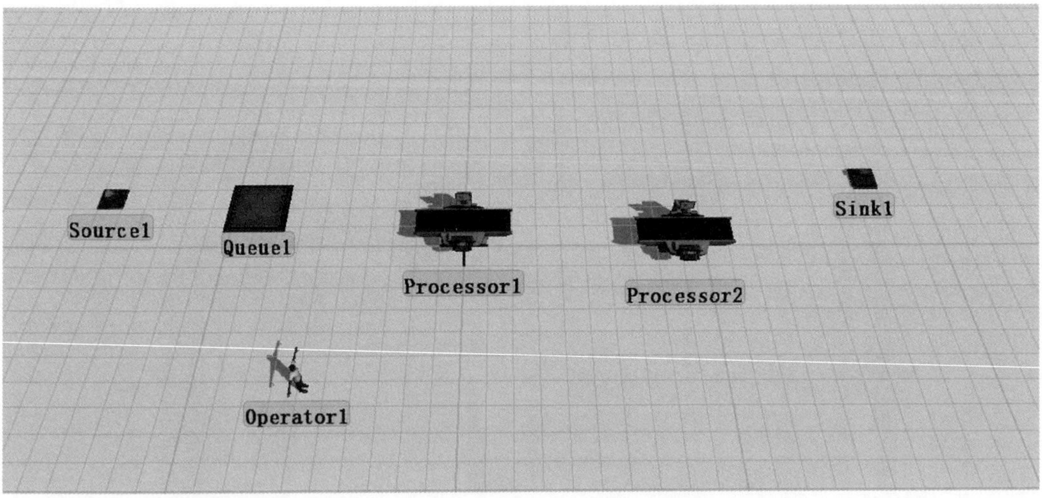

图 12.11 案例 12.1 模型基本布局图

12.6.2 案例 12.2

（1）模型描述。

发生器产生 4 种临时实体，服从整数均匀分布，类型值分别为 1，2，3，4，颜色分别为红色、绿色、蓝色、黄色，进入暂存区。

4 种临时实体最后将被分别放置到 4 个货架相应的位置上，每个货架都分为 10 列、6 层；每个临时实体被放置到货架上的位置是随机的，每个临时实体被放置到货架上的列数和层数都服从整数均匀分布。

红色和绿色临时实体进入直线传送带 1 自动分拣，直线传送带 1 长度为 10。

红色临时实体从直线传送带 1 的第一个出口被分拣至直线传送带 11 上，然后堆垛机 1 将直线传送带 11 上的临时实体放置到货架 2 相应的位置上。

绿色临时实体从直线传送带 1 的第二个出口被分拣至直线传送带 12 上，然后堆垛机 1 将直线传送带 12 上的临时实体放置到货架 1 相应的位置上。

同样地，蓝色和黄色临时实体进入直线传送带 2 自动分拣，直线传送带 2 长度为 10。

蓝色临时实体从直线传送带 2 的第一个出口被分拣至直线传送带 21 上，然后堆垛机 2 将直线传送带 21 上的临时实体放置到货架 3 相应的位置上。

黄色临时实体从分拣传送带 2 的第二个出口被分拣至直线传送带 22 上，然后堆垛机 2 将直线传送带 22 上的临时实体放置到货架 4 相应的位置上。

（2）模型布局。

案例 12.2 模型基本布局如图 12.12 所示。

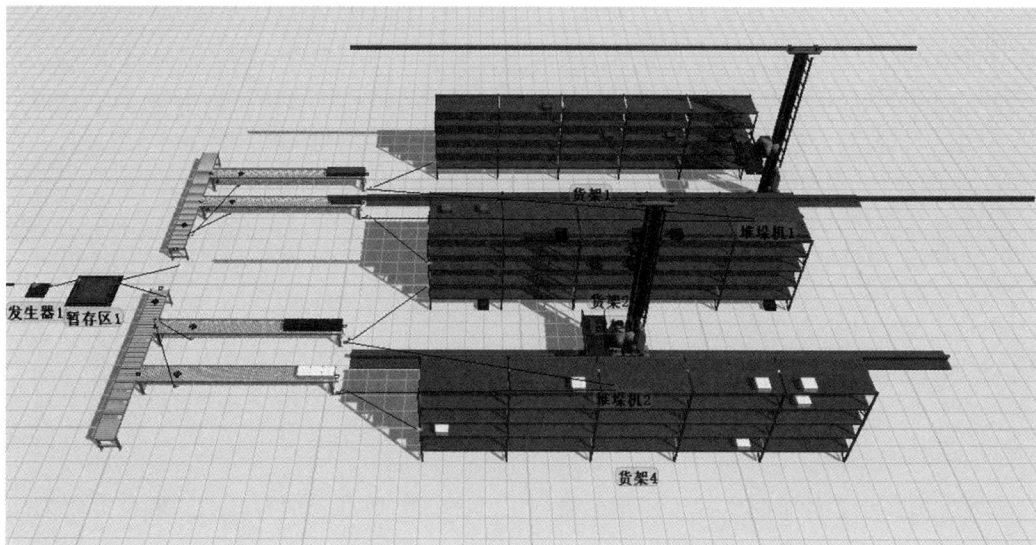

图 12.12 案例 12.2 模型基本布局图

12.6.3　案例 12.3

（1）模型描述。

有 3 个货架，分别为货架 1、货架 2 和货架 3，每个货架的列数和层数都为 10。货架 1 存放红色的产品 1，货架 2 存放绿色的产品 2，货架 3 存放蓝色的产品 3。初始状态下，每个货架中的产品数量都为 100。

运输机 1，2，3 在分配器的统一控制下，按照客户订单的要求，从客户 1 的订单开始，将客户需要的产品从相应的货架上取下后，放在相应的托盘上打包，之后进入分拣传送带自动分拣。每个客户使用托盘颜色不同，客户 1~5 使用的托盘颜色分别为红色、绿色、蓝色、白色、黄色。客户订单详情如表 12.5 所列。

表 12.5　客户订单

订单需求	客户 1	客户 2	客户 3	客户 4	客户 5
产品 1	3	5	2	1	2
产品 2	4	2	6	3	5
产品 3	2	4	3	7	8

打包后，客户 1 的产品从分拣传送带自动分拣进入传送带 5，然后进入暂存区 5；客户 2 的产品从分拣传送带自动分拣进入传送带 4，然后进入暂存区 4；客户 3 的产品从分拣传送带自动分拣进入传送带 3，然后进入暂存区 3；客户 4 的产品从分拣传送带自动分拣进入传送带 2，然后进入暂存区 2；客户 5 的产品从分拣传送带自动分拣进入传送带 1，然后进入暂存区 1。

（2）模型布局。

案例 12.3 模型基本布局如图 12.13 所示。

12.6.4　案例 12.4

（1）模型描述。

发生器产生 2 种临时实体，服从整数均匀分布，类型值分别为 1，2，颜色分别为绿色和蓝色。

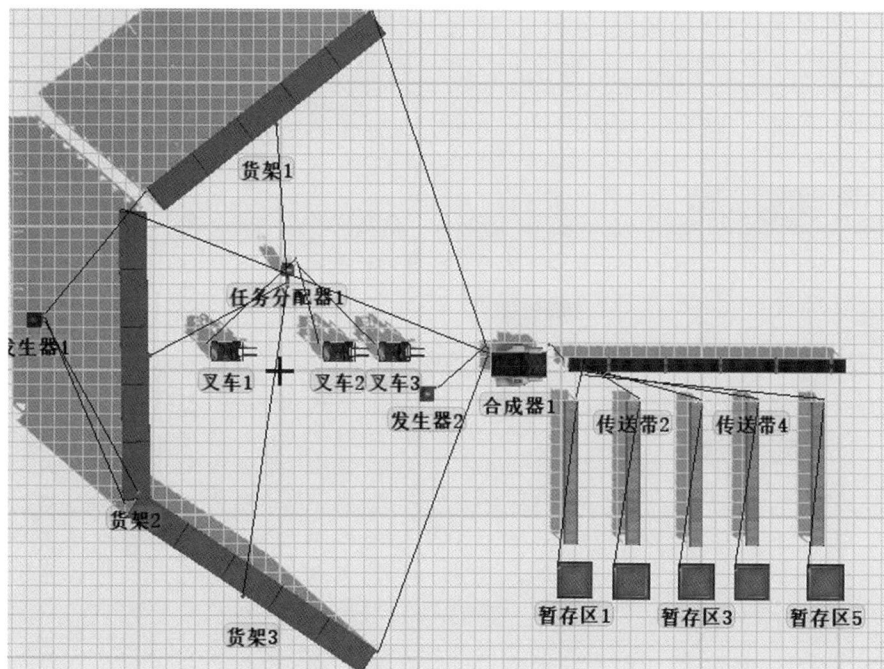

图 12.13　案例 12.3 模型基本布局图

　　操作员 1 将绿色的临时实体 1 搬运到处理器 1 上，加工时间为 10 个单位，而后进入暂存区 1，处理器 1 加工结束后等待时间为 10 个单位，而后继续加工；将蓝色的临时实体 2 搬运到处理器 2 上，加工时间为 5 个单位，而后进入暂存区 1，处理器 2 加工结束后等待时间为 5 个单位，而后继续加工。

　　操作员 2 负责将加工后的临时实体搬运至暂存区 2。操作员 2 总是沿着网络节点 NN1，NN2，NN3 将临时实体搬运到暂存区 2 上；而后沿着网络节点 NN4，NN5，NN1 返回至暂存区 1，继续搬运临时实体。

　　（2）模型布局。

　　案例 12.4 模型基本布局如图 12.14 所示。

12.6.5　案例 12.5

　　（1）模型描述。

　　发生器产生 3 种临时实体，服从整数均匀分布，类型值分别为 1，2，3，颜色分别为红色、绿色和蓝色，进入暂存区 1。

　　接着进入分拣传送带自动分拣，分拣传送带分为 2 段，每段长度为 10。

　　蓝色临时实体 3 从分拣传送带的出口点 5 处被分拣进入传送带 1，而后进入暂存区 2。

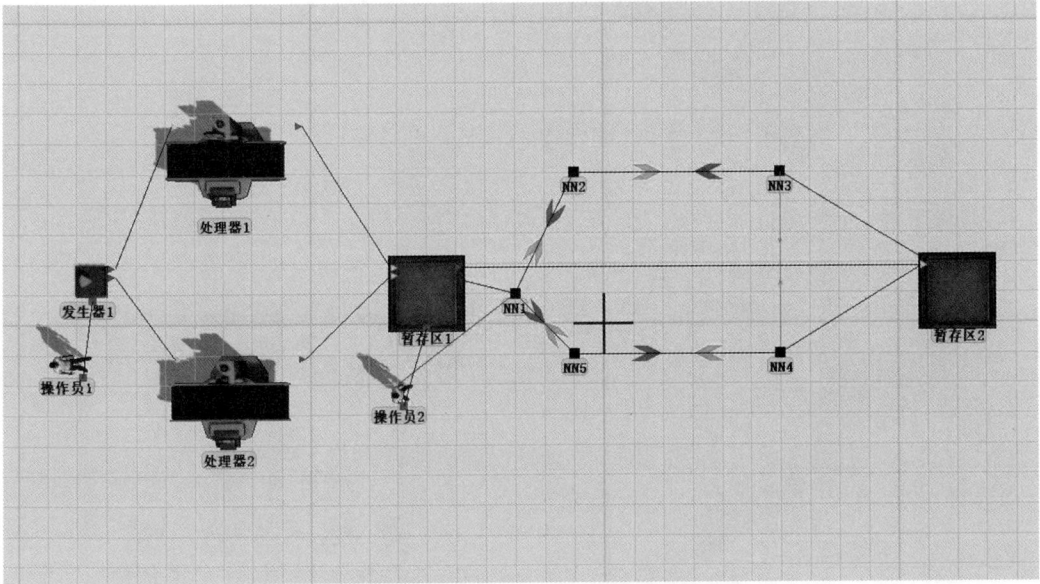

图 12.14　案例 12.4 模型基本布局图

绿色临时实体 2 从分拣传送带的出口点 10 处被分拣进入传送带 2，而后进入暂存区 3。

红色临时实体 1 从分拣传送带的出口点 20 处被分拣直接进入暂存区 4。

（2）模型布局。

案例 12.5 模型基本布局如图 12.15 所示。

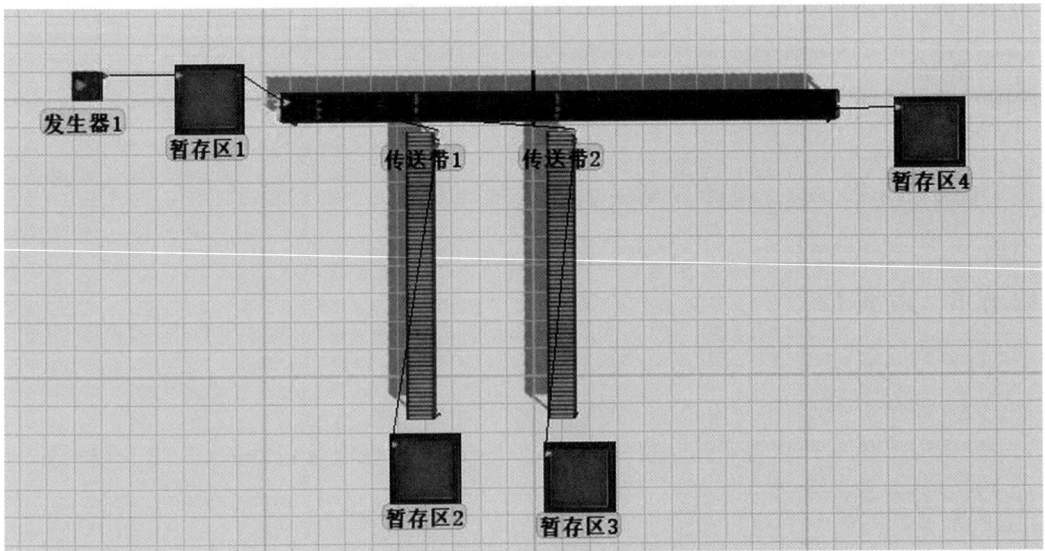

图 12.15　案例 12.5 模型基本布局图

12.6.6 案例 12.6

(1) 模型描述。

①某生产线有 5 道工序,每道工序加工完毕后物料进入暂存区缓存。

②有 3 种类型的物料,每种类型的物料对应不同的加工工序,特定类型物料的加工工序自行指定。

(2) 模型要求。

①试对该生产线的生产能力进行测算。

②在模型地面上添加统计工具,动态显示生产量。

(3) 模型提示。

①生产线的生产能力可以用指定时间内的生产量或者指定生产量所需的生产时间来衡量。

②可能需要使用"文本"实体。

③可能需要使用 getinput 和 getoutput 函数。

(4) 模型布局。

案例 12.6 模型基本布局如图 12.16 所示。

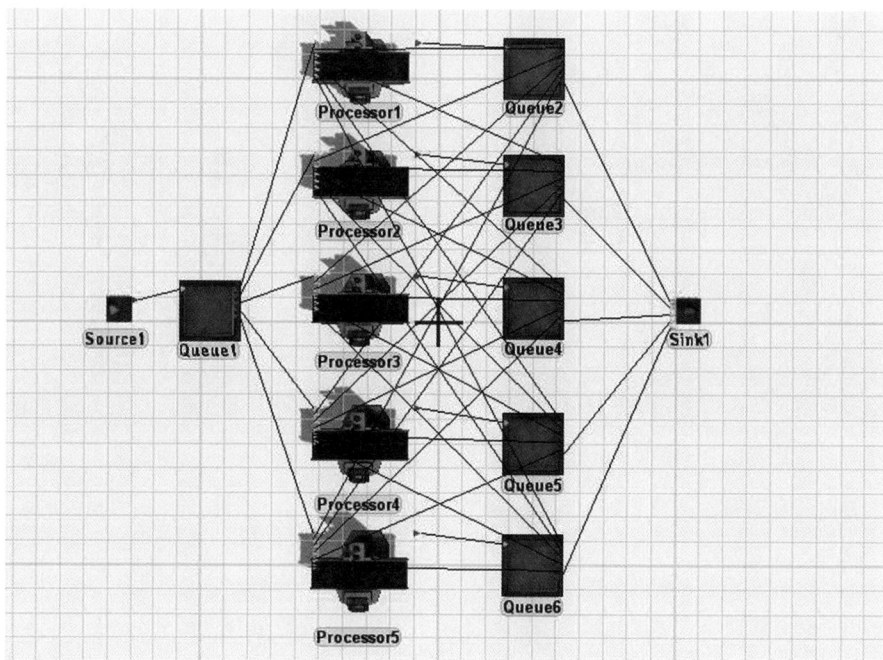

图 12.16 案例 12.6 模型基本布局图

12.6.7 案例 12.7

（1）模型描述。

①发生器产生 1 名操作员巡视 5 个站点，站点用暂存区表示，巡视完毕后被吸收器吸收。

②操作员的巡视顺序受全局表或标签表的控制。

（2）模型要求。

①统计操作员的行走里程。

②在模型地面上添加统计工具，显示操作员的里程数据。

（3）模型提示。模型包含重要节点 totaltraveldist。该节点处于任务执行器类实体属性树中 variables 节点的子树中，用于记录任务执行器的行走里程数据。

（4）模型布局。

案例 12.7 模型基本布局如图 12.17 所示。

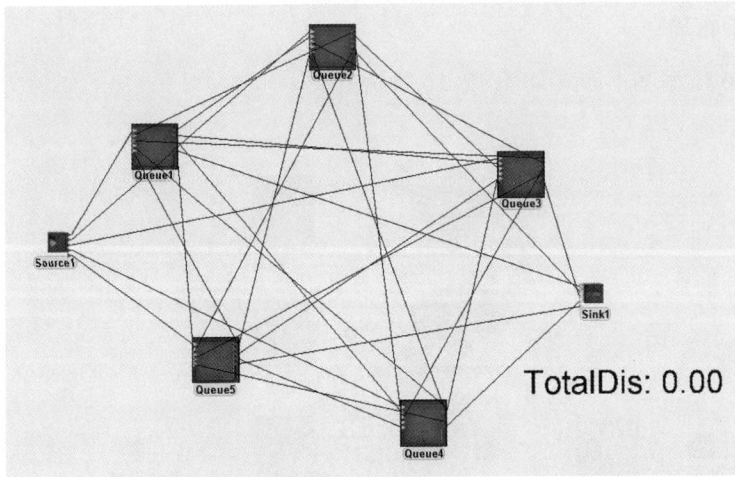

图 12.17 案例 12.7 模型基本布局图

参考文献

[1] 彭扬,骆丽红,陈金叶.现代物流学概论[M].北京:北京理工大学出版社,2022.

[2] 王慧,郝渊晓,马健平.物流配送管理学[M].广州:中山大学出版社,2009.

[3] 陶经辉.物流系统规划与运作[M].北京:企业管理出版社,2022.

[4] 廖伟.物流系统分析与设计[M].成都:西南交通大学出版社,2020.

[5] 余海燕,李顺勇,吴腾宇.物流系统规划与设计:微课版[M].北京:北京理工大学出版社,2023.

[6] 魏波,陈进军.物流系统规划与设计[M].西安:西安交通大学出版社,2018.

[7] 朱耀勤,王斌国,姜文琼.物流系统规划与设计[M].北京:北京理工大学出版社,2017.

[8] 王勇,刘永.运输与物流系统规划[M].成都:西南交通大学出版社,2018.

[9] 李珍萍,周文峰.物流配送中心选址与路径优化问题:建模与求解[M].北京:机械工业出版社,2014.

[10] 王晶.物流优化技术与方法[M].北京:中国财富出版社,2013.

[11] 吕品,郭红霞,梁斐雯.物流决策与优化:微课版[M].北京:北京理工大学出版社,2022.

[12] 马璐,吕品.物流决策与优化[M].武汉:华中科技大学出版社,2019.

[13] 孙金岭,王松.物流系统建模、优化与仿真[M].成都:西南交通大学出版社,2012.

[14] 陈皓,王文宪.交通运输系统优化模型与算法设计[M].北京:机械工业出版社,2021.

[15] 刘勇,马良,张惠珍,等.智能优化算法[M].上海:上海人民出版社,2019.

[16] 胡洁.智能优化算法理论与应用[M].广州:世界图书出版广东有限公司,2015.

[17] 杨晓琴.群智能优化算法原理及应用[M].太原:山西经济出版社,2019.

[18] 吴正言.智能优化理论[M].北京:机械工业出版社,2024.

[19] 吴晓黎.优化理论与算法[M].北京:中国商务出版社,2022.

[20] 许国根,赵后随,黄智勇.最优化方法及其MATLAB实现[M].北京:北京航空航天大学出版社,2018.

［21］ 唐连生,李思寰,张雷.物流系统优化与仿真[M].北京:中国财富出版社,2013.

［22］ 鲁晓春,黄帝.物流系统建模与仿真[M].北京:机械工业出版社,2022.

［23］ 于绍政,陈靖.FlexSim 仿真建模与分析[M].沈阳:东北大学出版社,2018.

［24］ 尹静,马常松,周向阳.Flexsim 物流仿真与系统优化[M].北京:冶金工业出版社,
2018.

［25］ 马向国,梁艳,杨惠惠.现代物流系统建模、仿真及应用:基于 Flexsim[M].北京:机
械工业出版社,2017.